古代美術史研究

五 編

第 5 冊

論明代雅集圖、高士圖和園林圖的文化情懷

張 高 元 著

花木蘭文化事業有限公司

國家圖書館出版品預行編目資料

論明代雅集圖、高士圖和園林圖的文化情懷／張高元 著 --
初版 -- 新北市：花木蘭文化事業有限公司，2023〔民 112〕
目 4+252 面；19×26 公分
（古代美術史研究 五編；第 5 冊）
ISBN 978-986-518-040-9（精裝）
1. 書畫 2. 明代
618   109000485

ISBN-978-986-518-040-9

9 789865 180409

古代美術史研究
五 編 第 五 冊   ISBN：978-986-518-040-9

論明代雅集圖、高士圖和園林圖的文化情懷

作 者 張高元
總 編 輯 杜潔祥
副總編輯 楊嘉樂
編輯主任 許郁翎
編 輯 張雅淋、潘玟靜 美術編輯 陳逸婷
出 版 花木蘭文化事業有限公司
發 行 人 高小娟
聯絡地址 235 新北市中和區中安街七二號十三樓
            電話：02-2923-1455／傳真：02-2923-1452
網 址 http://www.huamulan.tw 信箱 service@huamulans.com
印 刷 普羅文化出版廣告事業
初 版 2023 年 3 月
定 價 五編 21 冊（精裝）新台幣 75,000 元

論明代雅集圖、高士圖和園林圖的文化情懷

張高元　著

作者簡介

張高元（1982～），女，湖北襄陽人，文學博士，廣西師範大學美術學院教師，致力於對明代圖像進行圖像學、符號學和敘事學等交叉研究，發掘其文化內涵。先後對雅集圖、高士圖、花鳥畫的文化內涵進行了深入研究，並發表《唐寅的高士圖》、《圖像、文本、意識形態》、《明代京官雅集圖的文化學解讀》、《明代京官送別雅集圖的文化學解讀》等文章。

提　　要

　　明代圖像的總體特色是主題突出，思想性強。由於不同藝術群體所處的社會地位、文化教養、特定藝術活動的不同目的，明代藝術家大致循著山林和廟堂兩條線，遵循不同的話語修辭，不僅在縱向上闡揚古今藝術形態的互動，而且在橫向上實現了山林與廟堂的交融，全面、多元彰顯著明代不同時期知識分子的人生情懷。

　　本文分廟堂與山林兩條線索，選取雅集圖、高士圖，園林圖三類圖像，探索它們表現的理想人格，提倡的人生志意，使用的文化資源，展示不同時期文人情懷。此情懷建立在明代藝術家對文化生活的體驗、認識和思考中，使用了特殊的表意手段。主要展示的情懷有翰林的朝服儀範，山居隱士的閒適體驗；高士們剛健不息、仁德古雅的氣象，志士堅守華夏文明的忠孝氣節；致仕大臣對園林文化的建構，遊藝大臣在山水與朝堂之間對理想園居環境的藝術化重構。主要使用的表意手段集中在敘述方法，修辭格，文體上，以敘事視角、人稱、鋪敘、直敘、比喻、興寄、情景交融、互文、典故、隱喻、銘、賦等為主，既擴充了明代藝術圖像的表現內涵，又實現了圖像、文學在意義與形式層面的融合發展。

《圖像的德行：明代繪畫的倫理與德育》
（2019KY0093）

《明代雅集圖的視覺文化研究》（16Q168）

目

次

緒　論

　　雅集圖、高士圖和園林圖是表現明代士人高雅生活的重要圖像，並配有大量的文學作品，以強調士氣、志意爲主，塑造理想人格，表現文化觀念，突出了明人的文化情懷。歷來對這些圖像和文學的研究集中在文學與藝術領域。主要探討題畫詩的起源、意象、風格特色，討論圖像的風格、技法、審美特性，研究圖像的文化內涵、社會功能、哲學思想。近年來，隨著圖像時代的到來，圖文關係的研究增多，集中探討圖像與語言的關係、圖像與文學的關係，闡明圖像與文學的內在聯繫，取得了豐富的成果，也爲研究明代繪畫提供了很多啓示。本研究選取雅集圖、高士圖和園林圖三個主題，先梳理圖像的內容，再提煉文學與圖像中包含的文化觀念和塑造的理想人格，最後分析表達技巧對觀念的傳達，解析明代藝術生活的深層文化內涵。

第一節　研究現狀、研究方法與基本觀念

　　圖像與文字聯合組成圖像文本是中國畫的特殊現象，目前國內的研究主要分屬於文學與藝術領域。比如文學領域探討題畫詩的起源、意象、風格特色，繪畫中討論圖像的風格、技法、審美特性等問題。但是，在海外藝術家的視野中，圖像主題是風格的重要內容，而主題大都是觀念性的，記錄在圖像的文獻資源中，所以，文也是思想。綜合海內外研究成果，大致可以分爲以下三個方面：作爲圖像思想的文，圖像與語言的關係和圖像與文學的關係研究。

一、研究現狀

（一）海外中國藝術研究：作為圖像思想的文

1、多派融合的風格形成分析

羅樾在《中國繪畫史的一些基本問題》中指出，中國繪畫有一部分受歷史和學問支配，是一門人文學科，關於繪畫的繪畫，它的主題是思想。〔註1〕又將中國繪畫分爲裝飾性藝術，再現性藝術，超再現藝術。認爲宋代以來，主觀表現成爲繪畫的主題，風格成爲中心。明清繪畫則將歷史風格作爲主題。〔註2〕方聞的風格分析名著《心印》也認爲繪畫風格的變化是從客觀圖繪到主觀心靈表現的結果。心印即觀念、思想。這些表現通過空間和用筆的變化完成，如宋代的雄偉構圖是宋代理學的反映，元代書法的書寫性性用筆是追求二維概念空間的結果。〔註3〕可見，風格本身已經成爲一種思想，但作爲心靈的表現，在筆墨造型中又可以煥發無限的創造力和獨特性。這些思想經過宋元的定型，成爲原型，具有一定的文化內涵，在徵引中顯示其歷時性。原型又在筆墨中被改造，成爲藝術家表達自我和時代精神的手段。這就是明代繪畫作爲表現精神，也是徵引古風的繪畫所有具有的獨創性與歷時性。總之，風格是產生於形式的觀念。它包含廣闊的研究內容，主要有羅樾和方聞的風格分析，高居翰的風格文化意義分析，柯律格的藝術文化分析。當然，明代繪畫風格中的觀念元素的加強還與流派之間的互相影響有密切關係。明代早期繪畫是官場上的書畫應酬，書畫定製中設定了一定的觀念，然後由宮廷藝術家完成。比如王紱就採用一定的藝術形式歌頌相關人的人品。這種觀念融入形式的方式被吳派、浙派的畫家接受，促使藝術家互相學習，探索更加合適的表現形式，因此勾勒風格之間的內在聯繫具有非常重要的意義。相關文章有 Kathlyn Liscomb Wang Fu's Contribution to the Formation of a New Painting Style in the Ming Dynasty，指出十五世紀的畫家更加重視自我對自然的感受和

〔註1〕洪再辛等選編《海外中國畫研究文選 1950～1987》，上海人民美術出版社，1992年，第76頁。

〔註2〕轉引自方聞《〈溪岸圖〉：從鑒定到藝術史》注9，《朵雲‧解讀〈溪岸圖〉》第58集，上海書畫出版社，2003年，第217頁。另方聞、李維琨譯，《心印——書畫風格與結構分析研究》導言，又引出四期說法，可能有誤。陝西人民美術出版社，2004年，第10頁。

〔註3〕參見方聞、李維琨譯，《心印——書畫風格與結構分析研究》第一章、三章相關論述，第21～74、105～148頁。

對古人的敬仰、模仿，圖像更在於傳達情感。個性化風景畫傳統的欲望爲沈周使用變化的風格提供了依據。〔註4〕Hou-mei Sung Ishida Early Ming Painters in Nanking and the Formation of the Wu School 指出永樂年間，繪畫中心從蘇州轉到南京，南京集中了大批院體畫家和文人畫家，也出現了翰林院的高官贊助人，他們親密的個人關係和對傳統的共同看法形成了一股重視元末文人畫，並對其進行個人化解釋的潮流。而永樂年間南京文人畫的發展正是吳派的第一次發展期。〔註5〕Kathlyn Liscomb Shen Zhou's Collection of Early Ming Paintings and the Origins of the Wu School's Eclectic Revivalism 分析沈周中年收藏的 21 幅早期明畫，包括夏㫤與陳宗淵、卓迪、馬軾、戴進、謝環、沈遇等，說明沈周畫風的形成來自更廣泛的影響，而不僅僅是元末畫家。〔註6〕Kathlyn Liscomb A Collection of Painting and Calligraphy Discovered in the Inner Coffin of Wang Zhen 認爲王震墓出土的風格多樣的圖像說明了明初文人畫的價值被政府支持，也影響到職業畫家和業餘畫家的創作。直到十五世紀，二者均可以寫畫，而不僅僅是畫畫。〔註7〕多派融合的現象在明末也出現，比如 Anne Burkus-Chasson Elegant or Common? Chen Hongshou's Birthday Presentation Pictures and His Professional status 探討陳洪綬徘徊於職業畫家與文人之間，以寫的方式抒發情感，又創造大量應酬畫。〔註8〕多派融合不僅使畫家在技法上互相學習，還變更繪畫產生的環境、繪畫的功用，促進繪畫的觀念化發展。

2、風格的文化內涵

中國藝術的風格是文化的，其中形式要素不僅是視覺，更是思想，風格分析的突出現象是主題。高居翰在《中國繪畫史三題》談到繪畫的三種研究模式，風格史模式，傳記模式，文獻學模式。其中文獻學模式是當下研究的

〔註4〕Kathlyn Liscomb, "Wang Fu's Contribution to the Formation of a New Painting Style in the Ming Dynasty,"*Artibus Asiae* Vol. 48, No. 1／2　（1987）：39～78.

〔註5〕Hou-mei Sung Ishida, "Early Ming Painters in Nanking and The Formation of The Wu School, "*ARS ORIENTALIS,* Volume 17（1987）：73～155.

〔註6〕Kathlyn Liscomb, "Shen Zhou's Collection of Early Ming Paintings and the Origins of the Wu School's Eclectic Revivalism, "*Artibus Asiae*, Vol. 52, No. 3／4（1992）：215～254.

〔註7〕Kathlyn Liscomb, "A Collection of Painting and Calligraphy Discovered in the Inner Coffin of Wang Zhen, " *Archives of Asian Art*, Vol. 47（1994）：6～34.

〔註8〕Anne Burkus-Chasson, "Elegant or Common? Chen Hongshou's Birthday Presentation Pictures and His Professional status," *The Art Bulletin* Vol.76，No.2（Jun.1994）：279～300.

趨向。〔註9〕又提出繪畫研究的三個問題：繪畫本身即它的物質存在，它的風格，以及簡單意義上的題材；最廣義的意義，這通常涉及繪畫意外的東西；繪畫的功能，它是怎麼創作的，在什麼情境下，在當時的社會情境中起什麼作用。〔註10〕這對應繪畫本體研究，思想研究，功能研究，代表了繪畫研究的三個方面：形式、思想、功能，即從形式主義到圖形學到符號研究的三個階段。高居翰的形式研究以《近代中國繪畫史》三卷本為代表，其中《江岸送別：明代初期和中期的繪畫》和《山外山：晚明繪畫》將畫面形式因素和畫面內容結合起來研究明代繪畫，著重探討形式所蘊含的豐富觀念、圖式內涵以及畫家心態。其豐富的文獻資料，對圖像形式因素的提煉，以及詳細的個案解析和成熟的方法論，為抓住圖像母題和解析圖像提供了很好門徑。其功能研究的文章如《浙派的寫意？關於淮安墓出土書畫的一些看法》談論作為禮物的米氏山水在明初的接受〔註11〕。柯律格的《雅債》分析了文徵明藝術的流通情況，說明了藝術的社會價值、經濟作用和政治價值。柯律格還將這種觀念用於園林研究，其 *Fruitful sites:garden culture in ming dynasty china* 介紹了以農業生產為主的東莊、以審美為主的明末消費園林和文氏園林。文章指出明代早中期生產性農業景觀逐漸被晚明美學化的消費景觀所代替。園在江南精英的心中喚起文化建設，深深植根於他們對財富、社會地位，藝術，命理學，植物的理解。假山、湖石、奢侈品、稀有之物等園林元件是一種奢侈的消費，代表主人的消費觀念。園林繪畫也從創作並服務於它的環境中鬆動，成為有利可圖的商品。高居翰《明清繪畫中作為思想觀念的風格》中認為風格選擇與特殊附屬價值，如地位、名望、身份有密切關係，繪畫史與思想史、社會史相銜接，風格即觀念。〔註12〕周汝式在《董其昌其人、其文、其畫》也聯繫心學分析了文人畫的哲學內涵。〔註13〕Peter C. SturmanSpreading

---

〔註 9〕 高居翰《中國繪畫史三題》，范景中等選編《風格與觀念：高居翰中國繪畫史文集》，中國美術學院出版社，2011 年，第 23 頁。

〔註 10〕 高居翰《中國山水畫的意義和功能》，范景中等選編《風格與觀念：高居翰中國繪畫史文集》，第 44 頁。

〔註 11〕 高居翰《浙派的寫意？關於淮安墓出土書畫的一些看法》，范景中等選編《風格與觀念：高居翰中國繪畫史文集》，第 174～198 頁。

〔註 12〕 高居翰《明清繪畫中作為思想觀念的風格》，范景中等選編《風格與觀念：高居翰中國繪畫史文集》，第 115～131 頁。

〔註 13〕 謝柏軻《西方中國繪畫史研究專論》，范景中等選編《風格與觀念：高居翰中國繪畫史文集》，第 10～63 頁。

Falling Blossoms:Style and Replication in Shen Zhou's Late Calligraphy 一文，採用綜合分析方法，力圖將眞僞、習俗等鑒賞問題與藝術家的目的、社會實踐調和起來，進而認爲在更廣泛的話語中，書法的視覺特性是文化形式的一部分。落花詩書法創作也由記錄沈周對時間流逝和人生朽壞的暝思發展爲蘇州文化名人通過唱和讚頌退隱文化名城、具有豐碩成果的聖人般的老人的頌揚。〔註 14〕Kathlyn LiscombTHE POWER OF QUIET SITTING AT NIGHT:SHEN ZHOU'S（1427～1509）NIGHT VIGIL 認爲《夜坐圖》中，沈周所得之道符合新儒家對情感作用的解釋。沈周夜坐記和圖是一體的，在表現沈周暝思得道的過程中，利用各自的形式因素，發揮了非常重要的作用。〔註15〕Esther Jacobson-Leong Space and Time in the Art of Shen Chou（1427～1509）指出沈周給出敏感於細微變化的中國核心審美文化一個整合的形式，空間延續到時間，時間超越具體空間進入歷史、夢想和神秘，創造了一種富於韻律的第四維審美，也是晚明怪誕時空觀的先驅。〔註16〕Shi-Yee Liu The World's a Stage:The Theatricality of Chen Hongshou's Figure Painting 指出陳洪綬受到當時流行觀念——社會是一個舞臺，人不過是一個偶然的角色的影響，利用戲劇性人物肖像去評論社會、文化，揭示人格困境。相對於傳統歷史人物的學者形象，陳洪綬的人物明顯具有自我意識，說明了公眾形象與私下自我的斷裂。〔註17〕這也是晚明歷史修正主義的表徵。

　　現代中國大陸的藝術研究是在海外學者的帶動下，主要集中在作品考辯、技法分析和繪畫思想和某些專題觀念的研究上，數量很多，與本文研究關係較小，暫時不介紹。

（二）國內圖像與語言理論的研究

　　圖像與語言的關係在國內理論界備受關注，出現了較多理論成果。在哲

〔註14〕Peter C. Sturman, "Spreading Falling Blossoms: Style and Replication in Shen Zhou's Late Calligraphy," *Journal of Chinese Studies*, New Series Vol. 40 No. 3（September 2010）：365～410.

〔註15〕Kathlyn Liscomb, "The Power of quiet sitting at night：Shen Zhou's（1427～1509）Night Vigil," *Monumenta Serica* Vol. 43（1995）：381～403.

〔註16〕Esther Jacobson-Leong , "Space and Time in the Art of Shen Chou（1427～1509）," *Art Journal* Vol. 36, No. 4（Summer, 1977）：298～302.

〔註17〕Shi-Yee Liu, "The World's a Stage: The Theatricality of Chen Hongshou's Figure Painting," *Ars Orientalis* Vol. 35（2008）：155～191.

學領域，學者集中對視覺哲學的討論，在於建立視覺場和話語中心。比如尙傑的《語言的圖像與圖像的語言——「語言哲學」轉向「視覺哲學」》認爲「視覺哲學」是對語言再現視覺的懷疑，也是對認識機制的懷疑。〔註18〕杜小眞《「看」的考古學：讀福柯〈馬奈的繪畫〉》談到繪畫的中心是不可見性，福柯認爲馬奈的現代意識特別表現在他要回到繪畫本身，是爲一種「是其所是」的畫，也就是說，他要利用表象的動力展示畫的物質實在性，馬奈是在作品中引入油畫空間物質特性的第一人。〔註19〕物質性是繪畫的根本場域，也是視覺場得以成立的前提。繪畫脫離了透視再現的傳統，將觀眾置於繪畫中，成爲不可見的權力中心。在文學領域，學者主要從符號學角度討論圖像與語言的關係，重在說明兩種媒介在表意中的地位，權力關係，以及二者的互仿機制。趙憲章《語圖互仿的順勢和逆勢——文學與圖像關係新論》從語言與圖像二者符號特性來研究二者互仿中的權力關係：語言實指強勢，圖像虛指弱勢，共存時會出現語言對圖像的結構驅逐、延宕、遺忘，並認爲圖像具有從屬地位和工具作用。〔註20〕此文章不僅是形式研究，也強調了語言與圖像作爲符號元素其中包含的結構話語權，不過這種話語權表現爲能指對所指的延宕，而能指在羅蘭巴特的意義上，作爲二級符號是將所指轉化爲新的能指，擴充能指的意義含量，卻又不突破符號底線，是保守基礎上的文學包蘊瞬間的擴大化。趙憲章《語圖傳播的可名與可悅——文學與圖像關係新論》從圖像的虛指特性出發，認爲圖像符號的愉悅本性與大眾文化有密切關係，「圖像作爲愉悅符號助推了文學的大眾傳播，前提是虛化和卸載自身所承載的事理。」〔註21〕李彥鋒的《中國繪畫史中的語圖關係研究》是從形式元素展開的具體研究。作者探討語圖關係的三種形態，語圖文本中各自的功能，相互影響和一般特徵。認爲語圖表現內容的轉向。民間風格、生理機制對語圖產生轉向的影響。〔註22〕《互文與創造：從文字敘事到圖像敘事》的作者認爲

〔註18〕 尚傑《語言的圖像與圖像的語言——「語言哲學」轉向「視覺哲學」》，《浙江學刊》2010 年 4 期，第 26～35 頁。

〔註19〕 杜小眞《「看」的考古學——讀福柯〈馬奈的繪畫〉》，《文藝研究》，2011 年第 03 期，第 129～138 頁。

〔註20〕 趙憲章《語圖互仿的順勢與逆勢——文學與圖像關係新論》，《中國社會科學》，2011 年 03 期，第 170～184 頁。

〔註21〕 趙憲章《語圖傳播的可名與可悅——文學與圖像關係新論》，《文藝研究》，2012 年第 11 期，第 24～34 頁。

〔註22〕 李彥鋒《中國繪畫史中的語圖關係研究》，上海大學 2010 年博士論文。

敘事是圖像與文字的連接點，二者在此互文交流。〔註23〕《中國圖像敘述學：邏輯起點及其意義方法》的作者以敘事學為參照點，將敘事擴展為敘述，包含敘事、抒情、議論三種表達方式，總結繪畫研究的三個維度：繪畫史、繪畫觀念史、圖式。認為圖像研究應該在圖語互文的框架下確定敘述主體，並規定審美主體包含形式和社會審美的兩個維度。認為研究應該內外結合，包括觀念研究，能指如何指示所指的形式研究以及其中貫穿的社會風尚等美學因素。〔註24〕其實是形式研究為主導，但是不排除內容研究。總之，圖像與語言關係的理論研究，涵蓋了敘述、符號、文本等較為廣闊的理論視野，具有很大的闡釋空間。

（三）圖像與文學結合的研究

　　圖像與文學的關係主要表現為題畫詩研究，圖像與文學之修辭的研究。題畫詩研究在臺灣比較多。其中，衣若芬的題畫詩研究主要以專題的形式鉤沉資料，如《漂流與回歸：宋代題「瀟湘」山水畫詩之抒情底蘊》，《自我的凝視：白居易的寫真詩與對鏡詩》等，其研究的宗旨在於得出普遍的文化意識，是成熟的題畫文學研究模式。毛文芳對閒賞文化的研究也是依託題跋，來分析普遍的文化風尚，對詩文機制的研究頗少。

　　大陸題畫詩的研究比較多，大都集中在對題畫詩藝術特色、體式特徵、流變、詩畫融合探討上。如《論中國的題畫詩》、《題畫詩的發展及其藝術特色》、《中國歷代題畫詩概說》、《題畫詩源流考辯》、《論題畫詩的體式特徵》、《中國古代題畫詩的空白意蘊》、《中國古代詩畫融合的生成機制與表現形式》、《題畫詩——詩人對畫境的點醒與延伸》等，總體趨向是將題畫詩當作文學之一研究。

　　隨著題跋研究的深入，研究圖像與文學之修辭的文章出現，如王曉驪《論文學手段在繪畫中的介入和邊界》認為在「詩畫一律」思想的引導下，繪畫的文學化成為中國畫（尤其是文人畫）的主要發展趨勢，寄託比興的文學思維方式開啓了繪畫託物言志，即物抒情的大門；題寫於畫上的詩文題跋又進一步拓展和豐富了畫境，極大地加強了繪畫形象表情達意的能力。但是，繪

〔註23〕毛凌瀅《互文與創造：從文字敘事到圖像敘事》，《江西社會科學》，2007 年第 4 期，第 33～37 頁。

〔註24〕于德山《中國圖像敘述學：邏輯起點及其意義方法》，《社會科學戰線》，2004 年第 1 期，第 93～96 頁。

畫作爲造型藝術「賦形傳神」的審美目標決定了文學手段的運用邊界〔註25〕，
即二者保持了各自的獨立性。但是，圖文的修辭不僅是外部的一般修辭，因
爲比德、寄興作爲普遍的意識，在中國古代不僅是詩人的專利，也是藝術家
的專利，何況題畫文學中的很多畫家均是詩人，所以圖像本身內部修辭也是
圖文關係的重要內容。朱良志《論唐寅的「視覺典故」》認爲中國畫的發展存
在著一種可稱爲「視覺典故」的現象，在文人畫中表現最爲明顯。並以唐寅
爲例，認爲視覺典故「使唐寅繪畫富有強烈的智慧特點，繪畫不是圖寫物象，
吟弄花鳥，而是追求生命的』眞性」。唐寅繪畫視覺典故的運用，反映了明代
以來文人畫的獨特旨趣。」此文討論圖像的內部修辭，將之與藝術精神聯繫，
值得注意。陳正宏《明代繪畫中的「古典」和「今典——重讀沈周〈石田稿〉
稿本箚記之一》認爲，明代中葉的繪畫，尤其是花鳥畫，在使用相對簡單的
經籍書典之外，可能已開始嘗試運用稍顯複雜的史事典故。反映了「明代詩
畫兼擅的文士，試圖借用正統的詩文批評手法，來提升當時尚受人輕視的「繪
畫的社會地位與文化內涵。」〔註 26〕典故是吳中畫家經常使用的手段，其主
要目的可能還有增大繪畫本身含義之作用。

　　總之，雖然在藝術史、文學和圖像理論中，學者對圖像與文的關係展開
了深入的研究，但是其隱含前提依然是藝術門類之間的比較分析。我認爲如
果要徹底拓展研究空間，更加準確的認識圖像時代的圖文關係，首先需要超
越比較意識，對圖、文重新思考。米歇爾勾畫的圖像樹和元圖像理論給了我
們很多的啓發。圖、文之後的觀念是看不見的主體，它在比喻上，將圖像與
文學置於物質性的立場。圖像與文學作爲符碼和能指，組成文化文本，指向
豐富的文化內涵。圖—文人文內涵又通過形式元素，深植於感知、語言和修
辭系統中。分析該綜合系統，才可以深刻理解圖—文的意義結構和精神內涵。

二、研究方法

　　歷史上很多藝術家採用文和圖像結合的方式創作藝術品，但是系統的研
究文和圖像結合的藝術作品是 20 世紀以來的新趨向，主要研究對象是西方藝
術，經歷了圖像學研究、符號學圖像研究、元圖像研究和圖像修辭研究階段。

〔註25〕王曉驪《論文學手段在繪畫中的介入和邊界》，《文藝理論研究》，2012 年第 6
　　　　期，第 20～26 頁。
〔註26〕陳正宏《明代繪畫中的「古典」和「今典」——重讀沈周〈石田稿〉稿本箚
　　　　記之一》，《新美術》，2003 年第 3 期，第 62～64 頁。

其中具有重要貢獻的人物有潘洛夫斯基、貢布里希、諾曼遜、福柯、巴特、維特根斯坦、W.S.T.米歇爾、利奧塔等。他們在文本分析和理論闡釋中開啓了研究的新範式，爲明代中國畫的研究提供了不可缺少的參造。

　　圖像學研究是一門以歷史─解釋科學爲基礎的論證科學，力求對藝術品進行全面的文化─科學闡釋，大量借鑒心理、哲學、宗教、文學資料，以求闡釋的清晰性和可檢驗性，達到對圖像創作的還原，也即鑑賞的科學〔註 27〕。以潘洛夫斯基爲代表，主要研究藝術的主題（subject）。潘洛夫斯基認爲圖像有三個階段：最初或自然的主題（形式），第二或傳統的主題（故事、寓言），內在含義或內容，即象徵價值。相應地，對圖像的分析也有三個階段：圖像前的描述，圖像分析，圖像詮釋。第一個階段描述圖像的形式，第二階段找到圖像的文學內容，確定表達內容，最後一個階段即圖像學研究，倚靠綜合直覺，掌握選擇主題的原則，形式安排賦予意義的基準，明白詮釋圖像的意義方針。〔註 28〕潘洛夫斯基圖像個案分析與文化史結合的研究，突破了風格研究的單線思維，將圖像學研究推入更加廣闊的文學、文化視野，豐富了藝術研究的維度，也啓發了我們走出形式的牢籠，全面思考藝術的內涵。

　　布列遜將繪畫研究從「光學轉到社會背景。」在《視覺與繪畫》中，他借鑒福柯的話語理論，用話語改造圖式，認爲視覺場是高度微妙差別和被編碼的環境，應探討圖像製作者如何轉錄眼前的視覺場。〔註 29〕他又認爲社會背景即話語，它是視覺場的不可見的主宰，處於主體地位。視覺場是視覺共同體所認知的現實，圖像是表現介質，作爲符碼組成視覺場，是一個能指集合，〔註 30〕在編碼的再認體系中指向話語。所以，圖像作爲視覺場的符碼，是自指的圖像；作爲能指，受到話語控制。

　　米歇爾在《圖像、文本、意識形態》中，將圖像、設計、投射、知覺、心象、語象統稱爲圖像，建立了廣闊的圖像系統。在《圖像理論》中提出視覺轉向，超越一般藝術（詩歌、繪畫）門類的比較研究，分類元圖像，探索

〔註 27〕貢布里希《象徵的圖像：貢布里希圖像學文集》編者序，上海書畫出版社，1990 年，第 1 頁。
〔註 28〕參看潘洛夫斯基，李元春譯注《造型藝術的意義》，遠流出版事業有限公司，1996 年，第 36～37，42 頁。
〔註 29〕諾曼・布列遜撰，郭樣等譯《視覺與繪畫：注視的邏輯》中文版序，浙江攝影出版社，2004 年，第 xiv 頁。
〔註 30〕諾曼・布列遜撰，郭樣等譯《視覺與繪畫：注視的邏輯》，第 86～87 頁。

視覺性，建構圖像的元話語系統。認為元圖像是自我指涉的圖像，作為最小單位，具有超越時空的象徵意義，「它是認知制度甚至價值秩序，它可以建構從主體認知到社會控制的一系列文化運行規則，形成視覺性的實踐與生產系統。」〔註31〕

趙毅衡在《文學符號學》中認為符號表意是文化的，文化的表意行為即文本，福柯稱為述語（discourse）。文本中確定釋義方式和價值體系的思想即語言文本，是文化的符碼集合，被稱為意識形態。〔註32〕從文化符號學的角度來看，符指超出了文學性，表示思想觀念的圖像也可以看做符指。羅蘭·巴特的廣告圖像正是這樣的符指，其圖像修辭學綜合了符號、圖像、意識形態、修辭等內容，提出了一套具體分析圖像修辭的方法。

圖像修辭學〔註33〕是研究符號符指過程的理論總結。羅蘭·巴特在二級符號的基礎上提出，用於解析廣告照片。巴特將圖像看成一個完整的整體，包含文字訊息、外延圖像和內涵信息三部分。他認為文字訊息具有錨定和中斷作用，固定圖像的意義，使之按照指定方向發展。圖像是外延的，它通過形式要素將不同的內涵組合在一起，使之「自然化。」內涵信息是二者的組織規則，相當於結構和模式，巴特稱為修辭。三部分分屬於感知系統、術語系統和修辭系統，徘徊在感性感知、語言抽象和文化象徵之間，不可分割。但是作為一個二級符號，在操作層面上，圖像信息是修辭的能指，圖像修辭是象徵內涵，文字信息可以直接區分，具有能指和闡釋兩方面的功能。內涵信息是象徵的，文化的，不連續的，來自於文化符碼，由很多解讀彙集成詞彙系統。並且隨著個人而變化，形成個人語型。內涵能指脫離日常系統，需要元語言來命名。元語言即共同所指，對於特定時期是唯一的，即意識形態。內涵能指就是內涵指符，是元語言的具體而個性的表現。修辭是內涵所指的結構，以形式關係存在於符號系統。所以，修辭是一種組合關係，內涵能指是聚合關係，二者共同在外延圖像中自然存在，組成圖像的文化整體。

〔註31〕 韓叢耀：《圖像：一種後符號的再發現》，南京大學出版社，2008 年，第 1 頁。
〔註32〕 趙毅衡《文學符號學》，中國文聯出版公司，1990 年，第 11～17、45～49、91～93 頁。
〔註33〕 羅蘭·巴特著，懷宇譯《圖像修辭學》，《顯義與晦義》，百花文藝出版社，2005 年，第 21～40 頁。

　　總之，圖式提供了圖像描述的基本方法和內容，話語、元語言是圖像的深層內涵，修辭是圖像〔註34〕表意過程及其結構，由此，可以確定一種分析圖像與文相結合的藝術作品的新方法。

　　在中國，圖像與文結合的藝術作品主要是文人畫，正式興起於宋代。到明代，文人畫不僅積澱了大量文化意象、形式母題，還加入更多觀念，形式趨向和寓意明顯，並成為一種生活方式的象徵，代表一定階層的文化風尚和道德標準。畫家往往選取約定俗成的意象和受歡迎的風格創作，表達對授畫人品德的頌揚。文人畫的創作模式還擴展到其他文化圈中，為藝術家與其他文人群體的共同創作圖像文本提供了機會，相應也產生了意義高雅，形式折衷的圖像，如翰林雅集圖，明後期園林圖。這些圖像的性質與文人畫一致，既是心靈的折射，又是文化選擇的結果，象徵成為圖像的意義機制。本文的研究就是包含這兩部分圖像，分析圖像的象徵內涵。圖像也被分為圖像信息，文字信息和象徵含義三部分。圖像信息有兩個層面，一是純粹的形式元素，如線條、皴法、色彩，一是內容信息，如觀瀑、垂釣、宴樂、品茗等。我們的研究以內容信息為主，需要特別指出的是，這些圖像的形式是圖式引用（表現形式）與創新形式並存的情況居多，而形式因素在明代被賦予非常重要的觀念內涵，所以，在必要的時候，形式因素也是圖像描述的重要內容。

　　文字信息有印章、題款、署名、引首、拖尾題跋等，對闡述藝術品的觀念具有重要意義的文字主要集中在題跋上。題跋內容比較豐富，如《魏園雅集圖》的魏昌題跋中，介紹了集會的時間、地點、參與人，並首倡一詩，規定了這件藝術作品的主要內容，其他詩歌都以此為導向，豐富雅集的具體內容，闡釋他們的隱居生活觀念，逐漸擴展為一個意義集合體。值得注意，題跋中的議論多具有說理的特性，以人格品質為主，大量引用典故，說明對某種觀念的認同，闡釋共同的生活方式，較少出現文學性強的意象，所以，題跋幾乎是某一群體的意識形態表達。齊澤克《圖繪意識形態》中區分了三種意識形態：自在的意識形態、從自在自為到他性─外化的意識形態，自為的意識形態。其中「話語分析意識形態」是自在的意識形態之一，羅蘭巴特提

〔註34〕巴特認為繪畫的倫理與廣告的倫理是不同的，廣告有一個無符碼的外延圖像，可以保證圖像的「真實」根基，而繪畫的線條、構圖等形式元素均是編碼符號，是非真實的。但是重要的是，巴特的「外延」圖像只是一種「真實」幻覺，是形式元素，更指向文化象徵。所以，圖像更多是組織視覺的藝術形式。

出的「使符號秩序自然化」的意識形態觀念：使話語過程的結果具體化爲「事物本身」之特性〔註35〕正是「自在的意識形態」。題跋中透露的意識形態本是文化選擇的結果，但也已經內化爲「生活本身」之特性，也是自在意識形態的代表。

象徵信息並不是一個簡單觀念，而是複雜的意義群體組成的意識形態及其運作結構，包含豐富的意義，具有很多能指，比如山林隱居是文人雅集的核心觀念，其能指包含很多內容，如房屋布置：畫壁、銘堂、種樹等，雅集活動：品茗、賦詩、遊玩等，圖像風格：繼承元四家的粗沈、細文風格，變換李唐和浙派圖式的唐寅格調。能指通過修辭發揮作用，如引用歷史典故彌補、拓寬圖像的實際空間。引用圖式象徵人物品格，視覺再現之語言再現則抓住語言的想像力功效，彌補視覺單調，在圖像與觀念之間搭建會意平臺。

總之，以文人畫創作模式產生的三大明代圖像是一個複雜的視覺文化體系，它脫離形似，將圖像與文字組成一個符號系統，依靠修辭的運作，既表徵著藝術家的心靈，又溯源到文化傳統的深處，「它是綜合，用整體來表現這個世界。又是一種詩的體驗，無法解釋和替代。」〔註36〕

三、概念的說明：廣文人畫、文和修辭

（一）廣文人畫

中國繪畫雖然一直有表現人文思想的傳統，但是表達明確的思想，將文與畫結合在一個文本中，是以文人畫爲開端的。文人畫的早期雖然沒有普遍題寫在畫幅上，但是對畫題文留下了可觀的作品，對文作畫也頗爲流行，實現了詩畫的交融局面。更重要的是文人畫的創作模式對後世詩書畫三絕合一的創作產生了深遠的影響。就創作模式來說，文人畫對後世創作的影響主要表現在以下幾個方面：

1、對主題的發掘

在宋以前繪畫主要是表現人物場景，尤其以人物風姿爲主，表現主題受到很大限制。宋代的繪畫也大量表現人物場景，但是將場景經典化，成爲特

〔註35〕斯拉沃熱・齊澤克等著，方傑譯，《圖繪意識形態》導言，南京大學出版社，2002 年，第 11～43 頁。

〔註36〕高木森《王蒙的空間幻象》，《朵雲・王蒙研究》第 65 集，上海書畫出版社，2006 年，第 39 頁。

定的表現題材，比如策杖，賞花，行吟，文會，遠眺，釣魚等，強化了表現內容，尤其是內容的情感韻味，更加符合文人的審美趣味。在畫面處理上，人物的尺寸縮小，融入山水場景中，達到身臨其境的效果。某種程度上說，場景具有一定的情節，隨著人物的情緒、景物的變化而變化，形成一個情感化的抒情空間。所以，主題更加具體明確，情感更加豐富多元，並且有豐富的生活基礎，自然能爆發更大的表現潛力。這種改變實際上是文人畫思想作用的結果。蘇軾等人不僅提倡文人畫，還要求詩畫互相學習融合，尤其在意象和情感上，詩歌對繪畫的影響頗大，所以，我們發現宋畫的場景化、情景化，恰恰是學了詩歌意象，將抒情的詩歌表現轉化為抒情的圖像表現，促進繪畫的風格新變。應該說，主題的詩意化是後世文人繪畫創作的前提，也是總體的發展方向。檢視明代的圖像，大部分都在重複著宋人使用的主題，並且作為一個總體原則，比如覽勝雅集圖，園林冊頁圖，都力圖將抒情化的山水與細小的人物融合在一起，實現情景交融，引人興起。

2、對士氣的強調

士氣是文人畫非常重要的範疇，要求畫家注重氣韻的傳達，主要區別於對畫面進行精工細刻，忽視氣勢的創作方式，要求畫家可以表現對象的精神氣韻。蘇軾最早關注文人畫，不過用的是「士夫畫」，強調圖像的俊發意氣：「觀士人畫，如閱天下馬，取其意氣所到。乃若畫工，往往只取鞭策皮毛槽櫪芻秣，無一點俊發，看數尺許便卷。漢傑眞士人畫也。」〔註37〕提倡士氣自然會涉及用筆，如果畫家追求形似，必然按照對象的形狀描寫對象，很難發揮畫家的主觀能動性，用筆是考量藝術家主觀性的非常重要的標準。如果藝術家可以根據自己所想創造形象，那麼他就能夠在用筆上隨心所欲，注重筆墨本身的變化，賦予筆墨特殊的內涵，表現自己的士氣。

元代是畫家談論士氣較多的時代。董其昌記載：「趙文敏問畫道於錢舜舉，何以稱士氣？錢曰：『隸體耳，畫史不能辦之，即可無翼而飛，不爾便落邪道，愈工愈遠，然又有關棙，要得無求於世，不以贊毀撓懷。』」〔註38〕無求於世即以畫自娛，隸體即以寫為主，合於天趣，也就是繪畫創作不能受到

〔註37〕蘇軾《又跋漢傑畫山二首》，孔凡禮點校《蘇軾文集》，中華書局，1986年，第2216頁。孔凡禮注云：「《外集》『卷』作『倦』」。

〔註38〕董其昌《臥遊冊題詞》，《容臺文集》卷三，邵海清點校《容臺集》，西泠印社出版社，2012年，第257頁。

買主審美的限制，尤其是要求逼眞的買主限制，才能夠發揮自己的士氣。沈周認爲董北苑是士夫畫之最，巨然、吳仲圭傳其衣缽，其共同特色是「布意立趣高閒清曠之妙」。〔註39〕沈周強調的也是士氣表現要突出文人趣味，立意高雅，追求清閒趣味，在意圖像的韻味，而不較表現形象的形式。董其昌對士氣的理解更加側重精神層面，包含院體畫家與文人畫家。比如他認爲趙大年是宋宗室，也是院體畫家，因仿習右丞，脫去院體習氣，達到了「超軼絕塵」〔註40〕的境界。又認爲北派李昭道、趙伯駒、趙伯驌的圖像「精工之極，又有士氣」〔註41〕。還指出大年平遠小景傳至雲林，「荒率蒼古」〔註42〕，正是文人畫追求的境界之一。他還指出，從書法追求士氣，借鑒各家各派優點形成士氣：

> 士人作畫，當以草隸奇字之法爲之。樹如屈鐵山似畫沙，絕去甜俗蹊徑，乃爲士氣。〔註43〕

> 畫中山水，位置皴法，皆各有門庭，不可相通。惟樹木則不然，雖李成、董源、范寬、郭熙、趙大年、趙千里、馬夏、李唐，上自荊關，下逮黃子久、吳仲圭輩，皆可通用也。〔註44〕

結合明代的創作實際，我認爲董其昌的言論比較符合明代士氣的含義。士氣主要是精工而秀潤的氣韻，士氣還要行筆有氣勢，要能見出藝術家的精神狀態，士氣可以通過學習不同畫家的優點創造出來，而不僅僅是董巨的特長。所以，明代的圖像中，除了文、沈、董其昌的圖像主要是董巨一脈畫風

〔註39〕沈周云：「繪事必以山水爲難，南唐時稱董北苑獨能之，誠士大夫家之最。後嗣其法者，惟僧巨然一人而已。迨元氏則有吳仲圭之筆，非直軼其代之人，而追巨然幾及之。是三人若論其布意立趣，高閒清曠之妙，不能無少優劣焉。以巨然之於北苑，仲圭之於巨然，可第而見矣。近求北苑巨然眞蹟，世遠兵餘已不可得，如仲圭者亦漸淪散，間觀一二，未嘗不感士夫之脈僅若一線屬旒也，亦未嘗不歎其繼之難於今日也。」《文淵閣四庫全書》第829冊，臺灣商務印書館，1986年，第391～392頁。

〔註40〕趙令穰《江鄉清夏卷》筆意全仿右丞，余從京邸得之，日閱數過，覺有所會，趙與王晉卿皆脫去院體，以李成熙、王摩詰爲主，然晉卿尚有蛙徑，不若大年之超軼絕塵也。（董其昌《容臺別集》卷四，邵海清點校《容臺集》，第697頁。）

〔註41〕董其昌《畫禪室論畫》，俞劍華編《中國畫論類編》下，人民美術出版社，2016年9月，第728頁。

〔註42〕董其昌《容臺別集》卷四，邵海清點校《容臺集》，第678頁。

〔註43〕董其昌《畫禪室論畫》，俞劍華編《中國畫論類編》下，第720頁。

〔註44〕嚴文儒、尹軍主編《董其昌全集》3，上海書畫出版社，2013年，第111頁。

的延續，具有經典的士氣，那些精工秀潤，表現文人趣味，風格相對通俗一些的圖像依然有士氣。其中園林圖，部分雅集圖正是這種形式。

3、對思想的強調

陳師曾在《文人畫之價值》一文中，爲文人畫下了定義，並指出文人畫的四個要素。

> 何謂文人畫？即畫中帶有文人之性質，含有文人之趣味，不在畫中考究藝術上之工夫，必須於畫外看出許多文人之感想，此之所謂文人畫。
>
> 文人畫之要素：第一人品，第二學問，第三才情，第四思想；具此四者，乃能完善。〔註45〕

陳師曾將文人畫的思想單列不知道其確切意思何謂，但是他提到的人品、學問、才情正是與思想有密切的關係。就古代圖像來說，人品雖是畫家的人品，但正是通過圖像來反映畫家人品。比如高潔之品用菊花，清貞之品用松。這些題材正是文人畫表現的重要內容，這些人品也是我們古代學問的重要組成部分，尤其是儒家之道的重要內容，所以，此處的人品是思想。再比如明代的高士圖、園林圖雖是形象比較多，恰是各種蘊涵思想之物的組合，不僅是簡單的思想，還是思想的組合，比如某種觀念。學問也是思想，古代的教育體系中主要的學問是儒道，既包括精微的義理，也包括對名物的認知，後者恰是上而達道的必經途徑，所以，我們看到圖像中大量的器物，以及對它們的使用，也被賦予非常多的道德思想。所有這些花卉、金石器物、儒家的道德觀念都或是文人畫重點表現的內容，或是文人畫積極探索的學問，共同形成了文人畫創作模式中對思想的強調維度。

綜合以上文人畫創作模式的幾個要點，我認爲與其將研究侷限在董巨的風格框架中，不如擴大文人畫的範圍，因此我認爲強調士氣、思想、精神氣韻、才情、人品、學問等特色的畫作都可以稱爲「廣文人畫」。士氣並不是專屬於狹義的文人畫，而是一個基於畫之精神氣韻的概念，反映的是藝術家的精神氣韻，而不僅僅是最爲高雅的精英氣韻，精工之作也可以表達士氣。士氣更不是專屬於山水，在表現人物風骨氣韻的作品中也較突出。可見，其創作群體包含傳承南派衣缽的畫家和具有士氣的職業畫家。由此，本文討論的

〔註45〕陳師曾在《文人畫之價值》，《陳師曾講繪畫史》，鳳凰出版社，2010 年，第65～59 頁。

畫家不僅包含典型的文、沈繪畫，還將唐寅、謝環和陳洪綬的部分反映士氣的繪畫納入廣文人畫討論，以全面反映明代士人的精神氣韻。

（二）文

前文在談到文字信息時已經以題跋為例側重說明了文的文化內涵，對本研究使用的具體文的形態未加詳細說明。由於圖像修辭學針對的是廣告文本，「文」數量少，相當於字，容易造成「文」是字的誤解，實際上，我們的明代三大圖像中的文都是文章，主要有以下幾種形式：參與人題跋的文學作品，主要包括詩、序、記，翰林雅集圖中大量翰林題跋即此類。寄興題寫的詩歌、記錄活動的記、序和反思自我生存境遇的詩與文。沈周、文徵明、唐寅既是藝術家，又是文學家，他們的創作中文是表現思想的重要組成部分，寄興題寫是他們的特色。輔助說明圖像內容的文主要體現在園林圖中。園林圖主要表現景點，意義相對不確定，園景詩既可以輔助說明，也可以增強圖像的韻味。園林空間大，文主要是記，用來說明園林整體空間。園林不僅僅是自然山水，更重要的是文化景觀，闡發意義也需要文來說明。董其昌對文的理解更多是與王維、郭忠恕、二米、蘇軾、倪瓚等人相關的詩意意象，他往往精選一兩句詩歌弁在畫頭，以迴響他們的神韻。同時，他還會將自己畫作的風格源頭標示出來，引起人們對往昔畫家的回憶，組織圖像意象，實現情感、畫理、意蘊的當下交融，創作多層的複合視覺體驗。陳洪綬認為畫本於文，文發於情，他的圖像多是題款，表明創作地點，其豐富的情感流露在相關詩文中。所以，本文有些地方用文字代替詩，以求更加準確指明文的特殊性。有些地方，納入更多非題畫之文，以更加準確把握畫家思想的深刻性。

（三）修辭

廣文人畫反映一定階層的道德觀念和文人情懷，藝術家通過特定的文化意象、修辭手段完成道德觀念、文化情懷的象徵。修辭手段首先依賴於圖像表現，所以本文採用圖像學的描述法描述圖像題材與形式，但是圖像學以主題為目的，選取的研究對象主要是表現經典文本（如聖經、神話）的圖像，辨識圖像的內涵是其目的，然後又將圖像的內涵及其相關意義作為制約因素用來解釋圖像表現的原因和根本原則，所以，雖然圖像學也認為形式與題材是主題表達的映證，但是文化內涵還是被限制在如何表現故事上，集中在視

覺領域，淡化了藝術包含的思想性。明代的廣文人畫雖然也表現一定的經典文本，但大多圖像是藝術家創作的反映當下生活的作品，畫家與其群體的觀念被突出，成爲圖像的主題。又由於明代廣文人畫的圖文結合大多是顯性的，文或直接附錄在畫上，或者反映在藝術家的文集中，圖像主題的尋找與辨識退居次要，而文化含義的闡釋成爲重點。同時，中國廣文人畫大多是表現性的，圖像的形式和題材往往融合爲某種簡練的形式，爲了兼顧圖像呈現的完整性和藝術家風格對意義闡釋的重要作用，我將圖像描述的兩個方面（內容與形式技法）合成一體，回歸風格學定義，將圖像的兩方面統稱爲圖式。圖式本是心理學概念，經貢布里希用於圖像研究，賦予其豐富的文化內涵，將其轉化爲指稱包含意義的圖像形式。明代廣文人畫的表現性和文化性特徵也符合這種形式，所以，本文在統稱某種圖像時也使用圖式一概念。然而簡化形式中包含的意義主要通過一定的修辭手段傳達，所以，確定圖式後，我從圖像學轉入圖像修辭學來研究廣文人畫的含義。圖像修辭是羅蘭・巴特使用的概念，主要用於分析廣告背後的文化含義，與廣文人畫有相通之處。羅蘭・巴特將廣告分爲三部分：文字訊息、外延圖像和象徵內涵。外延圖像與文字訊息是能指，包含大量的象徵意義。象徵內涵是所指，但通過一定的修辭手段反映出來，既是結構關係，又是隱含的思想。同時，由於廣告還直接指向實物，修辭還包含廣告與實物之間的同構關係，但是根據經驗，我們面對一副廣告，不是將廣告對應的實物呈現爲圖像，而是將圖像視爲某種關係或觀念的象徵，比如自然採摘象徵爲「有機、無公害」的觀念，所以，我還是將圖像修辭直接理解爲揭示廣告中存在的人文關係，但是在比喻上，圖像修辭指向實物，這也是羅蘭・巴特所言的「自然化」的意識形態幻象。羅蘭・巴特通過對這種「自然化」進行文化闡釋，解釋了背後的意識形態，區分了廣告與現實之間的曖昧關係，暗含一定的批判意識。同樣，明代廣文人畫也對應著明代的文化生活，但是，繪畫題材、風格的選擇和修辭使用正是藝術家有意識地加工的文化觀念，塑造理想文化形象的反映，所以，以繪畫作品爲入手處，綜合分析圖文的修辭手段，更能說明其中的文化意義。本文的修辭主要在闡釋廣文人畫的文化內涵上發揮作用，主要有話語，文體微義，文學修辭格、圖像修辭格和圖像構圖、圖像敘事等方面。總之，影響圖像與文的意義的表意實踐及其相關策略均稱爲修辭。

四、基本觀念、意義與創新

（一）基本觀念

明代廣文人畫發展迅速，詩文和繪畫結合的程度更高，出現了大量圖、文結合的藝術。廣文人畫不是以客觀現實爲根據的寫實性藝術，力圖調和形似與傳神的矛盾，而是以話語修辭爲根據的表徵藝術，力圖表達觀念，建構理想人格。廣文人畫的情感根基是人文情懷，以高士人格爲中心，以文人趣味爲表現對象，以士風塑造爲根本目的。高士人格作爲觀念一直貫穿在明代繪畫中，成爲凝聚藝術語言的形而上根據。藝術語言是高士人格的符號象徵，建構了一套闡釋語言、修辭系統。羅蘭‧巴特認爲圖文結合的藝術是二級符號，意識形態是根基，修辭是意義的產生機制，圖—文是文本。明畫也是這種二級符號，人格是根基，文化意象和修辭是意義生成機制，題畫文學和繪畫組成一個藝術整體。具體而言，明代高士人格的文化建構分爲廟堂與山林兩條線索，有三大母題：雅集群像、高士風儀，草堂閒適和園林建構。從時間上看，廟堂高士不僅開啓了明代廣文人畫的序幕，展示了開國高士昂揚的群體面貌，也隱喻高士理想的破滅和高士追尋的夢幻性。後期廟堂高士游離於廟堂與山林之間，採用南派山水模式，圖繪「西園」意象，力圖將「西園」精神在筆墨形式中呈現，以顯示廟堂高士的藝術精英意識，但是遲疑的腳步、外在的觀看與遙遠的安置，使得走入山林變成隔岸眺望，其背後依然是「杏園人」的身份邏輯。山林高士展示了太平盛世中，矯健昂藏的人格精神；衰落時期，鬱憤幽怨，中庸穩健的隱忍風儀；亡國時期，忠孝爲本，親臨古器，堅守文明的高尚氣節。兩種高士面貌隨著繪畫主導風格的變化而交替出現，具有非常特別的意義。

（二）意義

將圖像與繪畫結合研究圖像包含的文化情懷，人格的思想是藝術研究的方向，符合明代圖文結合的藝術以表意爲主的現實。從修辭角度研究此類藝術，可以深入理解圖文結合藝術的意義生成規律和策略。將圖文結合的藝術放在符號學的框架下，以文化人格作爲焦點，較爲全面反映明代士人精神面貌。突出文化在士人思想中地位，符合中國古代博學多才的士人精神素養的客觀實際。

（三）創新之處

當今是圖像的時代，各種媒介都參與藝術創作，形成了複雜多樣的圖、文結合的藝術，已經被學者關注。其實圖、文結合的藝術形式有悠久的歷史，其中題畫文學和繪畫密切結合的繪畫自宋、元以來非常流行，明代是一個重要的高峰。研究明代的繪畫與文學的關係，既是對圖像時代的歷史溯源，又發掘圖文研究的新資料，在跨學科的視野下展示藝術、文化、美學、哲學之間的複雜關係。明代的廣文人畫多以卷軸、冊頁的形式出現，在文人群體中流通，塑造明代的視覺形態，表達明代的人格觀念，揭示明代的士子心態，具有豐富的價值。

第一、由於藝術的分門別類，藝術研究集中在具體藝術的形式、內容等方面，著力總結藝術的源流嬗變、形式特徵和思想內涵。但是從藝術的實際創作、藝術形態和流通來看，不同藝術之間的交流非常密切，僅僅研究單一藝術的內部問題還不能準確的分析藝術之間的複雜關係。本研究以廣文人畫為研究對象，充分注意到藝術交流的產物，客觀地展示藝術的豐富形態，為深入分析其思想內涵提供了新材料和新方法。

第二、本文採用圖像修辭理論、敘事學理論來研究廣文人畫，突破風格研究的形式主義和傳記研究的宏大敘事，在視覺感知、語言系統和修辭系統的轉化中研究文字、圖像和內涵組成的文本，分析其修辭結構，闡釋其文化意義，期望重新闡釋形式與內涵、文化與藝術的關係。

第三、本文在時間與形態兩個維度上，剖析明代士人的文化觀念，展示明代士子的精神風貌，將士人文化心態的研究拓展到詩書畫結合的藝術家之中，為全面瞭解明代文化生活提供新成果。

第二節　兩種高士與廣文人畫

中國古代的高士很多，孔子將其劃分為逸民和官場高士兩類形象，指出了高士人格的基本內涵。在後世的發展中，逐漸定型為以閒適為主的官場高士和以清逸為主的林下高士，並且在不同時代，具有不同的特色。

一、推崇逸氣的高士

孔子《論語・微子》云：「逸民：伯夷、叔齊、虞仲、夷逸、朱張、柳下

惠、少連。子曰：不降其志，不辱其身，伯夷叔齊與！謂：柳下惠、少連，降志辱身矣，言中倫，行中慮，其斯而已矣。謂：虞仲、夷逸，隱居放言，身中清，廢中權。我則異於是，無可無不可。」〔註46〕徐復觀從中總結出三種逸的含義及其關係：不肯被權勢所屈辱，不肯被世俗所污染的高逸，生活純潔的清逸，脫世俗的高逸。超必以性格的高，生活的清為內容，高、清、超是逸的態度。〔註47〕魏晉時期，人物品藻盛行，逸成為名士生活的特徵。遺民的形象也可以通過文辭進行一定的擬想，如謝鯤「通簡有識，不修威儀。好跡逸而心整，形濁而言清。居身若穢，動不累高」〔註48〕，透露林下之士注重才識、品德，放浪山林，不修邊幅的特色。又如世人目李元禮「謖謖如勁松下風」〔註49〕，嵇康「蕭蕭肅肅，爽朗清舉」，「為人也，巖巖若孤松之獨立；其醉也，傀俄若玉山之將崩」〔註50〕。唐代的「逸」主要形容作畫的俊逸〔註51〕。宋代將逸品與畫家結合，認為畫家是掌握畫之常理的高人逸才〔註52〕，提倡「筆簡形具，得之自然」的淡逸。元代的「逸」轉向主觀層面，與畫家提倡的高逸人格合一，是表達心跡的符號，即高逸。倪瓚云：「余之竹，聊以寫胸中逸氣耳，豈復較其似與非，葉之繁與疏，枝之斜與直哉？或塗抹久之，它人視以為麻、為蘆，僕亦不能強辨為竹，真沒奈覽者何，但不知以中視為何物耳。」〔註53〕黃公望《寫山水訣》亦云：「畫一窠一石，當逸墨撇脫，有士人家風，纔多便入畫工之流矣。」〔註54〕逸是士家風氣的代名詞，暗指一定的文化教養和社會階層。

〔註46〕程樹德撰，程俊英，蔣見元點校《論語集釋》，中華書局，2013 年，第 1465～1472 頁。
〔註47〕徐復觀《中國藝術精神》，華東師範大學出版社，2001 年，第 191 頁。
〔註48〕劉義慶編《世說新語》，嶽麓書社，2016 年，第 169 頁。
〔註49〕劉義慶編《世說新語》，第 166 頁。
〔註50〕劉義慶編《世說新語》，第 241 頁。
〔註51〕彭修銀《墨戲與逍遙：中國文人畫美學傳統》，文津出版社，1995 年，第 38～39 頁。
〔註52〕參見蘇軾《淨因院畫記》相關論述。（蘇軾撰、孔凡禮點校，《蘇軾文集》，中華書局，1986 年，第 367 頁。）
〔註53〕倪瓚著，江興祐點校《跋畫竹》，《清閟閣集》題跋，西泠印社，2010 年，第 302 頁。
〔註54〕黃公望《寫山水訣》，俞劍華《中國畫論類編》，第 698 頁。

　　明人通過檢視元四家藝術，品定其文化價值，引導當下士人圈的建立。其中對倪瓚的評價貫穿始終，可見明代士人的生活理想。沈周《仿倪瓚畫》云：「雲林在勝國時，人品高逸，書法王子敬，詩有陶韋風致，畫步驟關同，筆簡思清，至今傳者，一紙百金。後雖有王舍人孟端學爲之，力不能就簡而致繁勁，亦自可愛。……性甫謂爲雲林亦得，謂爲沈周亦得，皆不必較，在寄興云爾。」〔註55〕高逸是倪瓚人格的主要特色，簡略而清蒼的筆法正是高逸精神的表現。但是，沈周並沒有對清逸作清晰的價值判斷，而是說自己的模仿是爲了寄興，將逸轉化爲抒發情感的興寄情境，有意迴避倪瓚的清冷冷傲氣息。

　　王世貞推崇浙派，不僅沒有將倪瓚歸爲元四家，且對倪瓚的高妙不可學，有些不屑，「元鎮極簡雅似嫩而蒼。或謂宋人易摹，元人難摹，元人猶可學，獨元鎮不可學也。余心頗不以爲然而未有以奪之。〔註56〕」甚至認爲倪瓚的「簡雅而蒼」是「以雅弱取姿，宜登逸品，未是當家。」〔註57〕董其昌爲倪瓚辯護，認爲逸品恰是超出規矩之外，古淡天然的傑作：

　　　　迂翁畫在勝國時，可稱逸品。昔人以逸品置神品之上，歷代惟
　　　　張志和可無愧色。宋人中米襄陽在蹊徑之外，餘皆從陶鑄而來。元
　　　　之能者雖多，然稟承宋法，稍加蕭散耳。吳仲圭大有神氣，獨雲林
　　　　古淡天然，米癲後一人也。〔註58〕

　　雖然各家有一些分歧，但清、雅、簡、古淡天然是明代士人對倪瓚的基本認識，並成爲明人標榜清雅生活的標誌，一直被明人追捧。開國初期，王紱創作了大量仿倪瓚作品，並由翰林題跋，以顯示他們的山林思緒與文化品位。明代中期，鑒賞家大量收羅倪瓚作品，朱性甫、吳寬、沈周均收有仿倪瓚作品，或說明隱士保持志意的清高，或反映翰林的廟堂清氣。明末，董其昌又反吳派甜俗，再推崇平淡古雅的倪瓚之清，以保持翰林的清雅氣韻。當然，明代畫家在清雅中，更強調士氣。氣勢、矯健的力量融合在文雅的形式中，使得藝術情感轉向陽剛堅韌，顯出新時代氣息。

〔註55〕《明沈周仿倪瓚畫》，張照《石渠寶笈》卷六，《文淵閣四庫全書》第824冊，
　　　　第182頁。
〔註56〕俞劍華譯注，《中國畫論類編》，第117頁。
〔註57〕俞劍華譯注，《中國畫論類編》，第116頁。
〔註58〕董其昌《容臺集》卷四題跋，第687頁。

二、廟堂高士

孔子分析遺民後，自言「我則異於是，無可無不可。」孟子解釋為「可以仕則仕，可以止則止」〔註59〕。其實，二人所言是流行於朝堂的逸。十八學士的瀛洲之樂可能是逸的較早代表。白居易結社林下，歌頌盛世太平光景，是出仕士人的業餘典範生活。蘇軾、王銑、米芾也集聚西園，賞鑒古器、寫字、作畫、談禪、吟詩，將單一的自娛自樂轉化為集體娛樂，園中清賞成為新的娛樂式樣，流行於上層社會中。上流社會的樂趣也包含複雜的觀念，十八學士之樂隱含著圖畫麒麟閣的功名宿夢。白居易提倡朝隱，追求平淡閒雅的知足之樂。蘇軾追求常理，強調士氣，飽含陽剛精神。具體在藝術創作中，貫徹閒遠氣韻〔註60〕的人是高尚書，「房山高尚書，以清介絕俗之標，而和同光塵之內，蓋千載人也。僦居餘杭，暇日策杖攜酒壺詩冊，坐錢塘江濱，望越中諸山，岡巒之起伏，雲煙之出沒，若有得於中也。其政事文章之餘，用以作畫，亦以寫其胸次之磊磊者歟！」（同上）閒適自由，簡淡玄遠正是廟堂之士渴望的閒適生活。

明代士人集合這些歷史的娛樂元素，整合為一個適合廟堂的文化生活圈。他們將瀛洲仙與玉堂仙結合，炫耀功名，暗喻「圖畫麒麟閣、流芳百世後」的願望。又借用白居易朝隱觀，仿傚香山，結社廟堂之上，宣揚耆德碩儒隱於朝的光輝思想。最後，利用西園的金石趣味，將文化生活固定為古雅的清課，將沖淡清雅的私人性感傷轉化為古雅的歷史性娛樂，以容納陽剛閒適的入世精神。

三、宋元廣文人畫

廣文人畫是以士氣為核心標準，表現文人思想，精神氣韻的繪畫。隋、唐以來，山水畫興起，脫離形似，表現心胸，得象外之意是藝術的至高追求。文人也由肆力功名轉化為逍遙林泉。畫家通過系統的筆墨造型，將士氣表現在山川之中，又將山川作為精神寄託地，塑造一定群體的人格理想，勾畫新的士夫生活，代表高尚情操與自由精神。元四家進一步將高士品格與清逸的山水畫結合起來，不僅提供了豐富的技法形態，也將真正的高士母題引入圖像，為明代藝術中理想人格的圖繪提供典型圖式。

〔註59〕 程樹德撰，程俊英等點校，《論語集釋》，第 1472 頁。

〔註60〕 倪瓚云：「本朝畫山水林石：高尚書之氣韻閒遠，趙榮祿之筆墨峻拔，黃子久之逸邁不群，王叔明之秀雅清新，其品第固自有甲乙之分。」（俞劍華《中國畫論類編》，第 702 頁。）

　　士氣是廣文人畫的重要標準，畫之士氣的形式化經歷了一個複雜而漫長的過程，由早期強調氣韻生動、傳神真趣的人物畫到借鑒詩意手段、書法性用筆、題寫詩文、意在筆先、以手寫心，才逐漸定型爲抒發心胸，表達志意的詩、書、畫、印一體的繪畫〔註61〕。詩畫一體雖在魏晉就開始了，如顧愷之《洛神賦圖》上配有《洛神賦》，《女史箴圖》上有贊。至宋代，蘇軾、文同、米芾等提倡士人畫，蘇軾強調圖像整體的精神氣韻〔註62〕，即「俊發」之氣。並強調只有品德高尚的「軒冕才賢」、「巖穴上士」依仁遊藝，才可以將高雅之情寄託於畫。所以，畫是心印，即畫家心胸和人品的反映，對畫「君子小人見矣」。〔註63〕他們還強調士氣在於立意，是畫家自身的個性特徵，表現在畫中即用筆精簡，布置瀟灑，脫離形似，求畫外之意，所謂士夫「未必能工所謂形似，但命意布致灑落，疏枝秀葉，初不在多，下筆縱橫，更無凝滯，竹之佳思筆簡而意已足矣。俗畫務爲奇巧，而意終不到。愈精愈繁。奇畫者務爲疏放，而意嘗有餘，愈略愈精。」〔註64〕士夫畫還提倡書法與繪畫的相通，李公麟指出畫和詩一樣，都是「吟詠性情而已。」素習書法的人也將書法筆意帶入繪畫，如李熠畫中「顫掣之狀」是金錯刀的表現。還表現爲詩意畫的創作。據載李公麟創作了《陽關圖》和《靜思圖》兩幅詩意圖。宋徽宗更是詩意圖的積極推行者。他興畫學，開畫學科考，爲了使畫史脫離繩墨和卑凡格調，他不僅聘請兩位重要的士夫畫大家米芾與宋子房作畫學博士，考眾工藝能，還以韻味豐富的詩句作考題，希望畫工借鑒詩歌的含蓄韻味，將「不盡之意」見於象外。〔註65〕畫家還在風格上〔註66〕向詩人學習，蘇軾強調「詩畫本一律，天然與清新」，米芾也提倡「平淡天真」的畫風，追求圖像的高古意趣，提倡墨戲。《宣和畫譜》「常粲」條云：「衣冠益古，則韻

〔註61〕關於「詩書畫印一體」的形成過程參見張其鳳《宋徽宗與文人畫》，第三章詳細考論，2008年，榮寶齋出版社，第62～121頁。但，最集中反映畫家精神氣韻、人格理想的內容大多在圖像、題跋中，本文集中研究圖像與題跋兩部分。

〔註62〕卜壽珊，姜一涵，張鴻翼譯，《北宋文人的繪畫觀》，國立編譯館館刊1982年，11月2日，第143～186頁。

〔註63〕郭若虛《圖畫見聞志》，俞劍華編《中國古代畫類論編》，第59頁。

〔註64〕潘運告編著《宣和畫譜》，湖南美術出版社，1999年，第402頁。

〔註65〕鄧椿《畫繼》，《中國書畫全書》第2冊，上海書畫出版社，1993年，第704頁。

〔註66〕張其鳳在《宋徽宗與文人畫》第五章著重論述了畫譜中審美風格與詩歌的相通。榮寶齋出版社，2008年，第150～179頁。

益勝。此非畫工專形似之學者所能及也。」〔註67〕

　　《宣和畫譜》在元代非常流行，成爲元代士夫畫盛行的重要理論依據。錢選最早提倡戾家畫，即無求於世，以畫自娛，以寫爲主，合於天趣的士夫畫〔註68〕。趙孟頫也提倡古意，但更強調書法性用筆，《題秀石疏竹圖》云：「石如飛白木如籕，寫竹還與八法通。」《鵲華秋色圖》和《水村圖》古意盎然，代表了元前期士夫畫的最高水準。元末四家採用書法性用筆，形態多樣的皴法，松柏、竹梅、草堂、山脈、大川等特殊意象直接表現高士的林下生活，將高士品格推向極致，倪瓚甚至自嘲「聊以寫胸中逸氣耳」〔註69〕。元代詩畫結合也更加自覺，錢選創作了大量題畫詩，利用詩畫互文修辭抒發山河不在，時空逆轉的無限感慨，塑造歸隱山林，恬淡自適的新生命意象，開創了元代高士林下生活的新篇章〔註70〕。倪瓚也非常喜歡題詩，其畫上多弁清雅小語，烘托遺世獨立的高士心境。

四、明代廣文人畫

　　明代繪畫藝術不僅在圖像技法、審美境界上實現了新的飛躍，而且志意更加突出和明確，表彰高尚人格、象徵士夫儀範、捍衛自由生活、傳承華夏文明成爲圖像的重要內涵，也是隱士宣揚自我抱負，建構理想人格的重要內容。因此，我們認爲明代是廣文人畫表現最爲充分的時代。從內容看，首先是浙派畫家利用清玩塑造象徵國家儀範的官僚雅集群像，接著是吳中高士繼承元末四家的山水圖式，表現吳中高士的林下氣象。然後是士人憤於科場不順，走向山林，自適逍遙的高尚風儀，又繼之明末高士國破家亡，以鼎彝、古器彰顯遺民身份的孤忠與吶喊。山房、園林作爲象徵／實際的心靈歸宿地，既寄託翰林的林下幻想，也是困頓之臣待時而飛的暫時居所，還是厭倦宦海，保持自我獨立精神的最後一片安居地。既是高士引領時尚，走向文化建構的隱喻空間，又是儒士養德潤身，游於藝苑，涵養性情的自由場所，還是詩學

〔註67〕潘運告編著《宣和畫譜》卷二「常粲」，第53頁。

〔註68〕關於「天趣」參見屠隆《畫箋》元畫條，《中國書畫全書》第3冊，1992年，第995頁。

〔註69〕倪瓚《疏竹圖》，汪砢玉《珊瑚網》卷三十四，《文淵閣四庫全書》第818冊，第651頁。

〔註70〕鄭文惠《遺民的生命圖像與文化鄉愁——錢選詩／畫互文修辭的時空結構與對話主題》，《政大中文學報》第六期，2006年12月，第147～182頁。

巨擘提倡以聲色愉悅爲美的短暫輝煌，又是情趣高雅，游離朝堂與山林，力
圖重新融合宋元筆法與詩意的精神家園。從表現形式看，明代詩畫結合分兩
條線索發展，形成了不同的形式特徵。一條是繪畫向詩文靠攏的詩意化發展
路線，翰林雅集圖是品定軒冕之才品格的代表作，通過清玩的金石味、園林
活動的清韻恬淡氣息充分展示翰林的儒雅氣質，隱喻傑出人才的典範形象。
唐寅選擇詩意化的典故、秋風蕭騷的草堂、蒼鬱蔥籠的叢篁煙雨，盤旋虬曲
的枯槎頑石，黑白輝映的筆墨韻律，奇崛混莽的山川氣勢，迴環往復的空間
安排，成功將浙派死板的斧劈山川轉化爲靈動多樣，文秀奇絕的山中龍蛇，
隱喻科場案的憤懣心胸，不合世俗，凜凜不屈的高士氣骨。陳洪綬又通過書
法性寫筆描繪高士虬逸的衣服，軒昂的氣勢，古怪的面貌，清越高古的三代
鼎彝，頌揚末世高士堅守漢族文化的風骨。詩意化的另一表現是董其昌的草
堂圖。草堂圖多雲氣、險怪跌宕的山川，玲瓏剔透的樹木，加上傾斜的地基，
圖像的穩定性受到挑戰。雲氣自二米開創以來，號爲墨戲，是自由的象徵，
也是心胸的印證，更彌漫著朦朧的韻味，使人遐想不已。山石採用折帶皴勾
出塊面、半乾的筆拖出蒼痕，顯示筆墨韻味，折帶皴留白貫穿前後，形成跌
宕起伏的韻律。又用題記、詩文點出草堂的主題，如指出雲氣繚繞的山下清
軒是林逋、王維等隱士的草堂，隱士的氣韻、人格、畫風、參合畫家的敬意、
賞識和再造，借助詩意聯想，訴說高士的岩穴清雅和浩蕩心胸。這種詩意化
顯然來源於郭若虛、二米等借助詩人氣韻，塑造畫家人格的思路，但由於董
其昌極其高妙的繪畫語言、布局能力和刻意選擇提倡藝術自由、人格魅力的
高士畫家，宋元筆法被恰當安置在特定的空間意象上，重新詮釋高士人格的
綜合人文韻味〔註71〕。詩意不再侷限於詩歌意象和意境的再現，而是參合歷
史上的繪畫語言和審美風格，塑造綜合的高士詩意圖，在更高層面上，實現
了文化意象的圖像再現。另一條是注重整體氣韻的文、沈高士和吳派再傳弟
子的晚明官宦園林圖。它們直接繼承元末畫風，精練高士意象，用合適的筆
法和布局創作，表達吳中獨特的高士韻味。圖像也配有大量的題畫詩，但是

〔註71〕採用前人的圖式，處理歷史與現實的時空關係的圖像在文沈模仿宋元圖像中
也大量存在。比較詳盡的研究可參看 Esther Jacobson-Leong Space and Time in
the Art of Shen Chou（1427～1509）。文章指出沈周給出敏感於細微變化的中
國核心審美文化一個整合的形式，空間延續到時間，時間超越具體空間進入
歷史、夢想和神秘，創造了一種富於韻律的第四維審美，也是晚明怪誕時空
觀的先驅。（*Art Journal*, Vol. 36, No. 4（Summer, 1977）：298～302.）

詩歌多包含畫家的觀念，交代事件的過程、起因、點出瞬間的感受和一定的意象，引起情感共鳴。修辭上，用文體特徵闡釋複雜的文化觀念，又作爲修辭手段，設定圖像的閱讀邏輯，虛化圖像的空間，展示多元觀念。圖像更加側重意象刻畫，空間布局，爲實現共同觀念提供合適的圖式和典型意象。圖文一體，又保持各自的特性，充分利用二者互文，最大限度完成觀念的表達。

總之，隨著內容具體，觀念突出，藝術技法的成熟與藝術元素符號化趨向的增強，明代的廣文人畫塑造了豐富多彩的高士形象，建構高士的理想人格，也進一步符號化一個時代的影像。藝術脫離形似，不僅是一種心胸，更是一種觀念，飽含豐富的文圖修辭，傳播文化，規約道德精神。

第一章　雅集圖分類與文人風尚

　　雅集是古代文人交遊和娛樂的重要方式，自三國時期文人雅集活動開始流行，蘭亭雅集、金谷園雅集一時成誦。唐宋以來雅集分外頻繁，如李白宴桃李園，香山九老會、南唐文會、琉璃堂人物雅集、洛社耆英會、西園雅集、顧瑛玉山雅集、鐵崖西湖雅集，明代翰林雅集與山林雅集等。隨著雅集參與人才藝能力和時代風尚的變化，有三種主要形態：詩人主導型、清玩型與藝術主導型。詩人主導型是指雅集活動以詩歌創作為主導，蘭亭雅集、金谷園雅集、香山九老會、洛社耆英會、顧瑛玉山雅集，鐵崖西湖雅集是典型代表。其藝術品主要是詩歌。〔註1〕清玩主導型內容豐富，包含鑒賞、清談、歌舞和酒會，文人寫詩，請宮廷畫家創作雅集圖，高克恭的《文會圖》就是奉命而作，劉松年、李公麟均是待制畫家。明代的官場雅集進一步將鑒賞與公職休暇聯繫起來，文人創作詩歌、清談、鑒賞，宮廷畫家繪製圖像，《杏園雅集圖》、《甲申同年會》和《五同會》就是這種代表。其藝術形式是詩歌和繪畫。藝術主導型是指以藝術家創作為主導，吸收了詩歌雅集和清玩雅集的部分內容發展起來。如西園雅集有書法創作與鑒賞、繪畫表演、彈琴、題壁、談禪。明代山林雅集內容更加豐富，賞菊、品茶、鑒賞法帖、送行等，圖式脫離套路，因境而成，藝術形式也是詩和畫，但畫家作為詩人，主導繪畫內容。

（一）明代畫壇上的歷史雅集圖式

　　歷史上雅集圖很多，到了明代，主要有《蘭亭雅集圖》、《西園雅集圖》

〔註1〕當然，蘭亭雅集的客觀效果是產生了第一行書——蘭亭序。蘭亭的雙重身份為後代雅集提供了豐富的資源：書法創作和鑒賞成為雅集的主要內容，也是雅集藝術的基本母題。

和《耆老圖》〔註2〕三種圖式流傳,分為傳本與當代創作本。其中最具代表性的圖式是《西園雅集圖》和《耆老圖》,根據圖式風格大致有兩種趨向:士夫宴遊與隱士閒居。

第一、士夫宴遊圖式

西園雅集早期圖像是《士夫宴遊圖》,側重表現青壯年士夫雅集風貌。主要有李公麟本、劉松年本。〔註3〕李公麟本淺設色手卷,構圖簡單,描繪東坡揮毫、姬妾環立,龍眠湖石下寫圖,米芾題壁,竹林中圓通大師與劉涇談無生論,秦觀與陳景元彈阮,景物布置簡單,風格質樸清簡,正式確立了西園雅集的五段圖式。劉松年本(圖2-1)富麗精緻,格調高雅。除了表現典型的場景外,畫家加入很多支點物,比如方桌上擺滿器物,板橋上童子抬著器物、桌子過橋,童子捧佛經,山石間棋盤,叢篁下圓凳。題寫已經有字跡出現。前景由五組水組成,中景是人物活動,場景呈 s 形分布。童子的行動不僅使事件的敘述更加完整,主次更加分明,而且起到了活躍畫面的作用,將相對靜態的主要場景與童子活躍的輔助行動串聯起來,時間和空間交替呈現,增強了畫面的運動氣氛。

香山九老的《耆老宴遊圖》有唐本(傳李公麟)、劉松年本。唐本與劉松年本主要表現廟堂君子的風貌。唐本畫濃陰水榭,敞堂方亭,池岸艤舟,松簧湖石雜陳,榭中坐著三人品茗,舟中二人對弈,堂中四人觀畫鑒古,人物位於中景。劉松年本兩老觀卷,一老插花起舞,三老同行,三老對弈,人物活動夾在山石與松簧間。隱去屋宇,前景構圖。

第二、隱士閒居圖式

隱士閒居是雅集的基本內容,即使士夫宴遊也有隱士閒居的深度訴求,但是由於圖像的側重點不同,還是需要進一步區分,以顯示雅集圖式的變化。

西園雅集的發展本是隱士閒居,有馬遠本(圖2-2)、唐寅本(傳)、李士達本。馬遠本圖式變化比較大,主要刻畫龍眠寫畫,大部分人物圍繞在松樹下觀看寫畫。左端一人策杖而來,右端一人臨流,一人羽扇步行,一人策杖前來。右端童子正在侍弄古器。松泉青蒼,環境頗為清曠。唐寅《西園雅集圖》在劉松年的基礎上變化格調,精簡構圖而成。通過拉伸水域的長度,精細刻畫中景的柵欄、板橋,模糊器物,縮小童子尺寸,抽象童子行動,將劉

〔註2〕包含九老、五老圖與洛社耆英圖。

〔註3〕還有很多立軸,如王詵本、趙孟頫本、仇英本。變化很小,定位在園林遊賞上,圖像多為職業畫家所作,意義更新不多,暫略。

松年眼中的現場活動轉化爲有一定距離的觀看之景。大量採用李成皴染手法，更顯高古氣韻，似乎畫家在展演一場古代雅集。李士達本表達得更加怪誕，人物活動擺在近乎圓形的空間中，衣服輪廓近乎變形之圓，流動感十足，西園文人似乎都跟著圓形的山石狂舞，非常詼諧幽默。

　　《香山九老圖》的發展本有（宋）勾龍爽本，謝環本、周臣、唐寅本〔註4〕。勾龍爽本、謝環本與周臣本風格野逸，接近高士圖。勾龍爽本表現「三老倚樹石觀書，一老起取飲，二老席地對弈，一老旁觀，一老坐石撫琴，一老衲藉蒲團而聽，童子五、鶴二，長松翠竹，流水潺湲。」〔註5〕

　　謝環本是勾龍爽本與周臣本的過渡，體現了明人自創《香山九老圖》的嘗試。圖中兩老老樹下觀卷，四老屋中題寫，兩老亭中觀梅，一老攜琴款步而來。鶴嘯清梅，湖石從篁、裂紋凳頗雅致。庭院寬敞，營造精緻。人物處於中景，風儀清雅，沒有唐本的典正嚴肅，也沒有松年本平易和藹。周臣本最大變化是雅集場景全部搬入山林，一人從山邊遠來，二人山崖觀眺，二人崖下徐徐來閒談，四人崖下聽琴。前景水波粼粼，雲繞山巔與山谷，松樹陡立。人物衣帶翩翩，閒適溫和，形成斜四邊形，人物位置在中景，更側重野外清靜之境。

　　總之，雅集圖像雖然有定型圖式，但是畫家對圖像的定位卻徘徊在士夫宴遊和鄉居隱逸之間，代表了山林隱士和廟堂君子兩種趨向。西園淡化人物社會身份，強調「學術身份」和「交遊身份」；九老立足人物社會身份，強調「體制身份」和「教育身份」，這在明代被清晰表達爲隱於朝。畫家通過「平面化」園林來營造觀念，如謝環《香山九老圖》有意識拉大園林平面寬度，園林房屋、鵝卵石路、梅花、仙鶴、叢篁刻畫細緻，如數家珍，人物飄蕩在景物周圍，暗暗指向隱逸之趣。

　　根據學術研究來看，兩種雅集圖式都是後人圖繪的結果，畫家的觀念和時代風氣包含在圖像中，雅集圖的面貌與其說是原貌，不說是闡釋中的面貌。

〔註4〕唐寅本未見，根據清人題詩可知也接近高士圖。如茹綸常《題唐伯虎香山九老圖用山谷韻》：「眼中不辨縑與紙，洛下山水訏相似。六如居士最清狂，畫品寧復數餘子。九老道貌儼高寒，不知誰是白香山。高風勝事足遐想，恍若置身會昌間。」《容齋詩集》卷一三，《續修四庫全書》第1457冊，上海古籍出版社，第249頁。

〔註5〕胡敬《西清箚記》卷四，《胡氏書畫考三種》，劉瑛校，浙江人民美術出版社，2015年，第433頁。清嘉慶刻本。

兩種傾向成爲明代畫家的傳統資源，爲明代雅集的進一步二分奠定了基礎。經過宮廷畫家與吳中畫家的努力，明代自創的雅集圖沿著官場與山林兩大傳統開出新樣式。

（二）明代自創雅集圖式

永樂登基後，爲了編修《性理大全》、《永樂大典》、《太宗實錄》等文獻，徵辟大量人才入翰林院，同時寵遇三楊等儒臣，經常召集他們遊覽皇家園林與北京名勝，其間舉行了多次唱和雅集。由此分出兩種雅集類型，以吳中、閩中爲主導的編修雅集，直接繼承玉山雅集，並與地方保持密切關係的山林雅集。以曾日章、鄒緝、三楊爲主導的翰林雅集，接續香山洛社耆老精神。隨著編修書籍的完成，大量人才回到田園，其子孫也相繼隱居田園，出現了弘治後期和嘉靖年間文、沈雅集高潮。翰林繼續把持朝政，雅集以三楊和李東陽、吳寬爲代表形成了兩次高峰。雅集圖大致循著官場和山林，形成獨特的形式與內涵。

第一、官場雅集圖式

筆者見到最早的翰林雅集圖資料是王紱 1404 年創作的《齋宿聽琴圖》和 1405 年創作的《山亭文會圖》。前者是永樂三年在陪祀南郊前夕，曾日章、鄒緝、王紱等齋宿翰林院，爲聽琴、分韻賦詩而作〔註6〕。後者是中秋文會。由於王紱崇尙元四家筆法，雅集圖式也是山林面貌。正式官場雅集圖式來自西園雅集圖，是宮廷畫家根據翰林雅集繪製的圖像，圖式程式化明顯，由固定圖式和新創圖式兩部分組成。《杏園雅集圖》是源圖像，主要有徐步前來、石屏閒談、品玩古畫、謝庭訓抬物前來，《五同會圖》描繪石屏下吳寬與李傑交談。陳璚、王鏊、吳洪徐徐前來，僕人抬著物尾隨其後。《竹園壽集圖》〔註7〕圖式變化比較大，由兩組意象構成，一是題竹、寫詩；一是舞鶴娛親、行酒祝壽以及麒麟等瑞獸。《甲申十同年圖》（圖 2-11）是人物肖像圖，分三曹，主要表現人物穿著官服，神采奕奕的風姿。

第二、山林雅集圖式

山林雅集圖廣泛吸收各家圖式。較早的雅集圖式有王紱 1405 年《山亭文會圖》。圖像以亭子爲中心，表現濯足、攜琴、策杖、臨流主題。表現手段更

〔註6〕《文淵閣四庫全書》第 829 冊，第 400～403 頁。

〔註7〕《竹園壽集圖》刊於《院體浙派繪畫》，單國強主編：《故宮博物院藏文物珍品大系》，上海科學技術出版社，2007 年版，圖 38，第 59～63 頁。

加文人化，人物尺寸很小，類似點景人物，山峰、水面、雲氣、房屋的比例、布置與吳中山莊雅集圖景物布置類似，預示了山莊雅集圖的發展方向。

　　明中期吳派的山林雅集發展迅速，大致分為三種：一、聚集在某家山莊賞玩古董、花卉、品茶、唱和詩歌，簡稱為山莊雅集圖。二、集中在虎丘、虹橋等名勝送別即將出仕的官員，其中尤以吳中為奢，簡稱為送行雅集圖。三、連袂出遊名勝，尋訪古蹟，簡稱為攬勝雅集圖。

　　山莊雅集有為事而燕集，如沈周的《盆菊幽賞圖》為賞菊而作，吳寬和周臣合作的《匏庵雪詠圖》為雪中觀刻本東坡清虛堂貼而作，劉珏《清白軒圖》（圖2-3）是西田上人載酒過清白軒而作，沈周《魏園雅集圖》（圖2-4）是沈周等人過訪魏昌園林而作。文徵明的《元日小集圖》是感悟時光，暗喻人生遭遇而作。這些圖以簡單場景和山水景物來表現雅集，格調清雅，是吳中雅集圖的新樣式。

　　送行雅集圖自宋以來模式已經定型，明人的送別雅集圖既有繼承，又有創新。明代較早的送行雅集圖有1404年王紱《為密齋寫山水圖》，王諤《送源永春還國詩畫圖》和《送策彥周良還國詩卷圖》。集大成的送行雅集圖以吳中為主，沈周在1472到1499年創作了《春江送別圖》、《京江送遠圖》、《秋江送別圖》、《虎丘餞別圖》（圖2-5）、《京口送別圖》等雅集圖，唐寅創作了《垂虹別意》、《南遊圖卷》、《金昌別意圖》、《金閶送別圖》。這些送行大多選擇名勝風景，採用遊覽加送行的模式，參與人有官員和隱士。圖式由表現送行場景到淡化送行場景，以風景名勝來刻畫人物品格、抒發詩人情感的新形式，與其他圖式之間的界限模糊。

　　攬勝雅集圖主要是文派畫家創作的雅集圖式，一般情況下，選擇著名風景區，尋訪文化事件，或依照名人故事從事某種雅致的活動，如文徵明《惠山茶飲圖》（圖2-6）、《石湖清勝圖》等，興致高雅，格調謹嚴，雅集詩文不一定是一次創作，可能是多年、多人創作的集合，目的在於喚起不同時空下相同事件所具有的情感價值，所以雅集圖中人物漸漸消失，山水成了主角。總之，明代山林雅集圖式的變化隨雅集地點的變化而變化，從多人參與的名勝集會漸漸轉入山齋閒談的私人集會，圖像的程式化降低，文人的生活元素則逐漸成為表現的主角，其隱喻性逐步增強。詩歌也從表達志向、勉勵功勳轉入私人情感的表達和文化事件的重演，其體驗性和抒情性增強，基調從敘事轉入抒情。

　　縱觀雅集圖式形態變化可知，明代圖式是非固定圖式，觀念勝於形象。圖像內容簡單，圖式形式母題突出，有豐富的藝術史和文化史內涵。

第一節　翰林雅集圖

　　明人翰林雅集以兩京地區為主，分休假雅集、祝壽雅集、聚散雅集。代表作品有《杏園雅集圖》（圖 2-7）、《竹園壽集圖》（圖 2-10）、《甲申十同年會圖》（圖 2-9）和《五同會圖》（圖 2-8）。〔註8〕雅集的基本形式是京官們聚集在某官的私家園林裏飲酒歌詠、絲竹清談、品玩古器，畫家繪製圖像，以資紀念。官員們創作詩歌、序文以說明此次雅集的目的、內容以及意義。其中，《杏園雅集圖》既開啓了明代雅集的先河，也在內容、目的和圖繪形式上確立了有明一代翰林雅集的典範。雅集詩文與圖像是有機的整體，為了準確分析雅集作品，我借鑒圖像修辭學和敘事學相關理論來展開論述。

　　圖像修辭學是羅蘭・巴特提出的重要概念，用於分析廣告圖片。他將一幅廣告圖像分為文字訊息、外延圖像與圖像修辭三部分，分析文字、圖像以及二者編織的二級符號，探索圖像和文字在「圖像的整體」中的作用，闡釋二級符號的文化意義。〔註9〕雅集圖文字和圖像結合的形式與廣告照片相似，其觀念的文化性內涵〔註10〕為圖像修辭研究提供了可能。文字訊息（詩文）和圖像再現了雅集內容和形式，文字中攜帶的觀念闡釋了雅集圖的文化意義，二者結合構成了雅集符號。羅蘭・巴特將二級符號分為實質和形式，實質相當於所指，是意義，形式相當於能指，是表達形式。對二級符號的分析，形式和意義並重，更準確地說，形式完成所指的文化意義塑造。具體就雅集來說，雅集的圖像和文學是能指，文化意義是所指。雅集所指即意識形態和個體情感，能指涉及圖像和文學表達，技巧豐富多樣，对意義的生成具有重要作用。本節先根據文字信息辨識圖像內容，再提煉其中的雅集觀念，最後分析表達形式對觀念的表達。

〔註8〕據倪岳《翰林同年會圖記》記載，甲申科進士定期舉行集會，其中雅集並繪圖的兩次是《翰林同年會圖》和《甲申十同年會圖》。據吳寬《五同會圖》序言可知，五同會成員經常集會，《五同會圖》是最後為陳璚壯行的集會。（倪岳《清溪漫稿》，《文淵閣四庫全書》第 1251 冊，臺灣商務印書館，1986 年，第 204～205 頁和吳寬《匏翁家藏集》卷四十四，《文淵閣四庫全書》第 1255 冊，第 391 頁。）

〔註9〕二級符號是羅蘭・巴特 1957 年《神話》中提出的概念。「整體的圖像」參看《圖像修辭學》中分析。

〔註10〕明代雅集詩文主要圖寫盛世，表彰令德。雅集的重點不在文圖活動本身的藝術性，而在文圖活動的記實性、可視性和觀念象徵。

一、翰林雅集圖式

翰林雅集圖是對雅集現場的描繪，時代久遠，對其圖式的辨認還需要借助相關文字訊息。雅集圖有豐富的文字訊息，本文以參與者的唱和詩歌和序文爲主〔註11〕，參取後人題跋相關信息。在此，文字訊息（詩文）的作用是介紹畫面內容，瞭解雅集概況。根據具體內容雅集可以分爲三種類型：休閒雅集、祝壽雅集、聚散雅集。〔註12〕杏園雅集再現了宴會、品玩、歌詠三個主題。竹園壽集側重於作詩祝壽，甲申同年會和五同會側重於不同時空境遇下的同僚友誼。

由於雅集圖的內容有一定重複性，我根據每幅雅集圖中內容的主次關係，將畫面分爲核心事件書寫和輔助場景描繪。核心事件書寫是指對雅集主要內容的書寫，例如唱和詩歌、品玩字畫、石屏清談、折柬來客。輔助場景描繪是指與雅集相關的內容，以雅集環境的描寫爲主，比如園林環境和社會氣象。核心事件相當於雅集的功能，輔助場景是其語境，二者在系列中形成文化意義。

文字訊息是連結圖像和雅集觀念的紐帶，又扮演著錨固意義和識別圖像的角色。我以《杏園雅集圖》爲例說明圖像的內容，楊榮的《杏園雅集後序》云：

> 倚石屏坐者三人，其左少傅廬陵楊公，其右爲榮，左之次詹事泰和王公。傍杏花而坐者三人，其中大宗伯南郡楊公，左少詹事臨川王公，右侍讀學士文江錢公。徐行後至者四人，前左庶子吉水周公，次侍讀學士安成李公，又次侍講學士泰和陳公，最後至者謝君，其官錦衣衛千戶。〔註13〕

通過畫面的介紹我們確定了參與人的身份、姓名，初步瞭解了畫面內容。但是畫面的完整內容，還需要詩歌等內容的補充，如描寫宴會飲酒「中筵錯肥甘，觴斝行無算。」「觴酌屢獻酬，雍容相愛敬。」表達觀念的文字則直接聯繫雅集觀念，與圖像之具象表達形成由抽象到具象的闡釋關係，通過遞進

〔註11〕其他章節對跋文的選擇與處理方式與此一致，不再指出。

〔註12〕其中 1508 年的《詞林雅集圖》也是離散雅集圖，地點在南京，參與人也主要是官僚，具體研究可參見拙文《意識形態與烏托邦：明代京官送別雅集的文化學解讀》，《社會科學家》2017 年第 4 期，第 149～155 頁。）

〔註13〕本文引用《杏園雅集圖》的文字信息均來自李若晴：《玉堂遺英：〈杏園雅集圖〉卷考析》後附跋文和詩歌，《美術學報》，2010 年第 4 期，第 60～69 頁。爲行文簡潔，下文不注。《杏園雅集圖》刊於鎮江博物館編：《鎮江博物館藏明清書畫精粹》圖 23，文物出版社，2011 年，第 66～75 頁。

層次實現由視覺感知到知性認知的轉化，雅集觀念與圖文的象徵關係得以確立。如楊士奇的前序云「于于冠衣之聚，皆羔羊之大夫。備菁莪之儀，治臺□之意，又皆不忘乎衛武自警之心」，引用菁莪羔羊之士夫說明要堅守禮儀，戒荒殆，保持自警之心，奠定了雅集的象徵格調。

二、雅集的觀念：洛社耆俊在朝

沒有純粹的圖像，也沒有純粹的文字。文字和圖像構成「圖像的整體」來詮釋文化觀念。羅蘭・巴特 1964 年提出圖像修辭學觀念，其前提是 1957 年《神話》中提出的二級符號，二級符號的形式與實質關係在 1964 年《符號學原理》中具體闡明。要理解圖像修辭學，我們還是先回到形式與實質關係來說明初級能指向內涵能指轉化。羅蘭・巴特認為「形式，即無須借助於任何語言之外的前提就可以被語言學完全、簡明和系統地描述的東西；實質，即那些不借助於語言之外的前提就不能被描述的語言現象。」又提出表達之實質與表達之內容，內容的一種實質和內容的一種形式，

> 表達之實質：例如屬於語音學而非音位學研究的發音的而非功能的聲音實質；表達之形式：是由聚合關係和組合關係的規則構成的；內容的一種實質：例如屬於所指的那些情緒的、意識形態的、或只是概念的形態，即其「原級的」意義；內容的一種形式：便是所指之間借助於有無語義標誌而表現的形式組織方式。〔註14〕

符號的形式與實質的兩重關係提供了認識二級符號的途徑。從內容的實質入手可知，二級符號有一個虛幻的，無法用語言言傳的成分（主要是意識形態），作為一個符號只有概念，缺乏聲音形象。對它的理解借助於形式組織方式，即巴特所言的技巧。這些技巧有別於符號體系的聚合和組合關係，更多是修辭技巧〔註15〕。所以，對二級符號的實質的理解必須借助聲音形象。這必須回到初級符號，即聲音和概念合一的符號。但是，一旦成為二級符號，

〔註14〕羅蘭・巴爾特《文藝批評文集》，中國人民大學出版社，2010 年，第 15～16 頁。

〔註15〕羅蘭・巴爾特《文藝批評文集》，第 15～16 頁。譯者前言云「技巧是任何創作的存在本身。這些技巧是：修辭學，它是借助於替代和意義移動來改變平庸的藝術；安排，它可以賦予單一的訊息以無限的曲折；反語，它是作者解脫自己的形式；片段——或者人們更願意的話——故作保留的方式，它可以讓人記住意義，為的是更好地將其發散到所有開放的方向。所有這些技巧……它們的目的是建立一種間接的言語活動，也就是說，一種既固執又迂迴的言語活動。」

初級符號的聲音形象是雙重的，它一方面是已然理解的形象，一方面是虛幻成分的象徵形象。所以，二級符號的內涵能指表面上是初級符號，內涵所指表面上也是初級符號。二級符號的內涵能指在意指實踐中有轉移和替換兩種關係。替換是相對於初級符號而言，意義被改變，或者說單一詞彙變成了命題，單義變成觀念。轉移是它發揮橫組合關係，形成意義流通。正是內涵能指擔任雙重功能，內涵所指被解放，成為二級符號的「內容之一種形式」，即「所指之間借助於有無語義標誌而表現的形式組織方式。」這種形式恰恰游離文本內外，具有話語權，類似指令，發揮著帶有權力的組織力，即意指實踐，巴特稱為技巧，或修辭。由此可以理解，二級符號是過度膨脹的形式，即所指由意義轉化為運作意義的總體規則，又以修辭、詞彙的組合關係為載體，發揮作用。總之，二級符號的能指具有雙重角色，既作為實質，又是形式。

　　雅集的觀念與文學、圖像的關係也是意義的雙重角色發揮作用的結果。雅集觀念是所指，所指包含共同部分與相異部分。共同部分其實是雅集的意識形態，主要表現為：圖記太平、戒荒勉勵、道義相篤、娛樂身心，共同表達了太平盛世中官員們一張一弛的休閒娛樂心願，以及互相勉勵、為國效勞的敬業精神。它集中體現在《杏園雅集圖》中，並成為「故事」一直籠罩著後來的雅集圖，如倪岳在《翰林同年會圖》中，就「如故事」請畫家為與會者寫小像，吳寬《竹園壽集圖序》則云「屠公援宣德初館閣諸老杏園雅集故事，曰：『昔有圖，此獨不可圖乎？』」〔註16〕差異方面表現為：杏園雅集的官員希望通過衣冠形象樹立官員之羔羊菁莪之儀，象徵性非常明顯。其娛樂形象集辯駁與展演為一體，作為官員他們理應鞠躬盡瘁，作為個人他們需要交遊休息，尤其需要通過交遊增強道學，促進個人發展，所以，他們一方面援引古人〔註17〕來為雅集尋找合法性，另一方面又解釋自己的大夫身份和展演性質，即「香山洛社之耆俊不在野而在朝」〔註18〕。竹園壽集則側重三公成為人傑的經歷，強調其位高貴重的個人貢獻和敬業精神，通過真與塵的隱喻表達朝隱的態度和為國謀略的承擔意識，並且納歷時奮鬥的時間段入祝壽的時間點，極盛於時，並希望開啟新紀元。翰林同年會抒發了離合交錯的人事感慨，從同朝同志的功業期許到暮年初心的人生心願。甲申十同年會從人

〔註16〕吳寬：《匏翁家藏集》卷四十五，第406頁。
〔註17〕對照香山洛社雅集。
〔註18〕王世貞《弇山四部稿》，《景印文淵閣四庫全書》第1281冊，第158頁。

才之客觀的年歲、身份、時空不齊與各執其事、贊政化、輔弼太平之齊的角度肯定人才之傑出，以及圖文具有的思職勤事和寄情寓意功能。五同會從客觀之同時、同鄉、同朝、同志、同道角度來疑義相析、正道相望，它表達的核心是東吳人物的道義相篤。異的方面是相通的，只是側重點不同。同說明了所指受意識形態的操縱，異則是雅集的不同語型〔註19〕。所指與能指同一，雅集能指（圖像、文學）與雅集觀念同一，異的替換功能使得雅集從意義滑向形式，即文學與圖像通過意指實現雅集觀念，這是圖像的修辭，或許可以稱之爲「技巧」。

三、雅集圖像技巧：圖像敘事、散點透視、支點結構

　　根據現代圖像研究的成果，敘事學不僅體現在文學，尤其是小說中，而且體現在圖像和抒情文學中。〔註20〕圖像與文學構成圖像整體，共同勾勒了雅集面貌。爲方便操作，我將圖像與文學互爲參照，從敘事手法、敘事視角、敘事結構、圖像構圖的角度來展開分析。

　　以文學爲參照，圖像對雅集的再現主要採用以下幾種敘事手法：直敘、意敘、鋪敘。直敘的例子，《杏園雅集圖》中有楊士奇等官服危坐石屏下清談、謝環等徐徐前來、楊榮等太湖石下觀畫直接表達絲竹清談、折柬來客、觀畫三個核心事件。《竹園壽集圖》中祝壽（呂許並坐湖石，童子拍手導鶴娛周，仲拱立聽命，伯捧杯前行）、屠公題竹、石案題句、秦公獨吟、二呂寫畫都屬於直敘。《五同會圖》中吳寬、李傑石屏下坐談再現了興會議論的場景。意敘是「略睹事跡，度其必然，以意敘之」。〔註21〕《杏園雅集圖》中畫家用童子攜琴、古玩、棋盤來暗示琴瑟歌詠、品玩古畫和對弈。《竹園壽集圖》和《五同會圖》則用抬禮的僕人暗示來客。鋪敘是詳細事語，極意鋪陳（同上）。比如《杏園雅集圖》中古瓶、珊瑚枝和瘦硬的玲瓏石就刻畫的非常細緻，《五同

〔註19〕巴特認爲存在個人語型，意識形態是單一的，其表徵是多樣的，隨個人而不同。異也是一個基點，由此形成語彙語彙系列，實現意指實踐。

〔註20〕《敘事作品結構分析導論》認爲敘事遍布於神話、傳說、民間故事、……繪畫。（張德寅編選：《敘述學研究》，中國社會科學出版社，1989年版，第2頁。）（美）詹姆斯・費倫：《作爲修辭的敘事：技巧、讀者、倫理、意識形態》第一部分也將抒情詩放在敘事裏研究。（北京大學出版社，2002年，第3～17頁。）

〔註21〕陳繹曾《文筌》，《續修四庫全書・集部》第1713冊，上海古籍出版社，第479頁。

會圖》中榻面積很大，條屏式梅花踏板、三面環屏、彩色雕花、坐墊是精美織物，近乎奢華。榻的周圍羅列了芭蕉、靈芝、麋鹿、仙鶴等吉祥高壽的意象，可謂琳琅滿目。《甲申十同年圖》中不僅逼眞地再現甲申同年們的慈祥和藹面貌，而且官員的常服描繪非常細緻，顏色分爲紅、藍、綠，「補服」圖案精緻，有仙鶴、錦雞、孔雀、麋鹿等，極力渲染了位至三品、安樂朝堂的耆英風貌。總之，從敘事手法來看，一、畫家認爲雅集是時間進程中的事件系列，納空間入時間，說明盛事圖繪和流傳後世的雅集理想。二、從絲竹、古玩和棋盤等內容採取意敘，宴樂的場景全部省略可以看出圖像選擇的重要標準是戒荒殆。三、從畫面人物動作幅度小、和悅的面貌、對著畫外的眼睛、嚴肅的朝服可以看出，圖像的目的是再現耆英的朝堂怡情和對個人功業的炫耀。

從圖像構圖來說，圖像採取散點透視和支點結構〔註22〕來表現雅集內容。雅集圖主要是「綴段式」場景，採用散點透視聚焦典型，突出重點。在《杏園雅集圖》中散點透視表現爲三組人物佔據畫幅中間，楊士奇組置於畫幅的正中，其他兩組人物均有奔向它的趨勢。三組人物內部各有中心，略呈鈍角三角形，鈍角頂點恰好是官職最高的人物，有俯視傾向。三組人物都不同程度上目光延伸到畫外，其姿態似乎意識到了畫家的眼睛，卻又有一種炫耀的心理。童子和其他景物雖然交錯其間，但是大部分還是位於人物側後，留出空白，主要人物處在有一定深度的空間裏，製造嚴肅感。在《竹園壽集圖》中表現爲三組中心人物、加一個過渡人（周公）和收尾人物（二呂作畫）。五組人物基本上處在三角形的邊上，三角的頂點處分布著玲瓏石、竹林、石屏、小路，營造由遠景到前景的深度空間，人物既聯繫著園林景物，又動感十足，既展現了作詩有機體，又呈現不同作詩情境。前後景有機聯繫，人物似乎在向畫外移動，而不是《杏園雅集圖》中向深處縮進，暗示了興會吟哦的明快氣氛。《五同會圖》的構圖大致採用梯形，閒談與徐行處於梯形的平行線上，畫面平穩，空間是由人物和梯形兩腰上的花草分割，顯得空曠閒適，正是興會議論的好場所。《甲申十同年圖》是肖像圖，重點刻畫了人物面對畫家時眼睛的驚喜和精緻衣飾所象徵的顯貴身份，顯示了他們對自我功業的肯定。

支點結構則具有內容和構圖雙重意義上的連接作用，它不僅將要迴避的主題（如絲竹、琴瑟）和省略的主題（宴會場景）通過相關暗示（如攜琴、屋宇和來客表示時間、地點的意象）表達出來，而且通過童子和其他意象的

〔註22〕姜今《畫境：中國畫構圖研究》，湖南美術出版社，1982年，第84、111頁。

補充，分割圖像空間、暗示氣氛、傳達意義。《杏園雅集圖》有豐富的支點，如橋坊、松柏、泉、棋盤、杏花、仙鶴、屋宇構成了一個封閉的系統，把畫面時間定位在來客到開宴之前的時間段，用最含蓄的筆墨表達了太平盛世的安康氣息、耆英娛樂身心的快樂形象。三組人物背後分別為石屏、玲瓏石和茂樹點出了清談的嚴肅氛圍、玩古的文人雅趣和楊家的世家氣象。《竹園壽集圖》和《五同會圖》的支點中「抬禮物的僕人」、麋鹿、柵欄、荷花、盆栽、蕉石、屋宇營造了開放的空間，似乎滲透了江南的明麗風光和主人內心對福祿的讚美，這種環境也是他們思戀江南、渴望隱居的心理表露，呼應了他們詩歌中真塵轉化關係和對東吳人傑的肯定。雅集有悠久的傳統和固定的圖式，明代雅集圖通過焦點刻畫（朝服、神情）、散點透視和綴段式場景創造了新圖式，詮釋了新雅集，具有鮮明的時代特色。

四、雅集文學敘事：敘事話語、敘事視角和敘事結構

圖像通過轉喻來完成雅集事件的敘述，側重功能和語境，勾畫雅集的整體面貌。文學以圖像為參照，主要通過隱喻來豐厚圖像的意義，這是文學的標誌作用。標誌是敘述功能的另一單位，總有一些含蓄的所指。圖像表現瞬間場景，文學則可以通過標誌聚合多層意義，使得圖像超越字面意義，進入象徵系統。〔註23〕文學隱喻具體表現在敘事語言、敘事視角和敘事結構上。值得注意的是，雖然敘事語言、視角和結構都主要針對敘事文學，並且敘述者與抒情作者有距離，但是我們還是決定採用敘事理論。其原因有以下幾點：一，就敘述者與作者問題來說。敘事文學分析中，將敘述者與作者分開來研究，認為敘述者的觀念和作者有差距，敘述者才是研究的範圍，這樣固然可以集中分析文本，避免理論混亂，但敘述者與作者之間有千絲萬縷的聯繫是不容否認的事實，需要深入研究。抒情文學的主體與作者同一，集中反映了這種聯繫，可以把抒情主體等同於敘述者，用來研究抒情主體的觀念。二、就敘述語言來說，抒情詩歌的語言似乎全是意象，形象性強，與小說的指涉語言有很大的差距，其實不然。中國抒情詩歌意象有很多凝定為抽象名詞，其形象性基本上喪失，並且暗含觀念和價值判斷，增加了語言的抽象程度，知性大於感興的詩歌數量比較多，其實也是指涉性語言，認知大於審美。三，

〔註23〕羅蘭·巴特《敘事作品的結構分析導論》，張德寅編選《敘述學研究》（關於標誌的論述），中國社會科學出版社，1989年，第483頁。

就視角來說。敘述文學有多種視角，抒情文學也同樣有視角，只是抒情文學以第一人稱視角爲出發點，相容多種視角。第四，就結構來說。敘事文學由功能和系列組成敘事結構，倚靠組合關係來建構完整的情節。抒情文學的情節性不明顯，其結構主要通過意象聚合關係和聯想體現出來。從表層來看，二者一橫一縱，是對立關係，其實從符號學角度來說，二者具有相通的結構，敘事文學組合關係爲主導，但是沒有聚合意象，小說將是骨架。抒情文學雖然以聚合關係爲主導，但是沒有聯想的組合關係，只能是一堆散亂的詞彙。並且敘述結構突出空間關係，抒情文學也以空間關係爲主導，二者在深層上一致，可以從結構的角度來研究抒情文學。

　　語言、抒情主體、視角、結構關係密切，分開研究顯得支離，我把單幅圖像作爲整體，來研究四者之間的關係。因爲，《杏園雅集圖》的典範作用和共通內涵，在杏園雅集中出現的現象和觀念，在其他圖像中，如果不是有特別意義，就省略不談。

　　首先，分析《杏園雅集圖》。雅集中詩歌雖多，但意象大多採用抽象名詞，描繪性低。如「雅詠」、「圖軼」、「華觴」、「逍遙化育」分別對應著絲竹清談、觀畫題跋、酒宴和雅集之感慨，但是雅詠本身是抽象名詞，並含有價值判斷，圖軼是集合名詞，華觴也是概括名詞、逍遙化育更是哲學名詞，它們沒有展現具體的形象，意義的傳達一方面來自於圖像的引導，另一方面倚靠已經具有的文化傳統。其實，這些抽象語言的指涉性很強，代表了作者的價值觀，其目的在於敘寫事件、表達自我和傳播教化。其抒情主體是「大寫的我」，代表國家形象，其語言表達相對莊重，如他們引用《詩經》中蟋蟀、伐木意象來表達戒荒殆和篤厚友誼的意義。其視角以第一人稱「我」爲出發點，突出意識形態視角〔註24〕，楊士奇云「主賓相和敬，濟濟圭璋粲。清言發至義，連續如珠貫。雅韻含宮商，高懷薄雲漢。合歡情所洽，輔仁道攸贊。」「圭璋」、「雅韻」和「攸贊」都是與公職、國家相關的詞彙，暗示了他們的公職身份和爲國盡職的願望。王英云「爲歡情所孚，既醉禮尤肅」，點出休假也需要保持禮節，說明他們形象的象徵性很強。周述云「酌觴屢獻酬，雍容相愛敬」，

〔註24〕福勒將視角（the point of view）分爲三重含義，其中之一爲意識形態視角，它指的是由文本中的語言表達出來的價值或信仰體系。（轉引自申丹《敘述學與小說文體學研究》，北京大學出版社，1998 年，第 43 頁。）雅集詩歌主要在於表達觀念，其中包含較多價值判斷，是意識形態視角的體現。

描寫了行酒場景，也突出禮的重要。可見作爲國家形象，三楊採用了意識形態視角，目的在於建立文學、圖像和雅集觀念之間構成了象徵關係，宣揚官員爲國盡職和恪守立法的觀念。

其次，分析《竹園壽集圖》。竹園壽集的詩歌語言〔註25〕分爲三組，兩組唱和，一組集句。吳寬首倡的一組詩歌押韻爲辰、新、人、眞、塵。具體語彙分爲四組：「誕辰」、「際良辰「；」「南北人」、「杏園人」、「老成人」；「清談迥絕塵」、「息虜塵」、「洗紅塵」、「東海塵」；「對竹意清眞」、「頌高勳道吾眞」。第一組詞彙以太平盛世和夏五前夕交代了祝壽時間。第二組詞彙以朝中和在野耆英說明了他們的身份和認同的人格，即耆英在朝，洛眞存心。第三組詞彙和第四組詞彙表面看來是矛盾關係，其實卻相輔相成，表達了眞與塵的兩面。紅塵（世俗生活）與期望高壽的意願直接對應，邊塵（邊疆戰亂）與頌揚高勳的眞意構成因果關係，清塵、絕塵（玄遠的清談）、東海塵（神仙玄想）與眞性情、清虛之眞組成比喻關係。此段文字正是通過標誌的作用，從三公的功勳、人品、性情三方面勾勒了朝堂中的「洛中人」形象，反覆吟唱他們絕塵保眞的高貴品質。

第二組唱和由周經發起，語彙焦點定位在韻腳「神」和「垠」。具體詞彙：「畫圖瀟灑堂風神」、「開談驚鬼神」、「詩思捷似神」；「築春臺遍九垠」，「安九垠」。通過雨竹的分外精神與三公風神面貌的相通，讚美他們驚世言論，敏捷才思；安邊報國，勳名遠傳；身當暮年，壯心不已。第一組詞彙內斂朝堂，力圖確立自我的朝隱形象；第二組詞彙外擴八荒，力圖張揚他們的傑出品性。兩組詞彙以眞、神、垠爲核心，將朝堂君子的形象描繪得活靈活現，並且暗合寫眞追求風神的理想和開放構圖所暗示的人物內心宏闊的氣度。

集句由秦悅民發起，基調轉入典雅廟堂氣氛，集句韻腳有：筵、淵、年、笙、平、光、裳、簧、邦。具體詞彙有：「凱風初筵」、「嘉賓式燕」、「鼓瑟吹笙」、「松濤絲簧」、「清思如淵」、「壽考萬年」、「和且平」、「四方平」、「傳家邦」、「威儀繡裳」。這組集句採用詩經、楚辭中的宴樂詩句，莊重肅穆，其重要性不是祝壽，而是象徵某種意識形態。竹園壽集的參與者由尚書、都御史和各部左右侍郎組成，秦悅民是吏部右侍郎，由他發起集句具有特別的含義。集句中使用的高華莊重的抽象名詞適合於嚴肅場面，與竹園雅集圖像表現氛

〔註25〕《竹園壽集圖》題跋，刊於《院體浙派繪畫》，單國強主編：《故宮博物院藏文物珍品大系》，上海科學技術出版社，2007年，圖38，第59～67頁。

圍並不合拍。如果說，在唱和詩歌中三公與同僚是知音關係，作為抒情的「我」共同祈願良辰和壽考，那麼在集句中，秦悅民等人與三公是上官下屬關係，他們畢恭畢敬仰視長官，並渴慕成為他們，所以秦悅民、許進、李孟昶關注的焦點是式燕、衣服、笙鼓和德行，如「嘉賓式燕」、「威儀繡裳」、「玄晃丹裳」、「式序在位」、「論道經邦」。

　　總之，就語言內容來說，詩人採用統一韻腳反覆吟唱祝壽主題，勾勒朝堂耆英的風神面貌，通過隱喻的聚合作用將人品、形象和時辰的多層含義和盤托出，刻畫了豐滿而完整的祝壽實景。就結構和視角說，兩組唱和詩歌與集句以上下等級關係形成不同表現重點和視角，形成上寬下嚴的結構，符合中國古代言傳身教的尊卑禮儀。前者明顯採用「我」或「我們」視角來抒發心中的快樂，後者以「他們」為聚焦，採用觀看人的視角，描繪「我」眼中的他們，表達敬仰之情。所以，通過隱喻，圖像展示文學形象、文學闡釋和完善圖像意義，文學和圖像組成二級符號，共同詮釋三公人傑品性和光耀家邦的雅集理念。

　　最後，聚散雅集圖。聚散雅集有《甲申十同年圖》、《五同會圖》和《翰林同年會圖》（佚）。雖然杏園雅集和竹園壽集內部有高低貴賤，但主體並沒有分裂，可以歸結為「我們」。聚散雅集中透漏強烈的分裂意識，參與人總是從不同到同，力圖建構一個統一體，這暗示雅集主體個體意識增強，從「我們」變成「我」。比如「異產關河」，不同地區的人，「賓主二難，見聞三益」、「芝蘭美德、藥石箴言」，不同見解、切磋琢磨的人、「藝苑聯珂、經帷佩趨」、「束髮同遊」、「朝班鴛行」，不同個體和職守的人。不同的人形成互補關係，其共同的基礎是「同升雨露」，〔註26〕即同登科第、共蒙皇恩、各執其事、期弼熙平。但是個體形態卻非常明顯，以分揆為標誌的。李東陽詩歌中鬱結的情感和謹慎虛心的態度說明破裂的痛苦和苟安的渴望。如「我懷久屈鬱，如以結就觸，如鷹掣鞗旋，如驥辭銜羈。又若萬里冰，流飆蕩空漸，」的表達鬱結心情，感慨時光流逝，「君生在單關，我歲一紀差」，主張「初心抱虛警」，渴望「不如且飲酒，我飲不滿巵」〔註27〕的田園生活。相對於其他雅集圖參與者老當益壯的豪情，李東陽近乎無可奈何，聊表淡薄，顯得特別淒涼。對情感和異的側重，說明雅集參與者開始脫離敘事結構，走向抒情性靈。翰林

〔註26〕分別引自〔明〕倪岳：《臘月二日諸同年會飲予家因作圖以紀終會云》，《青溪漫稿》卷三，第32～33頁。吳寬《新歲與玉汝世賢禹疇濟之為五同會玉汝以詩邀飲因次韻時玉汝初治楚獄還》，《匏翁家藏集》卷二十九，第223～224頁。
〔註27〕李東陽《李東陽集》第一卷，周寅兵點校，嶽麓書社，1984年，第140～141頁。

同年會即甲申同年定期舉行的集會之一，倪岳通過《翰林同年會圖記》追溯集會活動，展現不同情況下的離合境遇：「予惟十二人者自甲申登第入翰林，明年始爲會。會凡十人歷三年爲十會，於是以展省去，以憂去者相尋也。越十年而日川、亨父復爲會以續，蓋周十二年爲十二會，而予以茲會終焉。……南北之懸隔，或公私之倥傯，求如昔日之笑歌爲樂，又豈可得哉！」〔註28〕甲申同年的分裂現象在《甲申十同年圖》（1503年）中表現出來。雖然閔珪的詩文還在描寫玉堂仙的風釆和青雲素志，但是《甲申十同年圖》打破以場景爲主的雅集圖式，以肖像刻畫爲主的構圖已經說明他們內心的分離。這幅肖像圖刻畫精緻，重點突出了服飾差異，人物正襟危坐，驚喜地盯著畫外，相互之間卻沒有交流，個個面貌慈祥，展示自我成就的意味濃烈，與其說這是雅集，不如說是「集體照」。可見，雅集群體從整體分裂爲個體，其標誌是私人情感介入增多，通過對偶和對比的運用，不僅展示豐富多樣的同年形象，也彰顯著同年們的內心情感逐漸淡漠和表現自我意識的增強。其視角爲第一人稱限制視角，同年們只表達他們視野所及的情感，其結構是二元對立的「我」和「他」，強調差異。其圖文的深層關係是對比／聚焦，共同強調齊與不齊的人生聚散軌跡，雅集永遠「不在」。

　　通過圖像修辭學和敘事學理論研究雅集圖，我的結論是：一、明代官場雅集圖共同再現象徵國家儀範的耆英形象，表達一張一弛的娛樂精神，發出戒荒殆和同僚互勉的虛謹號召，圖寫盛世和流芳美名的現實榮耀。二、表達朝堂隱居、心存洛眞的願望，感慨離合不斷、道義相勉的深厚友誼，再現貌合神離、彰顯自我的新雅集的個體。三、圖像、文學採用象徵、隱喻、對比（二元對立）三種話語結構，以直敘、意敘和鋪敘爲敘事手段，以第一人稱爲出發點，採用散點透視和支點結構，再現雅集盛況，表達雅集觀念。

第二節　山林雅集圖

一、雅集圖式：山莊雅集圖、送別雅集圖、攬勝雅集圖

　　相對於翰林雅集的圖像程式化、觀念象徵化，明代山林雅集的圖像形式多樣，題材豐富，風格變化也大，集中反映了吳中三代隱士的雅集概況、出處觀念。主要有山莊雅集圖、送別雅集圖和攬勝雅集圖。由於山林雅集採用

〔註28〕倪岳《翰林同年會圖記》，《青溪漫稿》卷一十六，第205頁。

的是寫意人物，不需要特別辨識，所以，我可以繞開詩文，直接描述圖式。

（一）山莊雅集圖

　　正式的山莊雅集圖至沈氏家族而興盛。明朝初期，沈澄（沈周祖父）在西莊舉行過很多雅集，沈遇畫《西莊雅集圖》（佚）以追想雅好之士，杜瓊畫過《西園雅集圖》表達儒雅之士的「偉然衣冠，揖遜餘儀」的形象。繼沈澄之後，沈周在有竹居舉行多次雅集，很多詩、文、圖流傳〔註29〕，但是沈周有竹居的雅集圖沒有流傳下來，無法展示其面貌。沈周留下的雅集圖有《盆菊幽賞圖》、《魏園雅集圖》、《秋林小集圖》和《雪夜燕集圖》，同類型的雅集圖還有吳寬和周臣合作的《匏翁雪詠圖》、劉珏的《清白軒圖》、文徵明的《人日小集圖》。

　　《魏園雅集圖》和《清白軒圖》從山居環境和山居人格定位上奠定了山莊雅集的總基調。劉珏1458年的《清白軒圖》（圖2-3）描繪水中亭榭兩人對談，一人看山、亭後高峰陡立，亭前隔岸坡陸、小橋、樹石。亭下小舟。皴法虛實相見，以縱橫為主呈正面分割畫面，感覺平穩。沈周1469年《魏園雅集圖》（圖 2-4）表現一人策杖前來，四人亭中聚會，亭前後皆水，上部岡阜連綿，高峰隆起。採用雲林亭、皴法綿密、點苔濃密。上方題跋佔據三分之一，畫幅佔據三分之二，清曠而綿密。以縱橫為主呈側面分割畫面，有意拉遠距離。

　　《盆菊幽賞圖》、《匏庵雪詠圖》和《雪夜燕集圖》則再現了閒適生活的某個典型片段。《盆菊幽賞圖》〔註30〕描繪三人在草亭下賦催菊詩，童子侍候。曲水繞亭，亭外盆菊盛開，對岸煙樹蔥蘢。《匏翁雪詠圖卷》畫面籠罩在雪景中，一板橋暗示與外界的聯繫，松柏虬立，門廬敞開，屋內一童子在煮茶，三人坐在桌前，紙卷展開，可能是在賞帖或題詩。《雪夜燕集圖》是楊君謙、沈周、趙立夫三人的集會，圖繪三人屋中閒談，一橋橫過，枯樹籠罩在雪中，頗有玲瓏姿態。沈周的圖像在較為空曠的山亭或屋宇，顯得閒逸悠遠，周臣的圖像在圍有籬笆的屋宇，平添熱烈氣氛。

　　山莊雅集中還有夜話雅集，以抒發情感為主，如《秋林小集圖》和《人日停雲館小集圖》。《秋林小集圖》是沈周 1505 年與狄天章、孫艾夜坐，「感

〔註29〕比如《石田有竹居小幅》，（郁逢慶《書畫題跋記》卷十，《文淵閣四庫全書》第 816 冊，1986 年，第 720 頁。）又如《有竹居修葺後雅集詩卷》，（吳剛毅《沈周水繪畫的風格與題材之研究》，2002 年中央美術學院博士論文，第138～139 頁。）

〔註30〕創作年代不詳，但根據倪鍾、張昇與傅瀚的題跋，以及生卒年，不晚於 1502 年。

夫世態之數更，人情之不古」而作。圖繪茅屋下，幾人圍坐，坡石枯槎，孤峰聳立。《人日停雲館小集》是文徵明 1505 年人日約朱性甫、陳淳等人小集停雲館而創作的。畫三人屋中集會吟詩，松竹環繞，屋外一人撐傘過板橋，水流急促，更平添幾分不安。畫面選擇前景布圖，屋後籬笆叢竹阻斷了人們的視線。與沈周、劉珏將園林與山林同時植入畫面的理想情節不同，文徵明似乎更願意將雅集的真實場景直接呈現出來。文嘉的《停雲館小集》和陸治的《元日小集圖》將園林雅集推進了一步，直接表現門樓內，幾個聚會場景，屋後枯樹蒼松，人物尺寸加大。上端題跋佔據畫幅四分之一，以補足畫面空缺，顯得較為謹嚴。構圖上將沈周的縱橫後推構圖，變成了平遠後推構圖，力圖展現更多雅集內容。

　　山莊雅集圖的不同類型反映了雅集的不同傾向，以沈周和劉珏為代表的雅集圖，將山莊與山野結合起來，多採用亭榭、水岸坡陸、山峰岡阜等意象，主要活動置於中景，採用以一隅觀天地的開合構圖，人物活動上多採用策杖、閒談等虛化的活動，是寫意中的理想圖繪。周臣和文氏家族的雅集圖，直接表現屋內雅集，多採用屋宇、籬笆、竹篁、蒼松等意象，主要活動放在前景，人物活動多集中在題卷上，比較實際，更容易把握，是寫意中的現實圖繪。

（二）送別雅集圖

　　吳中的送別雅集圖以沈周、唐寅為代表。地點多在虎丘和金昌，圖式以水岸送別為主，另有陸地送別圖和以表現送別人物風範為主的圖像。

　　水岸送別是傳統的送別圖式，表現水岸離別場景，沈周的《京江送遠圖》（圖 2-11）、唐寅《垂虹別意圖》、《金閶別意圖》、《金昌送別圖》均採用這種形式。明代的特色在於人物多在邊角，景物比重增加，風格更加清曠。《虎丘送客圖》將人物放在畫左下角，著重表現空闊水域和遠處迭起的岡阜。《京江送遠圖》人物處於畫末三分之一處，對岸山峰和送別地的桃柳卻刻畫的非常精細，生意勃勃。《垂虹別意圖》表現人物在舟中敘談，長橋精緻、樹和遠山濃淡相稱，逸筆草草。《金閶別意圖》畫面明顯分為兩部分，左端山峰邈遠，中間空闊水面，童子升帆，送行人拱手而別，右端岸上枯木枝椏繁密，分外精神，似乎夏天的生機還沒有完全退去。橋上行人和橋下漁舟均非常忙碌，樹下屋宇鱗次，遠處山峰秀麗，似乎根本沒有意識到送別的憂傷。

　　陸地送別圖是明代中期出現的圖式，《虎丘餞別圖》（圖 2-5）表現虎丘餞餞文林出任溫州知府，圖中表現門樓，喬松，千人石上人物或對談，或獨坐臨流，策杖、亭下話別。《南遊圖》是送楊子靜攜琴遊金陵的圖卷，圖繪一人騎

驢前行，一僕人攜琴，車夫休息，坡石如玉，茂樹成陰，閒雲如織。送別的人主要是受薦調任遠方的朋友、學成歸去的學生、攜技遠遊的琴師、任職結束的官員。送別圖以空曠的水域突出遠行的渺茫，喬松表達錦繡前程的祝願。

（三）攬勝雅集圖

　　文徵明及其弟子是攬勝雅集圖的主要畫家，他們通常以尋訪名勝的形式進行雅集，圖繪雅集地點以及雅集活動，如煎茶系列、文氏家族的石湖集會。以《惠山茶會圖》（圖 2-6）和《石湖清勝圖》（圖 2-12）為代表。

　　《惠山茶會圖》是文徵明與王寵、王履、蔡羽等人清明節在惠山煎茶而作。圖繪叢竹茂松間煎茶的場景。一人繞過叢篁走向茅亭，茅亭下一人執卷對茶經，一人觀看鼎中沸茶，茅亭外方桌上陳列古器，一人拱手，童子侍立。地上鮮花盛開，春意盎然。此圖人物位於中景，風儀頗佳，松樹採用截枝法，遠景基本被茂松遮斷。山路和茅亭邊緣將圖像大致分為三塊，左右人物處於分界線上，視線都指向煎茶，中間人物專心煎茶，彼此沒有關聯，虛實交錯，有「超出象外，得其環中」的效果。此圖敘事方式和其他雅集圖也有所不同：其他雅集圖通過較長的手卷、人物之間顧盼和位置指向實際事件，比如《碧山吟社圖》、《杏園雅集圖》，也就是說，再現事件是圖像構圖的目的，並且區分主要圖像與次要圖像，力圖達到手卷物理中心和圖像中心重合；《惠山茶會圖》手卷比較短，人物位置和行動服務於煎茶，但是三組人物之間卻沒有關聯，煎茶中心是鼎中沸水，本身也是空虛的，因而人物的實際動作指向虛空，似乎要從煎茶中蒸發出去，煎茶圖從喝茶場景轉向茶韻，這是圖像昇華的表現。此圖暗喻手法使用非常明顯：人物尺寸非常大，人物構圖承襲杜瓊《西園雅集圖》，是「於於雍雍」君子聚會理想的圖像再現，但是松枝截斷則暗示君子不遇，頗含諷諫。所以，此圖迴響吳中樹立人才典範的號召，又流露出吳中人才隱淪山林的擔憂。〔註31〕

〔註31〕　《西莊雅集圖》是沈澄有感於玉山雅集不可復得，沈遇主動請纓，追想當年雅集人物風采而創作的。杜瓊《西莊雅集圖記》云「凡佳景良辰則招邀於其地，觴酒賦詩、嘲風詠月以適其適，而衣冠偉如，珮玦鏘如，于于而趨，雍雍而居，主賓揖遜之有餘儀，陪臺趨侍之維謹，人望見之若丹臺紫府仙人之列也。」（參見錢穀輯《吳都文粹續集》，《景印文淵閣四庫全書》1385 冊，第 47 頁。）杜瓊也畫過《西園雅集圖》，著力表現園林儒雅之士的偉然衣冠，揖遜餘儀，可以說是這幅圖的一個注解。又對於人才的關懷是吳中雅集的一個特色，比如沈周和唐寅關注傑出青年人才、隱居山林高士，文徵明則關注隱淪山林的人才，力圖再現他們儒雅的文化面貌、以及不得志而優游山林的生存境遇。

　　文徵明酷愛石湖，早期和晚期均畫過石湖圖。早期《石湖圖》描繪環繞石湖的長橋、亭子、范公祠、浮屠塔以及明淨的石湖。《石湖花遊圖》描繪行春橋上幾人閒眺，石湖如鏡，周圍茂樹山崗環繞。《石湖清勝圖》表現衡山一臂，前景是高松下行人消暑，越城橋和行春橋上行人賞景。江心一人垂釣。征帆陣陣。遠處東西兩洞庭。畫面側重表現遼闊清曠的石湖。《石湖閒泛》表現山林稠密，瓦屋數間，一人坐樹下平眺石湖。湖內一人泛艇垂釣，對岸眾峰重疊，山居聯絡，近通長橋，遠矗孤塔。外湖帆影點點，空闊無邊。文伯仁《泛石湖》描寫開闊的湖面上征帆，近處橫橋、屋宇、船塢、祠堂。文徵明的攬勝雅集圖雖然也有策杖、江釣、征帆等可以辨認的圖式，但是這些圖像出於煎茶或石湖這樣的背景下，敘事功能減弱，變成了名詞，意義依附於空靈的文化營造，所以，其圖式是空闊明淨的湖面和沸騰的茶水，恰如其心中有一個深淵，昇華為文化傳承。

二、雅集觀念：城市山居、尚志勵學、隱居養德

　　山林雅集觀念集中，主要關注出世和隱居，歸結為對人才境遇的思考。他們的集體人格是高潔人士，不同時期所指不同，前期表現為廉潔的官吏、出仕的官員和山林隱士，後期主要表現為科場不利，退隱山林的讀書人。前期主要關注出仕和處世，人格服務於社會生存，後期更多追求田園自適，君子人格暝合於文化精神。

（一）城市山居

　　山莊雅集是官吏和隱士參與的集會，表達城市幽居的觀念。魏園雅集和清白軒集會概括說明了這種觀念，匏庵雪詠、雪夜燕集、盆菊幽賞和人日小集則通過具體事件說明這一點。大隱隱於市是出仕文人的理想，明代官吏和隱士之間密切往來，形成了新的處世觀，稱之為城市幽居。城市幽居是合古典與今典〔註32〕為一體而塑造的新處世哲學。由於張士誠定都蘇州，朱元璋一直對吳中採取壓制政策，但是到明中葉，大量吳中文人進入朝廷，並聯合

〔註32〕參看朱良志《論唐寅的「視覺典故」》，（《北京大學學報》哲學社會科學版，2012 年第 2 期，第 39～51 頁。）陳寅恪在《讀哀江南賦》和《柳如是別傳緣起》中認為「今典」是引用已經發生的當代事件，並主張今典與古典共同使用來闡釋典故的豐富意義。分別參看《金明館叢稿初編》，生活‧新知‧三聯書店，2001 年版，第 234～235 頁，《柳如是別傳》，生活‧新知‧三聯書店，2011 年版，第 7 頁。

吳中望族，自覺恢復吳中文化，使之一躍成為商業基地和文化大郡，大量來自吳中的官吏也自覺與地方高行之人結交，活動頻繁，新的城居觀念孕育而生。城市幽居改造自陶淵明「結廬在人境，心遠地自偏」，並將書畫創造與賞玩作為主要活動。

吳人主要從以下兩方面來定義城市幽居：一、參與人具有雙重身份，既分屬於不同的社會群體，如官員、隱士、僧人，又都是文藝家，如畫家、書法家、詩人、鑒賞家，並且文藝身份是主導。

清白軒雅集是吳中較早的雅集活動，其參與人是吳中先驅。劉珏云：「戊辰孟夏朔日，西田上人持酒肴過余清白軒中，相與燕樂，悅若致身埃壒之外，酒闌上人乞詩、畫為別，遂援筆成此以歸之。先得詩者，座客薛君時用也。」〔註33〕可見，參與人有兩位上人、地方官薛英，根據題詩可知，還有沈孟淵、沈恒吉和馮籛。《（正德）姑蘇志》云：「沈澄字孟淵，長洲人。洪武中以人材應薦至京，尋引疾歸，周文襄公巡撫吳中，嘗就澄訪時政，多所施行。澄雅善詩，尤好客，海內知名之士無不造之，所居曰西莊，日與治具燕賓客，詩酒為樂，人以顧仲瑛擬之。……年八十有八而終，子二貞吉、恒吉，隱跡尚義，有父風，俱能詩，恒吉尤善畫。」〔註34〕《沈周年譜》云：「父恒，字恒吉，號同齋，澄之次子。少師翰林檢討陳繼。長而常任糧長。工於詩，體材清麗。善繪事，山水師杜瓊，勁骨老思，絕類王蒙一派。平生好客，又善飲酒，綽有父風。」〔註35〕可見，這次集會的參與人有沈周的祖父與父親，劉珏是沈周的老師。三人畫風上接元末四家，下開文沈吳派。

魏園雅集是以沈周為代表的吳中雅集。吳寬敘述魏園主人云：「（魏昌）質樸可重，家當市廛中，闢其屋後，種樹、鑿池、奇石間列，宛有佳致，作成趣之軒以自樂，故武功徐公、參政祝公、僉憲劉公，時即其居為雅集，屢有題詠」。〔註36〕魏昌還善於鑒賞，「君素博古，凡三代以來至於宋元器物、書、畫多能辨識，曰此出某時、某人、無差者，喜為詩，則得於其舅氏東原先生之所指授為多。」（同上）東原即杜瓊，是吳派的先驅之一，也是文沈的

〔註33〕清白軒跋文，見《中國繪畫全集》第 11 冊明 2，圖 12、13，文物出版社，浙江人民美術出版社，2000 年。

〔註34〕（正德）《姑蘇志》卷五十五，《北京圖書館古籍珍本叢刊》27 冊，2000 年，第 874 頁。

〔註35〕陳正宏《沈周年譜》，復旦大學出版社，1993 年，第 4 頁。

〔註36〕吳寬《恥齋魏府君墓表》，《匏翁家藏集》卷七十四，第 724 頁。

老師。魏昌的身份是隱士、鑒賞家、家有園林，足夠爲集會提供合適的文化和自然環境。武公徐公即徐有貞，簽憲是劉珏。根據魏昌介紹，「石田沈啓南遇予，適侗軒祝公（祝灝）、靜軒陳公（陳述）二參政，嘉禾周疑舫（周鼎）繼至。」〔註 37〕此次參與人員由沈周、劉珏兩位畫家，高官和隱士組成。這是以沈周爲主導的典型吳中雅集陣容。

人日小集是以文徵明爲代表的雅集，反映了吳派後期的雅集情況。他們多是科場不利的退隱人。1505 年，文徵明在停雲館召集自己的弟子和隱士舉行了一次雅集。文徵明記云：「乙丑人日，友人朱君性甫、吳君次明、錢君孔周、門生陳淳、淳弟津，集余停雲館，談燕甚歡。輒賦小詩樂客。是日，期不至者，刑君麗文，朱君守中，塾賓閻采蘭。」〔註 38〕朱性甫是吳中收藏家，《江南通志》云：「朱存理字性甫，長洲人。少從杜瓊遊，汲古不倦，聞人有異書必欲訪求，手自鈔錄，其所纂輯有《鐵網珊瑚》等書，元季明初中吳南園何氏笠澤、虞氏廬山、陳氏書籍、金石之富甲於海內，繼其後者則存理與朱凱其尤也，時稱兩朱先生。」〔註 39〕輯錄宋元到明初文人畫題跋，是檢視吳中文沈家學脈絡的重要書目。錢同愛是諸生和書法家，《明分省人物志》云：「錢同愛字孔周，長洲人，邑諸生。爲文奇崛深奧，讀之不能句，然思玄語麗，足自成家，尺牘尤入佳境。」〔註 40〕刑參是隱士，《姑蘇名賢小記》云：「刑參字麗文。爲人沉靜有醞籍，固而不陋，嘉遯城市，貧無恒業，唯教授鄉里，以著述自娛。」〔註 41〕陳淳是其弟子，「陳道復名淳，以字行，長洲人。少師文徵明，天才秀發，善畫，尤好寫生，一花半葉，淡墨欹斜，非畫工可及。詩取適意。」〔註 42〕這次集會是文徵明、隱士和弟子之間的聚會，格調稍有變化。

除了典型的吳中隱士聚會，還有吳人在官場休衙時舉行的聚會，其身份依然可以類化爲文藝家，也是吳中隱士的認同與渴慕者，還是吳中與官場聯

〔註 37〕參見《魏園雅集圖》畫面題詩，《中國繪畫全集》第 11 冊，浙江人民美術出版社，2005 年。爲簡便，下文此圖題詩也引自題跋，不再注明。

〔註 38〕轉引自周道振《文徵明年譜》，百家出版社，1998 年，第 149 頁。

〔註 39〕趙弘恩《江南通志》卷一百六十五，見朱存理輯《珊瑚木難》，王允亮校，浙江人民美術出版社，2012 年，第 700～701 頁。

〔註 40〕過庭訓《明分省人物考》卷二十二，《明代傳記叢刊》第 131 冊，臺灣明文書局，1991 年，第 50 頁。

〔註 41〕文震孟《姑蘇名賢小記》，《明代傳記叢刊》第 148 冊，第 29 頁。

〔註 42〕趙宏恩《江南通志》卷一，《景印文淵閣四庫全書》，511 冊，第 741 頁。

繫的紐帶，其中吳寬在吳中隱士與翰林交流之間扮演了重要角色。其聚會圖像都是以山林爲背景，也歸入此類。吳寬和周臣合作《匏庵雪詠圖》即是代表。根據吳寬《匏庵家藏集》卷十《雪中李世賢招觀東坡清虛堂詩眞蹟》、《是日往觀果刻本，蓋世賢招飲，恐客不至，故給爾，乃復次韻》可知，此次集會發生在李世傑家。《明分省人物考》云：「李傑，字世賢，常熟縣人。成化丙戌進士，改翰林院庶吉士，授編修，升侍講。二十二年充東宮講讀官，秩滿陞侍讀學士。弘治初以宮僚恩陞左春坊左庶子兼侍讀學士。」〔註43〕又《御定佩文齋書畫譜》云：「李傑字畫遒逸得黃、米法」。〔註44〕可見，李傑是吳人、翰林、師法蘇黃的書法家。吳寬是沈周的密友，也是翰林、書法家，《式古堂書畫匯考》云：「吳文定公體度俱效蘇文忠，而神致全本二王。」〔註45〕所以，李世賢的邀請可謂意氣相投。

　　二、參與人的人格定位是結廬在都市的「新陶淵明」，休偋官場的新「東坡居士」，優而不仕的草堂君子。

　　吳中前期雅集的主導人格是新「陶淵明」。他們對陶淵明人格既有繼承，又有改造。

　　　　擾擾城中地，何妨自結廬。安居三世遠，開圃百弓餘。僧授煎
　　茶法，兒抄種樹書。尋幽知小出，過市即巾車。（《魏園雅集圖》沈
　　周）

　　　　抗俗寧忘世，容身且弊廬。聲名出吳下，風物似秦餘。畫壁東
　　林贈，銘堂太史書。雅懷能解榻，緩步即安車。（《魏園雅集圖》祝
　　顥）

　　　　水閣焚香對遠公，萬緣都向酒邊空。清溪日莫遙相望，一片閒
　　雲碧樹東。（《清白軒圖》劉珏）

　　　　一片閒雲出岫來，袈裟不染世間埃。獨憐陶令門前柳，青眼偏
　　逢惠遠開。（《清白軒圖》馮簏）

　　城中結廬，安居心遠是陶淵明的生活觀，抗世違俗也是他的人格特徵，陶淵明赴遠公白社會更是交遊絕唱，開圃、飲酒也是陶淵明的韻事，可見他們對陶淵明的渴慕與附會。同樣，他們對陶淵明的改造頗多，煎茶是陸羽和蘇黃的愛好、種樹是歸隱的表現、尋幽是文人專長、解榻只爲高人，畫壁與

〔註43〕過庭訓《明分省人物考》卷二十一，《明代傳記叢刊》第130冊，第815頁。
〔註44〕《景印文淵閣四庫全書》第820冊，第662頁。
〔註45〕《景印文淵閣四庫全書》第828冊，第46頁。

銘堂是蘇黃藝術韻事的迴響，也是吳中盛行藝術表現，其實銘堂正是李應禎為魏昌書寫的室銘，以記住祖宗教訓，以教養子弟。〔註46〕對陶淵明的改造還表現在園居觀念上：「行藏循四勿，事業藉三餘」，出處遵循四勿法則，功業借助祖宗餘慶。對菊花的看法也不再是「採菊東籬下，悠然見南山」的理趣和傲霜風姿，而是自比「調元人」正在催菊開放，見證天地生生，萬物化育的欣然樂趣。雅集的場景設置糅合白社會、陳蕃下榻和王羲之山陰聚會而成，「浮杯直到南溪上，贏得文房下榻留」（薛英），極力增加歷史積澱，營照高士集會的文化氛圍。

吳寬則從翰林與藝術鑒賞入手，與東坡取得共鳴。《匏庵雪詠圖》是蘇軾寫詩和賞帖的明代重演。《清虛堂貼》寫蘇軾放衙後在王定國清虛堂觀五言詩和宴樂的場景。吳寬也是在放衙後應李傑邀請在翰林署觀刻貼。吳寬詩歌模仿了東坡描繪出門場景，但是將宴樂歌舞改成了品茶，論詩改成了論書法，蘇軾十年慨歎轉化成了黃山谷茶賦軼事，整個場景籠罩在藝術鑒賞的神靈氣息中。

文徵明則儼然草堂隱君子，一腔惆悵述於知己。《人日停雲館小集》表達不為世俗認可的高潔品格，耿介幽懷不可寫的寂寞心情，以及回到遠公社，不理睬世事紛擾的避世情節。人日來自於東方朔《占書》日：「歲正月一日占雞，二日占狗，三日占豬，四日占羊，五日占牛，六日占馬，七日占人，八日占穀。皆晴明溫和，為蕃息安泰之候，陰寒慘烈，為疾病衰耗。」人是天地主宰，對年節和自身命運的關心更增加了深刻的感懷氣氛。人日也是墨客賦詩的節日，文徵明此次集會也是賦詩會。或許杜甫《人日草堂詩》使得隔代布衣找到知音，感懷情緒濃烈。其實，人日小集涉及文氏父子和弟子的歷時集會，並且還把集會搬到石湖上，但是主旋律依然是感傷歎世，稱為「人日情結」。《秋林夜話圖》中，沈周認為古道荒蕪，腐鼠奔忙，他將為官不仁與鸞鳳風儀對比，依然突出其高潔品性，表達了處世姿態。

吳人通過雅集參與人人格的定位、雅集生活內容的描述、雅集觀念和對雅集的文化參考對象的改造，形成了新的山居雅集形象，這種形象迎合了他們的時代氣息，卻又不同於官場雅集的直接功業展示。

（二）為官尚志、學成勵行的遠大抱負

吳人新隱居觀念說明了他們不是徹底離俗的孤傲隱君子，而具有更加通

〔註46〕參閱吳寬《恥齋魏府君墓表》：「初其祖有遺言百餘字，皆所以訓戒其子孫者，君能遵行之，仍作堂名寶訓，以示不忘。予嘗為文以記，而故李少卿貞伯特為書之壁間，又可見其孝也。」（《匏翁家藏集》，第 724 頁。）

達的生活態度，所以，當朋友受到朝廷徵召時，他們毅然積極回應，催促朋友自覺擔負爲國效力的使命〔註47〕，送行雅集是其表現。

吳中地區送別頻繁，但基本上不是顯赫的榮升兩京，而是出任更加邊遠的小郡，並且包含某種不公平，《吳郡名賢圖傳贊》云：「大臣薦公（吳愈）心術端正，才行超卓，堪任臺憲，」〔註48〕卻被調任敘州。「（文林）乙巳以績召還朝，衆咸擬公必爲御史」，卻被調往溫州〔註49〕。沈周《京江送遠圖》、《虎丘餞別圖》正是催餞二位的結果，集中表達了吳人出仕觀念：「丈夫志遠大。才氣負英雄。一溫等小試，四海稔斯胸。」（沈周）〔註50〕艱難出仕，可以磨練自己：「苦而有味可喻大，歷難作事惟其時」〔註51〕。偏遠郡縣可證明自己遠出同輩之上，佳績指日可待，「遐僻以自樹也歟，署斯守者眞能別惟謙之爲利器矣，蓋可以見惟謙之賢於流輩也遠矣。」〔註52〕歷史同樣證明，二人沒有辜負送行人的期望，文徵明《明故嘉議大夫河南布政司右參政吳公墓誌銘》云「（吳愈）在郡九年，劭農振業，興學教民，民靖化，洽歲亦比登，乃平繇更賦，勾考邊儲之侵於民者，得四十餘萬，輸將轉調，亦數十萬，廩庾既充，以時賑發，流庸來歸，戶口增羨，郡以大治。」〔註53〕文林也政績斐然，「（永嘉）多訟多盜，俗尙鬼，好溺女，悉爲科條處分，莫不備善，郡獄屢空。境之暴無一敢肆民，生女皆育，而前後所毀淫祠殆盡。又作俗範訓其民，而導以化本。」〔註54〕卓越的政績說明了他們殷殷爲民的士子情懷。

對考滿離開吳中的傑出官吏，他們也給與高度讚揚，如沈周的《虎丘送

〔註47〕 這並不是說他們之間沒有留戀之情，而是說他們毅然的姿態帶有強烈的目的性。其實他們之間留戀之情非常濃厚，沈周在送別文林之後，寫的詩歌可以說明這一點。

〔註48〕 轉引自周道振《文徵明年譜》，第52頁。

〔註49〕 楊循吉《明故中順大夫溫州府知府文公墓誌銘》，錢穀《吳都文粹續集》卷四十一，《文淵閣四庫全書》第1386冊，第317頁。

〔註50〕 《虎丘餞別圖》刊於《美術生活》第37期《吳中文獻特輯》。詩文轉引《文徵明年譜》第87～88頁。

〔註51〕 《京江送別圖》沈周跋，藏北京故宮博物院。刊於許忠陵《吳門繪畫》，《故宮博物院藏文物珍品大系》，上海科學技術出版社，2007年版，圖12，第20～23頁。

〔註52〕 《京江送遠圖》，文林跋。

〔註53〕 文徵明《明故嘉議大夫河南布政司右參政吳公墓誌銘》，文徵明撰、周道振輯校《文徵明集》增訂本，上海古籍出版社，2014年，第671頁。

〔註54〕 楊循吉《明故中順大夫溫州府知府文公墓誌銘》，錢穀《吳都文粹續集》卷四十一，第318頁。

客圖》是送別徐源考滿還朝而作，讚揚徐源疏通水利的功績、遙想歸去編茶經的韻事。唐寅《金閶別意圖》是奉餞鄭儲爻先生朝覲而作，表達人民留戀情感與期望早日歸來的願望。

對學成的子弟，吳人則砥礪成才，懷有殷殷祝願，其中最著名的是送行楊子靜和戴昭。戴昭是徽州人，「爲人言動謙密，親賢好士，」來吳中訪學名師，「初從唐子畏治詩，又恐不知一言以蔽之之義，乃去，從薛世奇治易，世奇仕去，繼從雷東以卒業。」戴冠序云：「人幼而能進於學，以明其理，以修其身，故能入孝出弟，行謹言信，窮則善家厚俗，出則忠君澤民」，〔註55〕祝允明云：「胸中故有長虹在，吐作天家補袞文。」更多人表達離別之苦，「垂虹橋下有流水，別意與之同此深」，「何時又是逢君日，夜雨聯床語昔年」。〔註56〕楊子靜是遊藝吳中的琴士，「高雅幽潔，善談名理，以琴遊於縉紳間」。〔註57〕唐寅《南遊圖》和《琴士圖》、文伯仁《楊季靜小像》均爲他作。琴是天下和平之工具，「人之易感者聲，聲之易感者琴，琴作於古，和平天下具也。」琴士身份特別，「精專於此，而述古之遺音，以開人心者乎。」琴士也是高潔人士之一，「古調得眞傳，餘巧發天思。豈獨藝云精，檢修仍肖似。」（文徵明）。

可見，吳人通過治理刁蠻小郡譜寫了光輝的人格，樹立了吳中士人典範。通過詩藝相傳爲國家培養傑出青年人才，鼓勵壯行助他們實現抱負。不仕而有功於社會，正是吳人的本色。

（三）隱逸君子的養德情懷

如果說成、弘年間社會太平、吳中人才得到了廣泛重用，那麼到了嘉靖年間，老一輩吳中領袖相繼謝世，吳中士人科場大多不利，逐漸退居吳中，其中以文徵明爲代表，開闢了吳中士子的新精神家園。他們通過遊覽構建了自己的君子身份，重申了雅集之道。謳歌恬適平淡的生活，吟唱不得志的幽憤，使得雅集面貌從高昂、喧鬧的唐宋盛會轉入知音相賞，各標情懷的魏晉嘯歌。

君子身份的重建主要體現在以下幾方面：

其一，自我定位爲不得志的「櫻禹」之才，暫且適意山水間。《惠山茶會

〔註55〕《諸名賢垂虹別意詩並敘》，戴冠敘，第 214 頁。

〔註56〕《諸名賢垂虹別意詩並敘》，第 215～218 頁。

〔註57〕陸治《垂虹別意》，龐元濟《虛齋名畫錄》卷四，上海古籍出版社，2016 年，第 196 頁。

圖》中，蔡羽云：「諸君子稷禹器也，爲大朝和九鼎而未偶，姑適意於泉石，以陸羽爲師，將以羞時之樂紅粉、奔權悻、角鎡銖者耳。」〔註58〕他們還是朝堂隱君子，胸富才藻，暫且吟唱山間，彭年云：「群公英情天逸，盡爲紱冕之巢由；藻思霞騰，俱是薜蘿之顏謝。或懸車在告，或秉節周行，聚天上之德星，修山中之故事。」〔註59〕他們傾慕的對象是曾點、王羲之、白居易等。「喜共白公修洛社，何如逸少在山陰。」〔註60〕他們的生活是盟鷗鳥，遊山林，袁褧云「既詠舞雩什，載奏山陰章，」〔註61〕「春來花鳥閒情在，老去山林樂事多」也〔註62〕。但是，他們依然懷抱著「濟川志」，只是「擊楫使人哀」，而表現爲嘯傲山林的高士，以王寵最突出。「數松磊落千尺強，恰如天際群龍翔。吟風嘯雨中琴瑟，大澤深山藏棟樑」〔註63〕，即他們是虬立的大松，藏在民間的棟樑之才，雖然不能處於廟堂之上，也要「明時棄巖谷，聊得葆天倪」，卓然聳立於天際。但是，王寵〔註64〕雜糅仙人、道士和名士、隱士爲一體，自比王喬，要「騰踏五雲車」，探芝崑山裏，還要攜「元夫」嘯遊，更要如名士王恭飄渺冰雪間，如隱士范蠡遊弋江海上。王寵還將自己與嵇康、酈生等古來聖賢相等同，描繪了「氣酣風急月正午，便須一飲傾千觴。白魚出水如人長，鸞刀飛割猶倔強。三三五五坐松下，脩然落雪陰山涼」〔註65〕的雅集盛況，提出「何必山林減朝市」，追求自適的山林生活，高呼「人生有身貴自適，枉向侯門躡珠履。」〔註66〕其高亢嘯冷的性格非同一般。不過，就此時期文徵明在吳中的主導地位和文派的總體傾向來說，不仕君子的養德潤身形象是吳中雅集人的典範。王寵的人格定位一方面說明了吳中隱士風貌

〔註58〕　參見《惠山茶會圖》蔡羽引首，《中國古代書畫圖目目錄》第20冊，文物出版社，1997年版。其他詩文均來自此圖題跋。

〔註59〕　《文衡山石湖圖彭隆池楷書詩序》，郁逢慶《書畫題跋記續》卷十二，第950頁。

〔註60〕　文徵明《文太史石湖圖並題》，卞永譽《式古堂書畫匯考》卷五十八，《文淵閣四庫全書》第829冊，第453頁。

〔註61〕　袁褧《修禊石湖作》，錢穀《吳都文粹續集》卷二十三，《文淵閣四庫全書》第1385冊，第601頁。

〔註62〕　文徵明《上巳日石湖小集》，《文徵明集》卷十三，第338頁。

〔註63〕　王寵《湖上八絕》，《王寵集》，鄧富華點校，浙江人民美術出版社，2017年，第234頁。

〔註64〕　王寵是文徵明鍾愛的弟子，也是石湖雅集的主要參與人，但是他的風格與文徵明等人確實有出入，表露了不得志文人的激憤情緒，是蔡羽一脈吳中文人的代表，也暗示了吳中文人學脈中的道家成分。

〔註65〕　王寵《月夜臥湖梁之上詠蘇長公赤壁》，第87頁。

〔註66〕　王寵《月夜臥湖梁之上詠蘇長公赤壁》，第87～88頁。

的多樣化，另一方面也證明了文徵明恢復儒家君子身份的重要性和針對性，因為從王寵的詩歌和吳中蘭亭修禊圖上可以看到狂傲風氣的蔓延，文徵明的自覺表率，應是有意為之。〔註67〕

其二，遊覽山水的目的是「清志慮、開聰明」，希慕曾點之樂，養德講藝。袁袠在上巳修禊集會中，云：「羨義之之山陰，希點也之沂水」，蔡羽云：「矧諸君屋漏則養德，群居則講藝，清志慮、開聰明則滌之以茗，遊於丘、息於池，用全吾神而高起於物，茲其陸子所能至哉，固曾點之趣也。」〔註68〕文徵明等身當倭寇泛濫，又不得為國效力，他將湖水的品格定義為「玉浮天」、「開玉府」，空闊明鏡石湖使他感到「萬象沉」「塵界卑」，進入超然物外的玄冥境界，正是養德潤身的體現。不過，養德潤身還來自對山陰王義之的仰慕。文徵明書法宗二王，性情、遭遇與山陰相似，雅集宴樂觀念也受到王義之蘭亭修禊啟發頗多，其遊弋山水雜糅二家，目的在於消除憂愁，澄澈心靈。〔註69〕

總之，雖然樹立吳中典範是主調，但是人格定位有明顯的變化。就出仕來說，前期比較積極，主動回應徵召，期望為地區做出貢獻，實現抱負，穩健有力、剛健不息。就隱居來說，前期側重於對陶淵明閒適形象的認同，強調與世俗的對立，並加入新的山居內容，組構以鑒賞家、畫家、文學家為一體的新文藝群體，改換格調，通過典故和視覺化想像共同詮釋其高潔的人格。後期回歸儒家品格，不僅自覺建構養德潤身的儒雅形象，還針對士風給予批評，其境界是春服既成，遊於川上，其目的是淨化心靈的塵滓，其品格的強調通過虛實結合的風景起興而成。

三、雅集文學修辭：典故、詩歌圖像特性、比德、起興

縱觀山林雅集的歷程，可知吳中士子的理想是典範人格的建構。此時期

〔註67〕比較文徵明和尤求、仇英的蘭亭修禊圖，可以看到文徵明圖式相對嚴整、溫雅，後者圖式有些狂放不羈。

〔註68〕《惠山茶會圖》引首。

〔註69〕上巳修禊有幾種情況，曾點與孔子的修禊包含君子不得於時，出而為民禱雨，養身潤德也。王義之也身當亂世，在山陰多有避世之意，行觴之間寓人生感慨頗多。杜甫《麗人行》與白居易的上巳諸篇都關注朝廷宴樂，閒適不羈。吳中的上巳修禊顯然更多共鳴於王義之與曾點。嘉靖年間倭寇不斷侵擾江南，蘇淞地區頗受其苦。《南樓》可見一斑：「狂搔白髮倚南樓，落日邊聲入暮愁。萬里長風誰破浪？一時滄海遂橫流。敢言多壘非吾恥，空復崩天負杞憂。安得甘霖洗兵馬？浮雲明滅思悠悠。」（《文徵明集》增訂本，第355頁。）

有大型地方志、賢才傳記和地方掌故集出現，如王鏊主編的《正德姑蘇志》、
袁袠《吳中先賢記》、閻秀卿《吳郡二科志》、文震亨《姑蘇名賢小記》。閻秀
卿《吳郡二科志》云：「思郡之爲文苑者頡抗相高，流美天下，是生有榮而沒
有傳，不可幾矣。郡之爲狂簡者，磊落不羈，怨愁悉屛，是任其眞而全其神」
〔註70〕，文徵明、唐寅和祝允明等文苑君子和桑悅等狂簡之人均列入其中。
王鏊《正德姑蘇志》關人物卷，也云「隱之於貞淑，微之於一藝，外之於異
教，咸繫之。」〔註71〕文震孟在《姑蘇名賢小記》中云：「大要以剛勁爲主，
即過中者必記，一破軟美之誚；清修苦節雖微必記，不清苦即不能剛且勁也，
詩書翰墨之士比詳記其生平原所由重也。逍遙作達閒一記焉，喜其中無俗韻
也。」〔註72〕可見，其選擇標準偏重正直剛健、不阿權貴、氣韻高雅的隱君
子，編寫目的在於表彰先賢、振興吳中士氣、傳承文化和保存吳中文獻以垂
範後世。其實，這些志傳的主要編撰人正是吳中隱君子和文藝家，如《姑蘇
志》是祝允明、蔡羽、文徵明等人主導編寫的，並且志傳的一手資料大多來
自編撰人所作的墓誌銘，志傳的形成則是他們相互之間切磋文藝、品論世事
的中獲得基本看法。雅集圖像和文學集中談論出處和山居問題，正是這些現
象的反映。可見，吳中文藝家是人格建構的自覺策劃與執行人。

　　吳中文藝家是兼詩、文、書、畫的士子，圖像整體思維傾向更加自覺和
明顯。藝術家不僅要題詩、作畫，更要將詩、畫同時作爲思想的表意元素來
使用，所以，他們的藝術是多媒介的整體藝術，其藝術文本是與圖像相關的
文學，比如詩人—畫家創作的文本。文學借用圖像話語來建構其地位，游離
於圖像與心象之間。其圖像是元圖像，不在於再現完整的事件，而是自我指
涉，建構思想，所以圖像與觀念之間是對等關係。米歇爾認爲，綜合的藝術
中視覺再現之語言再現的根基是圖像不可能看見，即語言描述的內容是通過
聽眾的想像建構成心理圖像，稱爲「形象的形象」或「超圖像」，不具有直
義性，不是視覺客體，而是比喻上的視覺。他認爲語言的圖像特性使得這種
游離成爲可能，並將「視覺再現之語言再現」分爲三個階段冷淡、希望和恐
懼。其中希望階段是想像或隱喻將克服視覺再現之語言再現的不可能性，我

〔註70〕閻秀卿《吳郡二科志》，王雲五主編《叢書集成本初編》第 3381 冊，中華書
　　　　局用上海商務印書館本影印，1980 年版，第 1～2 頁。
〔註71〕王鏊《正德姑蘇志》卷四十三，第 657 頁。
〔註72〕文震孟《姑蘇名賢小記》，第 4 頁。

們發現語言再現也有一種「感覺」。中國古典題畫詩也是畫家—文學家創作的服務於圖像的文本，並且題畫詩對各種感覺的調用非常符合視覺再現之語言再現的希望階段，所以，我使用綜合的藝術來說明題畫文學與圖像的關係。但是，必須看到，米歇爾對語言、圖像媒介他性的區分性固守，使得他沒有衝破圖像與文學結合的最後障礙，反而認為視覺再現之語言再現最後出現了恐懼階段，「嚴肅邊界規範把感官、再現模式和每一種模式的客體嚴格區分開來」〔註73〕，這導致了身份的再次出現；中國古典藝術在這裡與米歇爾分道揚鑣，藝術的非再現本性和言象意的超越性讓他們輕易超越了這道障礙，從結構層面來說：一、圖像與文學均是藝術元素，他們作為詞語構成了綜合藝術的功能層面，二、圖像與文學的含義只有到了系列層面才可以完全解答，功能服務於系列。從圖像與文學的媒介特性來說，圖像與文學在顛倒中實現了意義的縫合：元圖像的自我指涉和意境創造使得圖像的視覺期待喪失，威脅到了圖像藝術的本性，文學描摹已經存在的事件，通過想像還原形象，彌補了視覺缺失，但文學圖像的虛幻本性沒有辦法落實到視覺客體，避免了圖像的相似性而破壞圖像的思想性與意境。正是文學的虛與實保證了圖像視覺的心理存在；圖像的意境追求又給出了文學超脫的另一種鏡象，文圖難受分捨，觀念又充滿詩性。

　　不管是結構超昇，還是特性顛倒，都離不開修辭的使用。具體到作品分析來說，沈周、吳寬採用的典故構建法，文徵明採用比德、圖像特性與起興法。

（一）詩歌之圖像建構：典故

　　山居雅集中詩文也承擔了介紹畫面內容、抒發情感、表達觀念的功能，但其形式多樣，或小記，如《清白軒圖》、或序文，如《京江送遠圖》、或直接在詩文中介紹相關內容，如《虎丘餞別圖》。由於畫面人物活動非常少，其內容側重點在記事、言志和抒情，並以大量典故翻新了雅集意義。

　　山居雅集不是直接將典故嵌入文學中，而是結合藝術實踐，重新詮釋典故，表達新的含義，這有些類似陳寅恪的今典與古典混用。〔註74〕在吳中文

〔註73〕 W.J.T.米歇爾著，陳永國、胡文徵譯：《圖像理論》，北京大學出版社，2006年版，第142頁。

〔註74〕 陳寅恪云：「所謂今典者，即作者當日之時事也。故須先考知此事發生必在作此文之前，始可引之，以為解釋。……又須推得作者有聞見之可能。」見（陳

藝家那裡，引用即發生，更準確的說，引用典故即重演、改變已經發生的舊典，從而獲得當下的意義。如劉珏的《清白軒圖》中引用陶淵明赴慧遠的白蓮社會、陳蕃下榻的故事，但將慧遠與陶淵明的主客關係顛倒，場景變成了慧遠來訪陶淵明，地點設在清白軒，叢林之會變成了園居之會，玄味少，流韻反而增加。陳蕃下榻的含義變成薛英來訪「十載宦遊」歸來的劉珏，似乎將劉珏比爲陳蕃，而自比徐穉，其重點已經不是高士相會，而是傾慕高士而赴會，突出主人的高潔。同樣，《匏庵雪詠圖》對典故的改用也比較大。吳寬與李世傑雪夜在翰林東署欣賞東坡的《清虛堂貼》刻本，《清虛堂詩》是東坡寫給王定國的詩歌，內容大概是雪夜小飲定國官署、歌舞、品茶、論詩等活動，並感慨十年離散，一朝相聚，以共看紅霞結尾，暗示了一展宏圖的願望。〔註75〕吳寬通過次韻與清虛堂聯繫，承接了雪夜出行的思路，但省略歡宴歌舞，把品詩之妙筆天成改換爲品書法的筆法，所謂「濃書鐵把純綿裹，深刻蟹上潮泥爬」，十年感慨變成了對神物光輝的沉醉「夜久屋壁飛晴霞」。身份由詩人變成了鑒賞家，格調從清冷變成了溫暖，突出了山林之思。其實，變化格調是展現自我風貌的手段。《盆菊幽賞》和《人日停雲館小集》均採用了典故，變換了環境，或自比調元人，突出主宰地位；或感慨千載寂寞時，抒發知音相賞的漠漠情懷。

　　對典故的改變不僅營造了新的意義格調，還通過相似的場景和空間營造爲植入新的元素和內涵提供了可能。比如，《清虛堂詩》通過想像將雪、說法與詩歌相連，融合爲對清虛居士的高妙修行和詩歌天成之造詣的讚美。休沐放衙、踏雪來訪、十年感慨和明朝看霞，將聚會安排在線性時間框架中，時

恪：《讀哀江南賦》，見《金明館叢稿初編》，生活・讀書・新知三聯書店，2011 年版，第 234 頁。）陳寅恪《柳如是別傳》「自來詁釋詩章，可別爲二：一爲考證本事，一爲解釋辭句。質言之，前者乃考今典，即當時之事實，後者乃釋古典，即舊籍之出處。」合而言之，陳寅恪的「今典」還是指引用已經發生的事件，如倪岳等人「如（杏園雅集）故事」來開展雅集活動。他更主張今典與古典共同使用來闡釋典故的豐富意義，而不僅僅是文法修辭。對闡釋吳中典故使用有啓發意義。

〔註75〕清虛堂詩云：「天風淅淅飛玉沙，詔恩歸沐休早衙。遙知清虛堂裏雪，正似蘆葍林中花。出門自笑無所詣，呼酒持勸惟君家。踏冰凌兢戰疲馬，扣門剝啄驚寒鴉。羨君五字入詩律，欲與六出爭天葩。頭風已倩檄手愈，背癢卻得仙爪爬。銀缾瀉油浮蟻酒，紫盌鋪粟盤龍茶。幅巾起作鸜鵒舞，疊鼓誰摻漁陽撾。九衢燈火雜夢寐，十年聚散空諮嗟。明朝握手殿門外，共看銀闕暾晨霞。」（蘇軾著、王文浩輯注《蘇軾詩集》卷三十，中華書局，1982 年，第 1612～1613 頁。）

空的融合通過抒情來實現，並指向未來，其主導的脈絡是敘述完整的集會事件。《匏庵雪詠》中雪花除了東坡使用的意義外，還構成了另一個圖景──雪中過訪的意義元素。東坡將雪中過訪用踏冰、叩門來表述，顯然不是著墨的重點，吳寬則將過訪本身演繹成一次尋幽，他用吳江水、谷口、朱鷺、白鴉等田園意象和拄杖雅事將環境與行動聯繫起來，模糊的想像之境轉化為清晰的可視之境，逸趣橫生。詩歌不再是敘述過訪，而是遊歷過訪之境，情感濃厚，力圖將時間藝術鋪展為空間審美，是典型吳中尋幽圖。「霞」本指朝霞，吳寬將它與雪光、藝術神光調和，將翰林東署的雪景和屋中觀帖轉化為雪光、墨光浸染下的藝術神境。滌蕩心胸是進入藝術境界的必要條件，吳寬藝術境界的出現必然在山居處，「茫茫巨海流銀沙，光分民舍並官衙」，大雪將光輝籠罩在官衙和民舍上，頓時模糊了官舍與民舍的界限，「而我目眩梁園花」，則進入了恍惚的遊賞境界。「試開泥尊香潑蟻，卻笑石本光翻鴉。」泥尊是名酒，石本即清虛堂貼刻本。「光翻鴉」是典故，翻鴉本身與光聯繫，多指或朝陽之上或夕日之下，鴉背上的光環。但從宋以來的部分詩歌中可以看到他們把揮毫看做墨翻鴉，如「落紙一簾風雨疾，不知斜墨陣翻鴉。」〔註76〕「昨來寄我三百字，字墨矯矯猶翻鴉。」〔註77〕墨陣翻鴉是一個非常形象的比喻，一般來說，墨色要濃於紙、絹之類材料，不管是創作還是欣賞，白紙黑字在燈光下會營造光輝和韻味，「石本光翻鴉」正是這種情境的再現，墨陣翻鴉還與誥詞、耆老〔註78〕等意象聯繫，這些情境正與吳寬、李世傑的身份相類似，或許共鳴也在他們心中響起。「光翻鴉」還轉化為通靈的神光，如晴霞彌漫於現場，即「夜久屋壁飛晴霞」。〔註79〕到此，藝術的欣賞終於到達高潮，形成了由內向外的玄冥之境，藝術的空間全部創造出來，詩歌的時間性基本消失。東坡與吳寬對典故的處理，可以看到時空藝術轉化的可能性。典故是將當時

〔註76〕洪諮夔《十一月五日鎖學士院》，《平齋文集》，《四庫叢刊續編》影宋抄本。

〔註77〕劉嵩《次周所安寄短歌》，《槎翁詩集》卷三，《文淵閣》補配《文津閣》本。

〔註78〕王邁《賀陳侍郎該宗祀告成，加封清源郡侯二首，告詞有緬懷耆德，養老乞言等語，再和二首之一》：「筆飛鸞鳳墨翻鴉，白玉堂中懶草麻。得句批風仍抹月，怡神飲露更餐霞。公於軒冕浮名薄，帝念耆英寵禮加。丕衍修齡全晚節，洋洋一札聖言嘉。原注皆誥詞中語。」（《臞軒集》卷十四，《文淵閣四庫全書》第1178冊，第652～653頁。）

〔註79〕石守謙指出「通靈感應說」在很多畫家內心迴蕩，他們稱藝術作品為神物，如果藝術作品流落不明，他們就稱之化去。（參看石守謙：《「韓惟畫肉不畫骨」別解──兼論感神通靈觀在中國畫史上的沒落》，《風格與世變：中國繪畫十論》，北京大學出版社，2009年，第51～84頁。）

拉回一個過往而類似的空間，營造情感氛圍，如果藝術家內心的時間線索沒有去除，典故所喚起的空間會很快消失，回到當下空間，形成敘述。如果藝術家留戀的典故空間，這個空間就會超越時間，停滯下來，召喚新的元素，組夠新空間，增加意義的當下性，形成曖昧的文本空間，減弱詩歌的敘事性，所以，吳寬的觀帖似乎沒有時間的流動，而是純空間的沉醉。

　　典故與名物結合也起到了很好的紹介作用，以最大信息說明了園居生活的概況。名物本身指事物的名稱，或給事物命名，所謂「多識蟲魚鳥獸之名。」其實，名物包含從行為到名稱的整個過程，特別對某些具有特別文化含義，可以重複的動作來說，典故凝固行動，並轉化為名物，可以移動到其他合適場景。當典故空間展開時，名物的動詞特性復活，還原為行動，山居雅集圖即在這樣的邏輯中得到詮釋。以《魏園雅集圖》表現得最明顯。單看《魏園雅集圖》，除了亭子下幾個人閒談，一個人從畫角走來，幾乎沒法確認這是雅集圖，但是畫面上魏昌和其他幾個人物的題詞，不僅說明這是集會，還詳細紹介了集會和園林的情況。雅集的大環境依然是陶淵明「安居心遠」的意蘊，雅集的內容看山、飲酒、賞園林。但是此次雅集的背後卻有很多支撐雅集開展的內容：開圃、煎茶、抄種樹書、尋幽、銘堂、畫壁、釀酒。開圃、釀酒是陶淵明的化身，煎茶是陸羽、黃庭堅的專項，種樹書是歸隱的標誌，尋幽則是隱士的樂趣，畫壁、銘堂、讀書則又與藝術緊密相連。銘堂就是李應禎為魏昌寶訓齋寫的齋記，畫壁即齋中掛畫，或屏風，以表達主人的氣質，客人也會對這些畫作或屏風題詠〔註80〕。這八項內容既有出處，又是隱士的基本功課，還是參與人經常辦理的事情，更是畫家非常喜愛的題材。所以，正是通過典故的凝練作用，詩歌將豐富的行動轉化為名詞；又通過典故的空間幻象，詩歌誘發了行動的再次發生。典故如一個總譜，名物是樂符，參與人波動琴弦，則萬山皆響。所以，某種程度上說，雅集是操作性藝術，活文本，期待創造、鑒賞、追求生活美學化。

　　山居雅集通過對已有藝術事件的重演展現園居生活，心理背景還是在園林，視野是想像與現實的混同，目的在於闡釋新的人生觀；攬勝雅集把背景放入了具有豐厚歷史積澱的名勝山水間，參與人與曾經的往事有一些交集，

〔註80〕京師盛行節日拜訪留題，劉珏請吳寬為自己收藏的《鍾馗圖》題寫，然後掛在堂中，官僚們過訪就將這首詩抄錄回去傳誦，以致簿紙用完。（陳田《明詩紀事》乙簽卷二十，上海古籍出版社，1993年，第893頁。）

但是，往事本身的複雜性和曖昧性使得參與人沒法還原過去，作爲「懷古者」，他們自覺保持了距離。可是這裡必然是他們的家園，因爲不管多少次虔誠的赴試，朝廷都向他們關上了大門；即使他們有了功名，其剛毅不屈的性格依然使得他們與官場格格不入，提早告老還鄉。這裡對於他們有多重含義：生命起源、撫平傷痛、滌蕩靈魂、消磨功名之心、心靈自由。如果說，沈周面對的是出仕的壓力以及隱士生活的合法性，展示隱士的藝術性存在，即可以完成使命；那麼文氏及其弟子面對的是被迫隱居、歷史的曖昧性、身份的正統性，閒適的背後是暗流湧動的焦灼靈魂和重建身份的使命，他們必須給出鮮明的姿態，再次證明山水的價值，以及遊弋期間的意義。攬勝雅集涉及文氏及其弟子兩代人，生存處境、時間和時局變化使得雅集中人格塑造統一中有變化。統一主要是文徵明和袁袠宣導的「曾點之樂」，重塑儒雅君子，回歸正統。變化表現爲怨憤、動盪的情緒，以及對道家、隱士的偏愛，如將談兵、嘯歌作爲人生適意的狀態。

（二）詩歌之圖像建構：詩歌圖像特性、比德、起興

儒雅君子有內外兩面，二者密切交融在一起。文徵明通過兩步實現了表達。首先，採用比德手法，將君子品格定位爲玉。「玉」的品格客體表現爲自我指涉的石湖，精神內涵又通過詩歌來傳達。所以，君子品格完成了內修部分。其次，君子品格的外在氣象是曾點氣象，石湖的自我指涉特性掩蓋了具體氣象，詩歌的圖像特徵充當了視覺性，將曾點氣象在想像中表達出來，又保持了曾點氣象體用結合的兩面性。

文徵明利用「君子比德於玉」來建構吳中人格。蔡羽將其團體定位爲不得志的「禹稷之才」，遊弋山水間是爲了講藝論道，但將「舞雩之樂」引入山林的是袁袠與文徵明。袁袠云：「既詠舞雩什，載奏山陰章。」文徵明則說：「喜共白公修洛社，何如逸少在山陰。」袁袠的集會詩歌也可以看出他的傾向「大化陶天地，令節屆春陽。澄湖包廣皋，翠嶺連崇岡。嘉儵躍以嬉，冥禽翩高翔。微雲靄遠宵，冷風吟修篁。雖無絲與竹，散懷藉壺觴。神怡理自足，心暢憂可忘。」〔註81〕這段話既模仿羲之《蘭亭序》的格調，也與三楊的口吻頗類似，質樸而莊重，更多山陰之興。文徵明秉承了「如切如磋，如琢如磨」的修己精神，爲人「端懿自持」，〔註82〕其眼中的石湖品格是玉。玉

〔註81〕袁袠《修禊石湖作》，錢穀《吳都文粹續集》卷二十三，第601頁。
〔註82〕周道振《文徵明年譜》，第88頁。

溫潤而仁，縝密而智，氣如白虹，精神見於山川，是君子的象徵，石湖又是
文徵明人格的象徵與寄託。石湖性格溫冷而淨，即「寒玉淨」；性情婉轉深情，
「碧玉流」，「微瀾壓玉」。淨與鏡相通，他又把石湖看成「天鏡闊」，「南湖一
鏡開」，「平湖竟天淨」，鏡是心靈之鑒，鏡與淨共同象徵心靈潔淨。天鏡納萬
物，觀造化，或「澄湖霽景明」、或「星河顛倒碧空浮」，或「秀色千岩競」，
或「千峰隱」，其色澤則是璀璨輝煌，「珪璧羅繽紛」，其氣象是「玉浮天」、「皓
無垠」，其結果是萬象俱沉，心無纖塵，徹底空明。這些品格與文徵明的生活
幾乎一一對應，狎鷗鷺、泛春舟、白蘋香、青煙、晴扉，是他溫婉與山水留
戀的表現；鏡與淨是他忘卻京城之痛、功名之恨、磨礪心境的表現，而觀造
化，冥心萬物是他精神見於山川的表現。所以，正是通過石湖、玉、君子之
間的比喻關係，他構建了以玉為本，由詩歌心象與石湖圖像共同指稱的人格，
並由具體形象超越到抽象精神象徵。

　　石湖和心象的自我指涉性模糊了圖像的視覺，與「曾點氣象」的視覺要
求有差距，無法完整傳達意義。文徵明首先設置藝術場景，化身其中，作為
「遠公、趙孟頫、白香山、孟嘉」直接出沒於石湖中，並親自數點「越來溪、
採蓮徑、吳宮荒臺」等名勝和「赤闌橋、橫塘、行春橋」等地方風景，更陶
醉於「滄浪曲、竹枝歌」中。化身還原事件的現場，還心象於形象，增圖式
之意義。具體來說，詩歌通過圖像特性〔註83〕來呈現石湖的具體內容，如「日
暮白蘋風乍起，陂南黃葉水交流。美人齊唱滄浪曲，彩鷁斜穿窈窕洲。」這
四組景色形象地說明了石湖的具體存在，將生動的圖像「嵌入」空闊的石湖，
超越之境轉化為可視之景，彌補了意義斷層，恢復了圖像的「豐富視覺」。
但詩歌的心象在石湖圖像上表現為不可見或反作為圖像邊緣的點綴景物，又
強化了具體石湖的虛幻性，所以，視覺是想象性形象，沒有落實到客體，既
保證了石湖與現實再現的聯繫，為意義的解讀提供了線索，又與真實圖像的
實指拉開距離，而可以超越圖像的相似層面，與元圖像共同完成氣象的表達。

　　詩歌還通過起興手法來創設情境，撥開石湖的煙霧，展現其豐富的意義
層次，創造意境。文徵明云：「石湖煙水望中迷，湖上花深鳥亂啼。芳草自生

〔註83〕中國詩歌的圖像特性早有人論及，但是言象意傳統很容易忽視象的重要性，
　　　　為了強調其重要性，採用了米歇爾「視覺再現之語言再現」層面上的圖像性
　　　　質。因為西方視覺再現系統，更強調象的重要性，而此處的詩歌圖像也是要
　　　　強調象。

茶磨嶺,畫橋橫注越來溪。涼風嬝嬝青蘋末,往事悠悠白日西。依舊江波秋月墮,傷心莫唱夜烏棲」。〔註84〕空迷的石湖象徵情感的迷失,是消極的觀望。鳥聲喚起了聽覺,從而產生了積極觀望,芳草、越來溪、青萍共同繪製了石湖的視覺。涼風與青萍又引發情感,秋月江心將情感視覺化,情感與烏夜啼相聯繫,終於將石湖的情景交融形象和盤托出。但是詩歌的情感線索並沒有徹底將石湖轉化爲一個遊子的哀思之象徵。石湖固有意象保持了永恆性,「自生」、「橫注」脫離人的情感,與石湖同在,將感性升入到永恆之境。所以,正是詩歌圖像特性有無之間的通靈讓石湖既是湖水,又是境界。

　　詩可以興,可以怨。隨著時局的改變,文徵明之興轉爲王寵等人之怨,怨與嘯傲、仙道結合,顯得有些激蕩不安。但是就手段來說,還是以用典和比喻爲主。因爲目前筆者未見王寵的圖像流傳,這些手法只能從心象角度略視一二。比如將自己比爲「煉形仙」,心中的氣象也仙氣逼人,「赤城眇何在,標出海雲端。寶氣三天湧,金沙五內餐。騰光衝白兔,散影逐青鸞。更憶蓬萊殿,仙人掌上盤。」〔註85〕王寵等人的怨而嘯逸,又不失爲雅,也完成文徵明從內到外的超越,可以說是體用雙彰的藝術哲學。

　　送別雅集的言志傾向最明顯,詩歌和序文以議論爲主,以抒情、象徵爲輔,表達非常明確。典故作爲事件帶入送別,服務於觀念的表達,時空基本上還是概念。送別雅集圖簡單再現了送別場景,送別的原因、結果、人物品格與觀點都需要文字來完成。正是簡約的圖像爲詩文留出了一定空間。如《虎丘餞別圖》中,沈周和楊循吉交代了朝廷徵召「馳牒起告中」、文林不願出發、送別原因是「待銓京師者,羸驂往往是。……況公有大才。其忍懷弗試。」(楊循吉),目的是催餞。用大鷹、鵬等意象象徵文林的心胸和志向,用黃庭堅的政績和燒筍樂趣希望他看淡功名,爲民效力,所謂「暫屈非久淹,喬遷立堪俟。」送別之人物品格也用文字來補足,如「在集皆鸞鵠」。〔註86〕

　　可見,就修辭手法來說,典故的空間混同爲新的風貌開闢了多重空間,在此藝術家各取所需,或全面、或具體而微地表達了觀念,圖像依賴於詩歌闡釋,但是二者還可以保持獨立的意義空間。比德與起興手法通過聯想與超越將心象、圖像組織爲豐富的意義結晶體,詩之意通過圖之境來傳達,圖之

〔註84〕文徵明《石湖》,《文徵明集》卷六,第263頁。
〔註85〕王寵《湖上觀晚霞》,《王寵集》,第149頁。
〔註86〕《南遊圖》和《垂虹別意圖》雖然引起了轟動,但主要抒發離別傷感,修辭手法較弱。

境借助詩之象獲更充分的理解，充分顯示了二者僅僅只是觀念的元素和功能特性，只有互相超越才可以互相涵融。

四、圖像修辭：時空虛化、心靈圖式、比喻、起興

綜合藝術中，詩歌發揮想像作用和圖像特性功能，豐厚圖像的常識意義，避免了圖像視覺缺失的詬病。相應的，圖像自身的積極轉化也非常明確，內容轉變爲文人雅事，目標在於營造境界或詮釋觀念，形式變化更加多樣：專注於自然山水的刻畫，圖像修辭使用頻繁，比如時空虛化，圖式典故，比喻、比興。

不管是官場還是山林，雅集肯定是敘事性的，按照常規的再現標準，雅集圖也應該是敘事畫，可是實際的情況卻並非完全如此。官場雅集基本上是時空確定的敘事圖像，山林雅集則逐步解放時空，創造了表現性圖像。

送別雅集圖式相對固定，雖然有陸地與水面之分，抒情成分逐漸增多，但基本上還是敘事圖像，時空轉化中還保留了時間邏輯。主要採用多空間並置、事件比例縮小來傳達空間的變化。

沈周的《京江送別圖》和唐寅《金昌別意圖》都表現送別場景。時間與空間關係卻發生了變化。送別圖的重點應該是送別，但是圖像佔有很小比例，事件前因後果全部省略。圖像的物質載體卷軸和圖中的物象共同詮釋時空關係。從時間角度來說，隨著卷軸的展開和畫面樹木、橋樑等意象推進，視點直抵雅集的頂點——送別。空闊、遼遠的水域與角落中的人群也從空間上隱喻過去、現在與未來。從空間上來說，多個空間並存。《金昌別意圖》中，兩個空間非常清晰，並逆轉了時間順序。按照正常邏輯，送別空間應該是當下空間，唐寅卻刻意將其推遠一步，與山脈和遠水相連，似乎送別要被淹沒，而金昌的繁華卻採用近景渲染。根據題詞，金昌繁華是離別人的政績象徵，送別實在不足悲傷。

時空關係的虛化爲解構圖像的相似性和敘事性準備了條件。沈周的《虎丘餞別圖》則是其表現。虎丘送別已經不再表現送別場景，而是四組人物各自遊覽風景，將臨流、送別等文人意趣作爲圖像中心，冉冉的松樹和盤旋而上石板路則暗示了他們是傑出的人才，並祝願文林步步高升。事件的退場，相似性無處尋覓，也解構了送別本身。

時間隱喻和空間虛化也是明代山林雅集圖明顯的現象，《匏庵雪詠圖》的敘事性表現最清晰，但是場景的設置也抹去了翰林東署的特徵，而代之於大

片的池塘雪景和松杉。《盆菊幽賞圖》將空間擺在草亭中，直接面對自然，空間沒有痕跡。時空虛化的複雜化表現是同構於心靈。

　　雅集一直徘徊在兩種空間中，王紱採用以園林觀看山林的空間模式，園林與山林之間採用虛幻的雲氣，掩蓋界限的同時，也引入山林之境。杏園雅集則直接採用了園林之境，山林意味只在他們的行動和話語中反覆吟唱。竹園壽集折衷山林與園林，在園林中力圖傳達山林趣味，比如飄渺的煙波，蒼翠的竹林。山居雅集的空間實際上徘徊在山林、園林之間。山林是理想的象徵，園林則是雅集的真實空間。沈周的處理是摒棄園林的實際場景，塑造另一種空間。文徵明部分恢復了園林的實際場景，虛實兩種空間並存。

　　劉珏的《清白軒圖》和沈周《魏園雅集圖》均以山林空間爲主導。劉珏用一條木橋連接水榭，水榭中人們對談和倚欄遠眺，背後是陽光照射的高山。空間的性質非常模糊，從遠眺和較規整的房屋可以看出他們的位置在山麓，但是高聳而堅實的主峰和山麓空白布置似乎暗示了山峰與人居的環境很近，可是吳中畫家的山脈一般比較單薄矮小，高山由多層雲氣隔出，營造飄渺之境，此山似乎與郭旭的《溪山行旅圖》有些相似，可能是畫家有意挪移的結果。主峰與側峰、房屋之間的空間位置幾乎是垂直的，沒點在主峰山腳，房屋處在一條垂直線上，由於側峰與房屋阻擋，基本上看不見主峰。就遠眺人物的位置來說，他大概看不見這座山的整體面貌，尤其是盤旋而上的山路。可以想像，這座山不是用來觀看，而是想像的山脈，從畫面形式來說，可能是營造隱居的氛圍。從劉珏其他表現山居的畫作，依然看不到這種構圖法，所以，劉珏的空間是在園林的基礎上，將想像的山峰帶入畫面，目的在於理想與現實的結合。

　　沈周的空間非常清晰。他完全摒棄了園居環境。其空間開始於典故。圖像中的典故除了指根據歷史上發生的故事創作新圖像，還指圖像本身的形式典故。形式典故也稱爲母題，除了一般構圖意義，還有傾向地傳達畫家的觀念。《魏園雅集圖》中亭子即是此類。空亭是倪瓚創立的特有圖像，承載了倪瓚或歡欣或慘澹的情緒，〔註87〕空亭被明代畫家不斷詮釋。早期王紱在亭中舉行雅集，借用亭子的脫俗氣息，帶有明顯的表露逸氣的痕跡。劉珏對空亭的使用延續了情感模式，但是清絕氣息消失，感覺雲林如一個智者，蕭蕭風

〔註87〕比如倪瓚題《溪山亭子》云：「戲墨重看十七年，闤闠城外蕩飛煙。閑村蘭若風波外，坐對湖山一惘然。」（汪珂玉《珊瑚網》卷三十四，第639頁。）

雨中看風雲變幻，甚至有幾分狂歡似的詭譎。〔註88〕沈周也非常愛好雲林亭。他筆下的很多雅集活動都發生在亭當中，《盆菊幽賞圖》是亭下賞菊，《虎丘餞別圖》在亭邊話別，《魏園雅集圖》是亭中的閒談。不過，與前輩比較，沈周的亭子實用與情感並存，亭子作爲活動場所，替換了屋宇，穩重感增加，空漠或輕快的情感消失。亭子的空間性質也發生變化，雲林的空亭是詩意空間，作爲據點，目的是眺看隔岸山水。劉玨空亭完全是符號，點綴在山水間，營造意味大於抒情價值。沈周的亭子卻是一種心理空間，它用穩重格調迴響現實的園林，又並置心靈於圖畫的上部。亭後是留白水潭，盤旋而伸向遠方的礬石，秀峰橫迤而上，頂部也是礬石。披麻皴以虛爲主，點苔濃密，縮結在皴線起點處，恰好固定清虛的線條。光線陽面照射，分外光潔。參照《廬山高圖》來看，光潔而透迤的礬石是高潔人格的象徵，披麻與點苔恰好用在山骨處增加厚實感，隱喻了人物穩重如山的性格。吳寬對魏昌的描繪「長身古貌，寡笑與言，布袍曳地，質樸可重」〔註89〕，看此圖，可庶幾一二。可見，亭子背後的風景與其說是空間，不如說是形式象徵，它將人物性格用山水圖式表現出來。其空間沒有實際指涉物，也不是山林的冥想，而是純形式元素結合的結果。〔註90〕沈周引用形式典故，展開了隱喻空間，本體是亭下活動，喻體則是形式空間，喻旨是品格。從邏輯上說，亭子是意義的集散地，形式空間趨向它，自然空間從這裡逃逸。

文徵明又回到了現實的園林。《人日停雲館小集圖》中明確表達了竹繞籬笆，屋下閒談的場景，屋後的空間全部省略。陸治《元夜燕集圖》中蕉石、煙樹、屋宇並存，也沒有留下山林氣息。從圖像的側重點來看，他們有意恢復雅集事件，在現實空間中創建虛化空間。

《惠山煎茶圖》中，文徵明主要採用比喻手法表現煎茶。茅亭與人物的尺寸較大，案上古鼎森列，繼承了杜瓊西園雅集表現於於君子形象的立意。虬松採用了截枝法，暗示了「稷禹之才在野」的意義。三組人物分屬三個敘事空間，之間沒有交流，其空間整合來自人物面向和畫面高低布置，其核心空間煎茶，人物專注，鼎內留白，打斷視覺期待，昇華爲茶韻繚繞的境界。《石

〔註88〕 參看劉玨《夏山欲雨圖》，刊許忠陵《吳門繪畫》，《故宮博物院藏文物珍品大系》，上海科學技術出版社，2007年版，圖5，第9頁。

〔註89〕 吳寬《恥齋魏府君墓表》，《鮑翁家藏集》卷七十三，第724頁。

〔註90〕 這種表現手法也可以在《廬山高》和《虎丘送客圖》中找到。兩圖中的松、盤曲的山路、扭動的山石均不可以用線索來理清，是象徵的表現。

湖圖》的空間採用了比興法,他將重墨放在石湖本身之空闊與遼遠的氣勢,湖周圍的活動極其渺小,似乎要從邊緣蕩出,時間和敘事痕跡被隱沒,更專注於抒情。可見,文徵明採用比喻、起興、折斷手法既保留了畫面的物理存在,部分彌補了視覺缺失的弊病,也創造了新的起興空間,畫面超越視覺進入心靈,較好詮釋了「游於藝」的藝術哲理。

總之,吳中山林雅集實現了雅集圖像的徹底更新,改變了雅集圖像的屬性,將以敘事為主的圖像轉變為以境界營造為主的圖像。其修辭手法也從敘事、象徵、隱喻等敘事學手法轉入時空虛化,比興,心靈圖式等圖像學手法。吳中雅集立足於圖像的抒情性,對雅集敘事、圖像視覺作了複雜的轉化,其主要方式是用詩歌典故和比興來說明雅集的情況和背景,創造想像的視覺;用圖式典故來展開異質的空間,用心靈圖式來隱喻人物品格,用比興手法來創造詩性境界,從而實現詩與視的另類雙彰。

第二章　高士圖舉隅與文人風骨

　　高士圖由來已久，宋代在衛賢《高士圖》的基礎上，側重表現高士風儀和雅趣，發展出定型的母題，如遠眺、尋梅、垂釣、漁隱、撫琴、看雲等。代表作品有李唐《清溪漁隱》、《竹閣宴賓》、《坐看雲山》、馬遠《山徑出行》、《松下閒吟》、《松濤圖》、夏圭《臨流撫琴》。這些作品大多內容單一，多採用比喻手法，以顯示人物的遒健品格。元代高士圖在繼承的基礎上，有新的發展。主要有兩種形式，一種是人物尺寸較大，處於山水空間，如趙孟頫《松蔭會琴圖》表現兩人松下彈琴。一種是人物尺寸小，高士融入山水中，通過山水和畫家技法形式突出高士的格調與韻味。如王蒙《春山讀書圖》勾皴敷結合來展示鱗松的蒼老，細密的點苔和疏朗的皴線以展示山脈的明朗陽光和水岸的幽隱氣息。元代是高士圖重要轉型期，高士風儀不是畫家關注的焦點，高士品格成為畫家焦點，品格的表達又通過形式創新（皴法、筆墨、色彩、空間）再現文化象徵符號來實現。所以，元代高士圖是繪畫語言革新的產物，其表意系統也走入符號化進程，摒棄形似，追求品位與格調。

　　明代高士圖是在宋元高士圖的基礎上發展而來，更加注重圖像的思想性。王紱〔註1〕是明代繪畫的開山人之一，主要借鑒元四家筆法表現高士情懷，寄託官員的山林思緒。如《勘書圖》表現拳石高樹下，茅屋中一人勘書，門外茂樹點焦墨，橫橋遠巒，屋後高山。如《秋亭遠岫》由王紱、王達〔註2〕、

〔註1〕王紱，字孟端，又號曰九龍山人，無錫人。少為弟子員。永樂初以善書薦供事文淵閣，拜中書舍人。（《文淵閣四庫全書》第820冊，第588頁。）
〔註2〕王達，字達善，無錫人，翰林編修。（孫岳頒《佩文齋書畫譜》卷四十，第587頁。）

韓奕、梁用行、王汝玉〔註3〕五人題寫，主要表達歸去不能，只能在廟堂看山水的境遇，如：「天恩倘賜懸車日，擬向溪頭泊釣船。」王紱的高士圖對吳中高士影響較大。宣德、正德年間，浙派與院體畫家，如戴進、倪端、劉俊創作了很多高士圖，大多取材歷史人物故事，如戴進《渭濱垂釣》表現一杆水中，兩老作揖對拜，後面隨行人，垂柳依依，遠處天空赭黃。寓含招隱納賢之意。吳中高士圖在杜瓊、劉珏、解晉的基礎上發展，以表現人物高隱生活為主，他們的圖像內容與宋代高士圖相似，表現技法多借鑒元四家，側重高士的德行與氣象。如沈周的《廬山高圖》表現老師行吟山間的宏大氣魄。圖中一老人行吟水邊，背後飛瀑巨岡，想像的五老峰盤亘在山崗之上，前景老樹藤蘿，分外陽剛。吳中四家之後，曾鯨創立了波臣派，以真實山人為表現對象，寫實性強，情感性較弱。多表現人物被各種清玩圍繞，具有一定的價值。以此同時，陳洪綬遭動亂、亡國，創立大量堅守中華文化的閒賞高士，抒發亡國之恨，更能顯示此時高士風采。根據立意，本文暫時不討論曾鯨和戴進等人的高士圖。

第一節　沈周繪畫的高士形象

　　沈周是吳中高士圖的第一位大家，其圖像承前啟後，奠定了吳中高士的總體格調。沈周在自覺圖繪高士生活同時，也清晰表達了高士林下生活觀念，顯示了明代高士圖的特殊氣象。

一、清雅醇正與骨力剛健的高士圖式

　　沈周高士圖較多，圖像內容繼承宋代詩意圖，主要有靜坐、江釣、策杖、行吟、讀書、清話、訪友、撫琴等。靜坐以《夜坐圖》為代表，表現一人深夜茅屋下勾燈盤坐，屋外流水潺潺，屋後青山秀麗，雲氣升騰。策杖以《溪橋策杖圖》為代表，表現一人策杖向平臺草亭而去。江釣圖以《石磯漁艇》和《柳蔭垂釣》為代表，前者表現兩老垂釣，中部岡巒坡石，左側流泉，右側空潭。行吟圖以《落花吟》與《廬山高》為代表，前者表現一老人花樹下看對岸雲山瀑布。江面空闊，山崖堅固，花樹迷蒙，煙雲繚繞。後者表現一老者在崖石間行吟，高瀑飛流直下，中部岡巒林立，右側屋宇掩映茂樹間，

〔註3〕王璲，字汝玉，以字行，號青城山人。永樂時官翰林檢討，直內閣，能書，亦能畫。（朱謀垔《畫史會要》卷四，《中國書畫全書》第4冊，上海書畫出版社，1992年，第558頁。）

後部五老峰纏繞雲間。清話高士圖以《蒼崖高樹圖》和《長松高士圖》為代表，表現長松下，兩人坡陸對談，對面高山聳立。

在形式上，沈周的高士圖有疏密〔註4〕兩體，繼承了元四家的筆墨技法。疏體是在倪瓚的陂陀—水岸—遠山三段式，黃公望屋宇—雲氣—遠山三段式構圖的基礎上，或調整倪瓚正面三疊空間，增加形式關聯，或簡化黃公望險怪而獵奇的繁複空間，發展為疏朗秀潤的新圖式。比如《松陰高士圖》（圖3-1）前景高松採用焦墨寫針葉，與矮樹紅葉交纏，挺拔老辣。簡潔的平臺下高士危坐，鬚髯飄飄，昂頭看山。陂陀和山脈布滿流動性很強的點苔或皴擦筆觸，顯出高士的意氣昂藏。《蒼崖高話圖》（圖3-2）在筆墨對比中塑造形象。前景平臺、水面和遠景山石均勾淺色輪廓，中間微微皴擦，乾淨明朗。前景二棵虬松用焦墨嚴謹勾寫針葉，鱗皮疏朗清晰，後一棵用淡墨勾寫針葉，樹幹上布滿淡淡的點苔。左側直樹和右側山崖上彎曲小樹用筆粗放，枝葉淡刷濃點，錯落中呼應三棵松樹，疏秀中見茂密。前後山石上先淡墨，後焦墨點苔，用筆堅定，突出生生之意。前景石頭上側刷用筆和河中平刷又營造朦朧靜謐的月色時分。《夜坐圖》（圖3-4）前面陂陀乾皴和焦墨點苔，陂陀上兩棵歪樹用淡筆勾幹後墨染樹葉。寬敞的庭院和錯落的茅屋被山石、秀松、柏樹和竹篁圍住，樹石多淡墨，蒙上一層夜氣。屋後白氣繞在秀山間，頗為清逸。《策杖圖》（圖3-5）前景五株樹以直杆為主，樹葉或鹿角，經藤、胡椒，介字，平頭，呈現豐富的形態。陂陀用淡乾筆皴石角，山脈用長披麻皴勾文理，用線很多，但秀潤疏淡。布滿山崗的小礬石又增加溫潤氣氛。

疏體在構圖上也比較有特色。沈周首先採用斜平行分布大空間，又用特定意象加強空間之間的聯繫，最後給予主要人物關鍵的位置，以「得其環中」。如《松陰高士圖》和《蒼崖高話圖》均採用四邊形對角線構圖。前圖陂陀佔據左下角，山脈佔據右上角。中間是斜形河流。松巔接近左側中景水準橫坡，橫坡與右邊山下陂陀平行，逐漸推向遠方，拉遠空間。後圖景物分布在四邊形的頂點。三棵松樹前後排列指出遠近，枝葉交叉，映帶兩側，又點出左右。高松、小亭和山頂，指引高低。水際陰影向後擴展和淡淡山巒，指出深遠。兩圖的中心均在樹下空地。前圖人物背靠秀松，面向山巒，盡收美景。後圖二棵松樹、茅亭、人物和平臺清晰簡練，點出高談現場，三組樹從左到右水準平行，前後錯落，恰好突出二虬松的秀逸挺拔，隱喻人物的風姿。

〔註4〕此分法便於歸納圖像圖式，圖像觀念不受其限制。

　　斜平行也是分割小空間的主要形式，《夜坐圖》從前到後由四個小空間組成。陂陀與橫橋為前景斜空間，茅屋自成中景小空間，房屋周圍的樹木成為外空間，山巒與樹木組成遠景空間。左右搖擺，錯落有致，增強了圖像的內部韻律。《夜坐圖》還採用了地理方位空間。茅屋空間並不與其他三個空間處於同一水平線，而是位於較低的深度空間，類似於地理座標圖。並與前景陂陀上的樹連接為最短直線，這樣，觀者從陂陀直達人物，而不被左右的韻律紊亂。此圖調和兩種空間正是他處理心物關係的特意安排。《策杖圖》前景陂陀枯槎位於交叉的四邊形頂點，走向畫外的兩棵樹突出秀逸的風姿，伸向中景的兩棵樹遮住中景的四邊形方塘，連結從遠處奔來的狹長溝壑。此圖中，沈周還營造圖像的內在韻律。前景左右枯槎與橫橋平行，陂陀與橫橋角度接近直角，以橫向扭動的趨勢將人物引入畫右。遠景兩排山崖陡起，一縱向扭動山脈直接崖底，山上分布礬石，溪壑接平整的四邊形方塘，舒緩山崖的奔湧氣勢。

　　密體以塑造形象，表達情感為主，空間依賴筆墨，注重筆墨效果。沈周先勾畫雄偉的高山從遠方蜿蜒而來，突出巍峨亘古，不可分割的整體氣勢。再表現中部陡起的平崗山崖，兩側或瀑布、雲氣，方塘，完成圖像骨架。然後，用披麻皴、解索皴，反覆皴擦點染，調節墨色的乾濕濃淡，力求再現物象本身之美和氣韻。最後用疏朗的空地人物來統領山水，強調動態的寧靜。如《石磯漁艇》山石全用披麻皴和解索皴，或短或長，密密排布，多層敷染藤黃，突出山巒蔥蘢深蒼的肌理。如《廬山高》（圖3-3）空間更加依賴筆墨，情感更加渾融。右側底部用短披麻皴、解索皴，層層皴染，再以濃墨點苔逐層醒破，以突出山陰的蒼潤。中間淡乾筆皴出岩石文理，焦墨點醒，突出山石的青蒼。頂端水口密匝的點苔、短皴、敷染，突出茂密蔥蘢的水源。頂端礬石，淡墨小皴山體，淡筆小點山陽，巍峨溫雅。左側長線勾石，乾擦濕染，增加石頭的光澤，甩墨點苔，製造蓬勃升起的氣勢。紅藤蒼松直接中部，矯健昂藏。中部潔白的山崗和右側山脈一體，夾住飛瀑。一橋橫亘。山崗壁立，層岩扭動，伸向前方。山崗光潔如白晝，陰面長線勾山石輪廓，乾筆略微皴擦以顯示向背。崗上點葉紅樹和玲瓏的松枝既呼應前景茂松紅楓，又與崗後更為率意磅礴的點景小樹相應。山崗左邊房屋掩映在高山巨石中，山石以短披麻皴表現，和茂密的個字草叢、樹木的幹墨點葉形成呼應關係，似乎整個屋宇均在秋風搖盪之中，頗有乾坤氣象。屋後五老峰採用披麻皴、解索皴，線條曲折旋繞，秀妍奇俏，纏繞在雲霧間。雲氣淡染橢圓形輪廓，強調雲層的厚度與立體感，與飛泉的水口相回應，營造了淵源處的磅礴氣象，可謂元

氣淋漓，浩蕩無窮。前景流泉如玉，水紋綿渺疏宕，一人籠手行吟，背後松和紅葉樹均細緻勾線，歷歷分明，與磅礴朦朧的氣勢形成對比。總之，蒼鬱渾厚，合理化、觀念化圖像是沈周高士圖的本色，也奠定了明代高士圖的清雅醇正與骨力剛健的雙重基調。

二、靜逸高曠、浩蕩不息的君子人格

　　沈周一生困惑頗多，他多次靜坐體驗動靜關係才找到真實的志意本體，然後逐步涵養本體，使之成為心靈的主宰，從而可以從容統領外物，不被外物牽引，並表現出浩蕩的氣勢。

（一）因困生思，靜坐得中

　　沈周 11 歲代父為糧長，有司試「鳳凰臺歌」，援筆立就，被贊為「王子安才」。好讀書，「自群經而下，若諸史子集，若釋老，若稗官小說，莫不貫總淹浹。」〔註5〕汪濟「欲以賢良舉之，以書敦遣。先生筮易得遯之九五，曰嘉遯貞吉」〔註6〕，遂隱居不仕。然「每聞時政得失，輒憂喜形於色」〔註7〕，可見他隱在城市，志意不減。糧長主要任務是徵收與解運糧食，蘇州是明朝糧食重徵地，課稅極多。糧長徵收和運輸，本有是非之爭，加上朝廷亂徵，工作更難展開，《初度日歸自吳門》云：

　　　　吳中鴻方割，飢民負官糧。朝廷多外顧，私家亦遑遑。鳥雀喧落景，猩猱啼我傍。〔註8〕

　　糧長還擬定田賦科則，編製魚鱗圖冊，申報災荒蠲免成數，檢舉逃避賦役人戶，勸導農民努力耕種，甚至處理地方紛爭。〔註9〕所以，必須練達人情，才可以勝任調和官民的重任；必須德高望重，才可以和諧鄉邦。當沈周將糧長交給繼南（沈召）時，云：「官裏誅求數，民間給用貧。餘情不堪道，相對但沾巾。」〔註10〕個中滋味，恐怕只有當事人才可以明白。〔註11〕所以，對

〔註 5〕《沈先生行狀》，《文徵明集》卷二十五，第 594 頁。
〔註 6〕《沈先生行狀》，《文徵明集》卷二十五，第 595 頁。
〔註 7〕《沈先生行狀》，《文徵明集》卷二十五，第 595 頁。
〔註 8〕《初度日歸自吳門》，《沈周集》，第 192 頁。
〔註 9〕參見梁方仲《明代糧長制度研究》序言，2001 年，上海人民出版社，第 1～7 頁相關概說。
〔註10〕《繼南執役》，《沈周集》，第 108 頁。
〔註11〕參看《息役即興》，《季□從役之京》，《客中雪夜》中擔任糧長的心情。分別見《沈周集》，第 52、54、119～120 頁。

於沈周的性格，文徵明總結云：「先生爲人修謹謙下，雖內蘊精明而不少外暴。與人處曾無乖忤，而中實介辨不可犯。」〔註12〕其實，現實的困惑和磨難，引導沈周自覺修道。他步入中年便開始撰寫生日感言、病懷、夜坐、自慰、老懷詩，反思自我。〔註13〕他認爲人生只是逆旅，暫時假借天地、農與儒，必然要回到天地之間，曾感歎云：「觀生如寄誰非客，信死爲歸此是家。白髮暫存知電露，青山長臥有煙霞」。〔註14〕

> 天地假我，有其軀也；丹青假我，有是圖也。我尚假農，有禾一塵，有豆一區；我尚假儒，有此衣冠，有此步趨。方用力於二者之秋，自恃壯夫；然一朧如此，蚤白其鬚。諒非凌寒之松柏，無乃望秋之柳蒲。保天地之氣，必至無物；信丹青之像，終非故吾。活一年，耕一年田，以爲親養；存一日，讀一日書，以爲自娛也歟！〔註15〕

> 惟其懷空，以瓠壺自如；惟其不割，以鉛刀自居。寓形天地，寢迹里閭。無亦不覺其少，有亦不見其餘。服勤於南畝之間，楬楬把鋤；息勞於北窗之下，蓬蓬枕書。此外何鶩，志靜心舒。四十有

〔註12〕 《沈先生行狀》，《文徵明集》卷二十五。一個特別的例子又見《故宮週刊》四十二期《畫牛扇》：「此啓南先生舊本，余過其廬，見之壁上。自題云：『力大如牛服小童，見渠何敢逞英雄？從來萬物都有制，且自妝呆作耳聾。』待詔文先生題曰：『此啓南幼時作也。家居相城，村野荒濱，人多橫逆，因作此自慰。』歸而撫其意，形頗似之。寫於籧頭，以待厭然者贈之，甚可。時嘉靖二年四月也。晉昌唐寅。」祝枝山題云：『傳寫何如太逼真，筆精墨妙實堪珍。偶然醉寱朦朧睹，恍若桃花塢裏人。予與君三月未晤，昨自檇李歸，聞采薪已愈，心始慰也。今承贈佳搖，展玩難置；因浪占奉答，歸而藏之秘笥可也。枝山。（轉引自《唐伯虎全集》，第512頁。）

〔註13〕 沈周寫下很多自壽詩、夜坐感懷詩、病中詩、自慰詩。如《四十二歲像贊》；《自題小像》；《冬至生旦》；《丙申歲旦》；《五十初度》；《初度二首》；《六十一歲自壽》；《除夜》；《生辰》；《生朝》；《生朝自遣》；《七十喜言四首》；《自題小像》；《生日小酌》；《生辰》；《六旬自咏》；《生日漫言》；《病中書懷》；《病起對客試酌》；《病中》；《病起》；《病懷》；《病懷》；《病中》；《病中夜雨起坐》；《秋夜》；《與客夜坐》；《窗下獨坐》；《秋夜獨坐》；《樹下獨坐》；《立秋夜坐》；《秋暑夜坐》；《與徐生談顧大理老懷》；《靜處》；《自廣二首》；《自遣》；《理墳》；《早起》；《覺老》；《閒居》；《憫日雜言》；《自慰辭有序》；《白髮》；《白髮嘆》；《覽鏡辭》，見《沈周集》，第64，169，272，274，293，501，592，425，629，637，650，723，725，732，810，923，973，172，301，629，635，680，739，658，587，252，601，619，906，1019，642，644，197，768，530，538，606，611，624，662，667，1020，48，297，93頁。

〔註14〕 《理墳》，《沈周集》，第606頁。

〔註15〕 《四十二歲像贊》，《沈周集》，第64～65頁。

二，齒髮向疏。感往者之多矣，知來者之幾歟？委泯泯于浮休，又何假丹青之壽予也哉！〔註16〕

沈周認為心是「懷空」而「不割」的整體，即「含靈參天地，息存還自強」的生生不息精神，它化育天地，無形而剛健。心假借物而成「自然」之形——「我」。「我」因生於社會，成為現實之人，無形之力成為有形制之體，天地因「我」而得形體，丹青以我為本。但「我」因氣質之性的蒙蔽，只有靜觀物性，體悟動靜相能之理，養拙深齋，儼然明世拙人。沈周說：「我生已萬幸，際茲世有道。拙廢固無用，農圃亦可保。」〔註17〕又云：「衣裳無補吾明主，天地徒存此老丁」。〔註18〕時時「把鋤南畝」，「北窗讀書」，「萱堂養母」，幅巾策杖，健步探梅，與「紅樹清溪，白雲孤嶼」相徘徊，逍遙天地。所以，沈周雖感慨「物化蟲羸」，人生逆旅，「紙間坐上兩遊塵」，但並不悲觀，而是高呼「我與石火爭，寄活真螟蝶」，「有萬卷書貧富貴，仗三杯酒老精神。山花笑我頭俱白，頭白簪花也當春，」〔註19〕生生不息，昂藏老健。

低地相城經常水旱交加，沈周深受其害，《水悶》云：

> 破屋如舟只浮住，茫茫魚鱉是比鄰。頻年大塊無乾土，何處業居著老身。
>
> 〔註20〕

《憫禾》云：

> 五月風雨大，潢潦卑莫受。田稏俯就沒，濁浪扼其首。排濯滴蕩間，
> 性命存亦苟。天日赫赫出，水熱烹群醜。二日色已變，三日蘗在臼。
> 我時往撈觀，覷活從中剖。心存根已撥，欲棄難懈手。欲拯卒何及，
> 愴食內若疛。掘土室滲膝，倩車仰隣佑。督庤靡日夜，救死豈容久。
> 併力役老少，足躙筋亦糾。水面青鍼芒，稍出九死後。氣力與生意，
> 委頓類產婦。一一補傷爛，行行十八九。過時強經營，安望如常茂。
> 事多於悔禍，始畸終變偶。七月尋遭風，弱本被拘採。折處氣當沮，
> 虛房但含潦。間或見成穗，禿稚臥敗篝。何能畢公租，亦莫穀饑口。
>
> 〔註21〕

〔註16〕　《自題小像》，《沈周集》，第 169 頁。

〔註17〕　《生日小酌》，《沈周集》，第 732 頁。

〔註18〕　《七十喜言五首》，《石田詩選》卷六，《四庫全書薈要》本，第 25～26 頁。

〔註19〕　《六旬自咏》，《沈周集》，第 923～924 頁。

〔註20〕　《水悶》，《沈周集》，第 633 頁。

〔註21〕　《憫禾》，《沈周集》，第 613 頁。

《割稻》云：

　　我家低田水沒肚，五男割稻凍慄股。勞勞似共雨爭奪，稻芽旋向鎌頭吐。
　　蓬蓬纍纍綴青針，稻既生芽米應腐。腐餘割得尚喜歡，計利當存十之五。
　　小家伶仃止夫婦，稻爛水深無力取。口中之食眼中飽，忍見穗頭沈著土。
　　波間粒粒付魚雁，一年生計空辛苦。〔註22〕

　　不可抗拒的災害和勉強的挽回使得沈周時時總結教訓，「一味耽農百不便，門前湖水漲低田。饑來讀書不當飯，靜裡安心惟信天。風茅雨壁溪堂破，貧賤生成今老大。」〔註23〕靜心是他抗拒災害痛苦的一般方式。鄰里紛爭也很多，《相城小志》記載沈周與蔡智角，被破風水。沈周受人欺負，繪製幼童牽老牛以洩憤。〔註24〕隨著名氣增加，索畫者越來越多，「每黎明門未闢，舟已塞乎其港矣」，所以，沈周五十多歲已白髮蕭蕭，靠醫藥、養生書來安養心胸，「五十三迴送歲除，世情初熟鬢應疏。事能容忍終無悔，心絕安排便自如。立券每賒扶病藥，作緘因借養生書。」〔註25〕以忍為主，「是非非是都休辯」〔註26〕。結窩山林，以求「時修靜觀心齋裏，應物虛明自覺靈」。深夜或黎明是焦慮之人的清醒時分，也是天地最安靜的瞬間，此時修道最能在內定外靜的情況下體悟動靜相生的關係。《夜坐記》完整記錄了得道情境：

　　　聞風聲撼竹木，號號鳴，使人起特立不回之志；聞犬聲狺狺而
　　苦，使人起閑邪禦寇之志；聞大小鼙聲，小者薄而遠者淵淵不絕，
　　起幽憂不平之思。官鼙甚近，由三撾以至四至五，漸急以趨曉。俄
　　東北聲鐘鐘得雨霽，音極清越，聞之又有待旦興作之思，不能已焉。
　〔註27〕

　　顯然，這些志意的他者是外擾積澱的潛意識焦慮。沈周處於內定外靜的環境，促使其內心升起奮發向上的積極力量，從而將對抗的焦慮轉化為正面的心物和諧，即「今之聲色不異于彼，而一觸耳目犁然與我妙合，則其為鏗

〔註22〕《割稻》，《沈周集》，第265頁。
〔註23〕《沈啓南自贊畫像》，《沈周集》，第918頁。
〔註24〕參《相成小志》卷五「沈石田與蔡家角」條，「正德十六年，擇地築墳，破風水。」第243～244頁。
〔註25〕《除夜》，《沈周集》，《沈周集》，第425頁。
〔註26〕《沈啓南自贊畫像》，《沈周集》，第918頁。
〔註27〕《沈周夜坐圖》，張照等《石渠寶笈》卷三十八，《景印文淵閣四庫全書》第825冊，第488頁。

訇文華者未始不爲吾進修之資，而物不足以役人也已。」〔註28〕志意作爲心體之力在穩定中上升，可以感知爲心靈主宰，「聲絕色泯而吾之志沖然特存。」心靈主宰因辨而明，「則所謂志者果內乎，外乎，其有于物乎，因得物以發乎，是必有以辨矣」〔註29〕，體悟上升爲理，也爲再次達到此一境界提供範例，所以，「嗣當齋心孤坐于更長明燭之下，因以求事物之理，心體之妙，以爲修己應物之地，將必有所得也。」〔註30〕可見，外物的觸發迫使沈周修煉自足的心體，內在的陽剛志意一旦成爲主宰，就將對立的物我轉化爲心物融洽的和諧，從而遊刃有餘地應對官民矛盾，培養以儒爲本，德高望重的明世高士。

（二）靜逸高曠，浩蕩在胸

隱士獨立高舉，沈周因志立象，創作靜逸高曠的高士，營造老健清虛的文化韻味。沈周好靜，每處於高松綠水間，便有清虛寧謐之感，如「高松陰下清於水，遠嶂青邊淡映秋」〔註31〕，清涼朗淡。「十畝松陰匝地鋪，坐來塵慮覺全無。長安二月春如海，自信閒人不受呼」，〔註32〕冷逸疏狂。「琴罷清談猶半餉，不妨新月印溪明」〔註33〕，空靈清泠。「山靜似太古，人情亦澹如。逍遙遣世慮，泉石是安居」，〔註34〕雅靜閒適。沈周「老抱拙靜」，焚香以助蕭齋沉心悅性，〔註35〕自云：「取足一生內，泛觀千古前。風疎黃葉徑，露發夕陽天。物理終消歇，幽居覺自妍。」〔註36〕又云：「滿地夕陽談不倦，疏鬢風動雪颼颼」，〔註37〕夕陽紅妍、白髮飄蕭，黃葉小徑，暖色加於老境，頗有老健陽剛氣象。立足一身，泛觀千古，超越物理消長見自我妍麗，又顯示他獨立天地間的自信與魄力，可謂得道之人。

〔註28〕《沈周夜坐圖》，張照等《石渠寶笈》卷三十八，《文淵閣四庫全書》，第488頁。

〔註29〕《沈周夜坐圖》，張照等《石渠寶笈》卷三十八，《文淵閣四庫全書》，第488頁。

〔註30〕《沈周夜坐圖》，張照等《石渠寶笈》卷三十八，《文淵閣四庫全書》，第488頁。

〔註31〕《沈石田長松高士圖》，李日華《味水軒日記》卷五，第356頁。

〔註32〕《松陰高士圖》），田洪《沈周書畫編年目錄》下卷，天津人民美術出版社，2012年，第519頁。

〔註33〕《沈周蒼厓高話圖》，《文淵閣四庫全書》第825冊，第513頁。

〔註34〕《沈周策杖圖》，同上，第513頁。

〔註35〕《沈啓南春雲迭嶂圖》，高士奇饌、余彥炎校《江村銷夏錄》卷二，上海古籍出版社，2011年，第322頁。

〔註36〕沈周《幽居秋意圖》，汪砢玉《珊瑚網》卷三十八，第714頁。

〔註37〕《沈石田長松高士圖》，《味水軒日記》卷五，第356頁。

老健清虛在於營造韻味，高士氣象是內斂的體悟。《廬山高》直陳胸臆，將碩儒耆德的浩蕩心胸拋在眉睫，可感可知。

> 廬山高，高乎哉。鬱然二百五十里之盤踞，岌乎二千三百丈之龍嵸。謂即敷淺原，岧嶤何敢爭其雄。西來天塹濯其足，雲霞日夕吞吐乎其胷。迴厓沓嶂鬼手擘，礵道千丈開鴻蒙。瀑流淙淙瀉不極，雷霆殷地聞者耳欲聾。時有落葉於其閒，直下彭蠡流霜紅。金膏水碧不可覓，石林幽黑號綠熊。其陽諸峰五老人，或疑緯星之精墮自空。〔註38〕

廬山縱橫盤踞，巍峨屹立在天地間，天塹濯足以洗塵，雲霞吞吐以涵養心胸，恰是仁者樂山的仰止氣象。鬼斧神工，開闢洪荒，石林黝黑，霜葉飛瀑，蘊天地精氣，彰時序更替，象徵著永恆而常新的變易精神。「首作揖揖，白髮如秋蓬。文能合墳詩合雅，自得樂地於其中。榮名利祿雲過眼，上不作書自薦，下不為公相通。公乎浩蕩在物表，黃鵠高舉凌天風。」（同上）力陳陳寬受到廬靈的鍾養，堅守儒雅，善養浩蕩之氣，視富貴如雲煙，與五老為朋，超邁高舉，凌風物表，是心中充實，獨立不依的彬彬君子。

三、文─圖修辭：由文繪圖的空間敘述，以虛化實的心體自顯

（一）興寄：連結圖─文的樞紐

《滄州趣園圖》云：「董巨於山水，若倉扁之用藥，蓋得其性而後求其形，則無不易矣。」〔註39〕《石田山水並題卷》又云：「山水之勝，得之目，寓諸心，而形於筆墨之間者，無非興而已矣。」〔註40〕吳寬亦評石田詩歌云：「隨物賦形，緣情敘事」〔註41〕所以，興寄有兩方面作用，就形而上而言，興寄是藝術家體性的狀態，就形而下來說，興寄是藝術創作的精神狀態，也是將「性」之形象呈現出的根本動力。沈周多將自己的創作歸為興寄。如焦慮農事之興，「丙辰夏日，陰雨浹旬，坐悶湖鄉，賦此並圖，以紀一時之興。」〔註42〕

〔註38〕 《沈石田廬山高圖》，吳升《大觀錄》卷二十，《中國歷代書畫藝術論著叢編》第31冊，中國大百科全書出版社，第749～750頁。

〔註39〕 《滄州趣園圖》跋，藏故宮博物院藏。刊於許忠陵《吳門繪畫》，《故宮博物院藏文物珍品大系》，上海科學技術出版社，2007年，圖13，第24～28頁。

〔註40〕 《石田自題畫》，汪砢玉《珊瑚網》卷三十八，第724～725頁。

〔註41〕 吳寬《沈石田稿序》，《匏翁家藏集》卷四十三，第384～385頁。

〔註42〕 《雨悶‧破屋如舟只浮住》，《沈周集》，第266頁。

遇奇境之興，「弘治十五年壬戌春三月二日，偶過西山僧樓，信宿。時雨初霽，見霧山吞吐若有房山筆意，……遂潑墨信手圖此，以紀興云耳。」〔註43〕見奇物之興，「弘治甲子冬日，偶過玉汝齋中，見庭蕉帶雪尚有嫩色。玉汝蓄一鶴幾十年，而頂紅如泥丹，眞奇貌也，遂作此圖並繫一絕，聊紀一時之興。」〔註44〕消閒之興，「成化壬寅年，以興至則信手揮染，用消閒居飽飯而已。」〔註45〕以興爲本，詩歌可以補充畫意，「清哦兼漫筆，日日應酬同。忙出閒情裏，畫存詩意中。」觸發畫意，「余之繪事，無定期也。或在詩興中，遇意而成也，或酒豪興起成也。」〔註46〕還可以表現同樣的境界，《題杜瓊溪山佳趣圖》云：「水村山塢，人家竹木，溪魚野艇，縈回映帶，若桃源然，觀之便有移家之想，似此世未必無之，豈在筆楮間幻跡以娛人之目邪？嘗讀柳子厚先生愚溪之文，可見也。文與畫無二致。得此卷者，毋直以畫視之。」〔註47〕所以，爲了完整達意，詩畫各自發揮作用，水溶交融，內外一體。

（二）由文繪圖的空間敘述，以圖合意的浩蕩志意

詩歌《廬山高》仿傚圖像空間安排，形成心理圖式，恰如一個嚮導，規定內在的閱讀線索。文字用橫、縱、高、下等方位詞，以擬人手法表現廬山的雄偉氣勢，可感可知，以回崖疊障、石林、五老峰、霜紅強調廬山的時空更迭和永恆感，將廬山的歷史滄桑帶入當下，置想像之景於眉睫前。瀑布一面勾連廬山，一面成爲起興之物。主人翁陳寬呼之欲出，水邊行吟，自然天成，將陳寬帶入畫面。接著頌揚陳寬「文合墳、詩合雅，」視利祿如雲煙，「浩蕩在物表，黃鵠高舉凌天風」，又將視線帶回到五老峰、飛瀑、高山上，隱喻陳寬仁者樂山，逍遙自荷的自由精神，由此雲霞浩蕩的心胸、草木繁茂的生生氣息，都在行吟人的胸次中，眞「能使在遠者近，搏虛作實，則心自旁靈，形自當位。」〔註48〕

〔註43〕 沈周自題《春山雨霽圖》，田洪《沈周繪畫編年圖錄》圖版238，天津人民美術出版社，2012年，第431頁。

〔註44〕 《沈周自題蕉鶴圖》，《朵雲集珍》圖3，上海書畫出版社，2007年，第6頁。

〔註45〕 《沈周山水冊》，王耀庭主編《故宮書畫圖錄》第22，國立故宮博物院，2003年，第172頁。

〔註46〕 《沈周跋畫》，《故宮歷代法書全集》第28卷收《明人翰墨》，臺北故宮博物院，1973～1979年，第88～89、172頁。

〔註47〕 李日華《味水軒日記》卷八「正月四日」，第510頁。

〔註48〕 王夫之《唐詩評選》，見《歷代美學文庫·清代》上卷，高等教育出版社，2003年版，第358頁。

　　詩歌設立的讀取順序被圖像轉化爲空間布置，將隱含時間轉爲空間存在。圖像首先按照詩文的順序由上到下排列意象。中景和遠景山巒逐漸升高，並塞滿畫面，營造高聳而橫亙的氣勢。五老峰纏繞在蒼茫的雲氣間，水口融融如玉漿，飛瀑穿石崖和柵欄，直瀉潭底，廬山之高，置於目前。水潭澄澈不波，水花晶瑩靈動，水紋綿渺淡宕，中景橫崖潔白迴環，與五老峰上淡白色雲團相應和，代表了行吟人澄澈的心靈和浩蕩的氣魄。前景翠松紅葉，與山巒上點樹，交相輝映，表達老健陽剛的暮年氣象。乘鶴高舉，不待言詮。其次，意象刻畫更能傳遞陳寬的精神氣韻。籠手行吟，神情專注，似乎在聽飛瀑，彬彬風度以安靜內斂的形式表出，避免一般高士疏狂嘯傲的燥氣。水波採用游絲描，虬逸淡宕，瀑布溫潤如玉，水口光潔如珠，給人君子如玉的遐想。五老峰之雲氣用淡墨界出，渾化在山巒的乾墨淡皴中，又顯出簡約的形態，以見雲層的厚度，眞乃「惚兮恍兮，其中有象。……窈兮冥兮，其中有精，其精甚眞，其中有信。」（《老子》）此象此精乃「維星之精」，眞乃信，眞即樸，蓋「返本還元之意」。〔註49〕山石採用解索皴、披麻皴，先以淡墨層層皴染，再施以濃墨，逐層醒破，青蒼穩健。草木簡單勾幹，朱砂染色，點葉茂密渾化，紅楓細緻勾寫，夾葉染朱色，翠松先染後寫，針葉分明，秀傑明朗，又浩蕩混莽，得天地之靈，顯陽剛之象。所以，《廬山高》在騰羅跌宕中見淳儒本色，在視覺上起到了一唱三歎，迴環往復的效果，興之極品。

　　老、病、死、社會焦慮一直困擾沈周，躁動之情時時與之遭遇，調養心性，以靜觀動，不被外物所役，是夜坐用功的內容。沈周大多夜坐都由煩勞而生，頗多感慨，《夜坐圖》在外靜內定的情況下，展示了冥心得道的境界。《夜坐記》也假設了一個理想的讀取順序，從中心向邊緣散發，由虛入實，以實控虛。首先，「寢甚甘，夜分而寤，神度爽然，弗能復寐，」顯示沈周睡眠充足，心中虛空無物，神智清醒。「久雨新霽，月色淡淡，映窗戶，四聽闃然，蓋覺清耿之久。」月色清朗，靜謐無聲，正是「動靜戞摩而成聲，聲與耳又能相入」，因聲得象之時，只是此晚所得乃心中志意之象，頗爲激昂。〔註50〕其次，所起志意如下：「漸有所聞，聞風聲撼竹木，號號鳴，使人

〔註49〕　《沈石田桃熟花開圖》，吳升《大觀錄》卷二十，《中國歷代書畫藝術論著叢編》第 31 冊，中國大百科全書出版社，1920 年，第 754 頁。

〔註50〕　《聽蕉記乙酉》：「迨若匝匝，渾渾，剝剝，滂滂，索索，淅淅，床床、浪浪，如僧諷堂，如漁鳴榔，如珠傾，如馬驤，得而象之，又屬聽者至妙矣。」（《沈周集》，第 1092 頁。）

起特立不回之志；聞犬聲狺狺而苦，使人起閑邪禦寇之志；聞大小皷聲，小者薄而遠者淵淵不絕，起幽憂不平之思。官鼓甚近，由三撾以至四至五，漸急以趨曉。俄東北聲鏘鏘得雨霽，音極清越，聞之又有待旦興作之思，不能已焉。」特立不回，幽憂不平，待旦興作，閑邪禦寇，均是正直學士畢生謹守的志向。沈周家有東廣，「俾學士三四人肄業於此，驚其眠，豁其視，暢其讀，舉宜焉，」〔註 51〕雖不能斷定此處是東廣，但是培養志意一致，說明此屋也有相似用途。又云今夜聲色「一觸耳目犁然與我妙合，則其爲鏗訇文華者未始不爲吾進修之資」，「聲絕色泯而吾之志沖然特存，則所謂志者果內乎外乎？其有於物乎？因得物以發乎？是必有以辨矣。」沈周此刻內心靜定，專一的志意爆發爲浩然之氣，氣配義與德，完養而成，不逐於外物，獨立特存，充塞於天地之間，正與《廬山高》歌詠的淳儒之浩蕩氣魄同。

　　《夜坐圖》也按照夜坐記的敘述來安排圖像，但聲音之象頗爲複雜，《夜坐圖》僅僅採用流水、樹木和山間清氣點出內定外靜的得道氛圍。通過雙重視角實現人物對景物的控制。一般而言，立軸或由前到後，或由後到前，逐步展示景物，大多與觀者視線重合，實現視覺的條理化。此圖爲了強調夜坐場景，直接將視線拉到中景，人物暝思而坐，暗含門外之景是心靈的外射。並且，中景房屋採用東西朝向（絕對地理座標）說明沈周超越了圖像使用的相對方向，直接呈現，突出中景的核心地位。東西朝向也暗示房屋是眞景〔註 52〕，拒絕觀者意識對圖像的重構，意味著不可通約的客觀性，正是志意沖然，獨存天地間的象徵。屋外樹木，勾幹頗粗，中塡淡赭，樹葉或暈染，或淡筆點葉，通過墨色對比，朦朧繚繞，泉水嘩嘩，似乎枕戈待旦之思，清氣彌漫，秀松肅穆，又將運動推入清冷中，動中顯靜。外物之形是人物體驗的外化，心眼成爲統攝空間的內視覺，達到了「廣攝四旁，環中自顯」的效果。〔註 53〕可見，廬山高由外而內象徵儒者氣魄，夜坐記從內而外反思和體驗之，氣象與本體同一，眞乃得道之象。

〔註 51〕《東廣記》，《沈周集》，第 1091 頁。

〔註 52〕沈周家有東廣即東西朝向的房屋。參看「《東廣記》：古者因廛作屋爲廣，余以全慶堂之左垂附薨贅榱，順一邊爲屋二間，不立觚稜，其蓋亦順堂瓦披而下，望之一堂，然不知別爲屋也。承其檐止，建三柱二扉八窗，甚明徹。況東向賓于陽而易曙，俾學士三四人肄業於此，驚其眠，豁其視，暢其讀，舉宜焉，乃扁之曰東廣。」（《沈周集》，第 1091 頁。）

〔註 53〕王夫之《唐詩評選》，《歷代美學文庫‧清代》上卷，高等教育出版社，2003年版，第 358 頁。

（三）詩歌之空間維度，圖像之古今交融

在營造清虛境界的圖像中，詩歌還引出其他空間，增加圖像時空的多維性。如《石磯漁艇圖》：「石磯漁艇江湖有，要自閒人管領之。釣月哦風一般趣，黃塵沒馬不同時。」《松陰高士圖》：「十畝松陰匝地鋪，坐來塵慮覺全無。長安二月春如海，自信閒人不受呼。」石磯、松陰、閒人都代表山林，黃塵、長安、塵慮卻指向官場，時空對舉，爲清冷空靜帶來一股疏狂高亢氣息，是高士獨立天地間的反映。詩歌還延長山間時空，加強清冷境界的營造。如《蒼厓高話圖》云：「長松落落不知暑，高坐兩翁無俗情。琴罷清談猶半餉，不妨新月印溪明。」詩歌還促進新舊空間的融合與轉化，《策杖圖》云：「山靜似太古，人情亦澹如。逍遙遣世慮，泉石是安居。雲白媚厓客，風清筠木虛。笠屐不限我，所適隨邱墟。獨行固無伴，微吟韻徐徐。」山靜太古，人情淡如，〔註54〕經唐庚拈出，一直傳爲山居佳韻，尤其是日長午靜，給人一種藏而恒，寂而遠的時空感。沈周此詩主要來自倪瓚。倪瓚對山靜的描寫以疏見稱，直呈情境，其《雨後空林圖》題：「雨後空林生白煙，山中處處有流泉。因尋陸羽幽棲處，獨聽鐘聲思惘然。」〔註55〕圖中三疊秀山橫逕，山頭布淺赭小礬石，枯樹敞屋，橫橋流水，眞乃雨後空明之境。層層陂陀轉折伸入後方，點出尋找的焦慮，鐘聲又帶來無望的空寂，狀難言之情於空虛之境，圖也？情也！沈周詩中山靜太古，人情淡如，世慮安居，都是對倪瓚處境的回應，〔註56〕雲白，風清、筠虛又是倪瓚的重要意象，沈周拈出，正說明自己正處於此境，也是對圖像空間情境的解釋。但是，倪瓚不可達到陸羽之境，沈周卻用圖式徜徉在倪瓚的世界，策杖行吟，徘徊丘壑，空寂悵惘變成空靈閒適，顯示明代的特色。

〔註54〕 唐庚《醉眠》山靜似太古，日長如小年。餘花猶可醉，好鳥不妨眠。世味門常掩，時光簞已便。夢中頻得句，拈筆又忘筌。《眉山唐先生文集》卷四，《四部叢刊》三編景舊鈔本第 64 冊，第 1 頁。

〔註55〕 倪瓚《設色雨後空林圖》，安歧《墨緣匯觀錄》卷三名畫上，《叢書集成初編》，第 157～158 頁。

〔註56〕 倪瓚也抱怨世情難堪，被逼迫按照世人的要求作畫。《答張藻仲書》云：「瓚比承命，俾畫《陳子檉剡源圖》，敢不承命惟謹。自在城中，汩汩略無少清思。今日出城外閒靜處，始得讀剡源事蹟，圖寫景物，曲折能盡狀其妙趣，蓋我則不能之。若草草點染，遺其驪黃牝牡之形色，則又非所以爲圖之意。僕之所謂畫者，不過逸筆草草，不求形似，聊以自娛耳。近迂遊偶來城邑，索畫者必欲依彼所指授，又欲應時而得，鄙辱怒罵，無所不有。冤矣乎？詎可責寺人以鬐也，是亦僕自有以取之耶。」（倪瓚著，江興祐點校，《清閟閣集》卷十，第 319 頁。）

　　圖像採用意象、筆墨、空間布置來突出古今交融的情境。《蒼崖高話》和《松陰高士》均採用高松象徵人物的秀逸姿態，《石磯漁艇圖》中間陡起的平崖象徵高士的巍峨氣象。三圖山巒上密密匝匝的披麻皴和點苔點出自然的濛濛生機，中間水面空闊，清氣淡繞，顯出高士內心的清明寧謐。《策杖圖》處理的空間頗為複雜。採用長而疏的線條皴山，礐石佈在山窩，以舒緩山岩高聳的氣勢，山巒逶迤向前。溪流匯為方塘，流向橫橋。前端陂陀連橋，伸向右方，組成前後封閉的環境，顯然沈周在於給出現實可感的空間。而塑造空間的線條卻處處顯示倪瓚筆法的存在，引起空間幻覺，行吟人梳理圖像的時空關係，勾連圖像的古今嬗變和給予新的時代意義。

　　總之，沈周用興寄將文和圖結合為整體，充分利用文的線性讀取順序，為圖像搭好理解的框架，又調動語言的想像力，超越圖像時空的具象制約，帶來豐富的空間內涵。圖像一方面以豐富的筆墨意象和空間安排來強調思的中心地位，另一方面又利用虛實關係，打通圖文內部關聯，在統一的風格中開出時代的新氣息，展示高士的新風貌。

第二節　文徵明繪畫的高士形象

　　相對於沈周高亢浩蕩的高士氣象，文徵明的高士圖走向平和穩健。高士的活動空間也更加具體，多是清幽高雅的林中空地和潔淨寬敞的山間屋宇，顯示了他結合物理空間與心靈空間的一貫取向。

一、茂密謹嚴、遒健古雅的高士圖式

　　文徵明的高士圖主要表現策杖、吟詩、聽泉，品茶，閒話，遠眺，步月等林下活動。但是，活動地點更加具體，如園中茅屋，野外高山巨壑。園中活動主要是小型聚會，大多以茂樹、煙巒、秀山營造雲氣籠罩的集會氛圍，如《品茶圖》（圖 3-6）表現一紅衣高士過板橋，兩人茅屋中閒談。門外一高桐，一偃枝秀松，幾縷翠色松針，幾棵雜樹，分外茂密。屋右一灣流水，繞過門前。庭院潔淨，芳草微露新芽。屋後雲氣外，兩重秀山。《琴鶴圖》表現童子抱琴立於中庭，一鶴剔啄。屋中兩人執卷閒談。庭院左側藤黃針葉松樹，右側梧桐，屋後掩映點葉樹。樹上淡煙籠罩。遠山一抹。《中庭步月》表現三人月下閒談，樹木朦朧，月色微靄。

　　野外活動，多在封閉的山崖，水潭一角，林中空地，用筆放逸，突出谷中幽趣。如《絕壑高閒》（圖 3-8）表現一人策杖過橋，一人高臺趺坐看飛泉。人物尺寸頗大，風度翩翩。五道飛泉如玉，飛奔而下，撞擊卵石，形成形態豐富的墨花。瀑布激蕩懸崖，激起迴環的水紋，流過橫橋。《溪橋策杖圖》表現橫橋上一人側身聽泉。背後幾顆老樹枝幹粗壯虬曲，枝葉茂密。遠山清明。《曲港歸舟圖》中遠景兩山夾飛瀑，背後一秀山。山巒上春草茸茸。中景爲瀑布和雨氣。前景樹木成林，沐浴在雨氣中。樹下一舟歸來，亭中一人扭頭來看。表現雨過雲氣繚繞山間的瞬間。《茂松清泉圖》（圖 3-10）表現停琴後，兩人坐平臺上聽泉。直松上纏繞白藤紅葉，另一鱗松與之俯仰。幾棵點葉樹，茂密燦爛。背後高山和前景山石，採用披麻、解索，反覆皴擦，茂密老辣。《松壑飛泉圖》（圖 3-9）中最高處，兩山相接，飛泉如玉帶掛在石壁，一人對泉。飛瀑直瀉而下，繞茂松中空地，蜿蜒流出畫外。松下高士或濯足，聽泉，徘徊，對談。

　　高山巨壑與高士活動結合，還可以表現更爲廣闊和多層的空間。《綠蔭清話圖》表現茂樹下平臺上，一人執卷，一人危坐端聽。泉水從臺底流過。前面枯樹藤蘿，倒淹在奔泉上。背後水塘。水塘右岸兩棵虬松掩映飛瀑，隔岸茅屋，背靠雜樹。中間一童子攜琴過橫橋，向水榭茅屋而去。屋後是長帶形小路，通向飛簷華棟，雲繞松巔，背後俊山，山上點綴直立小樹，可以眺望遠山。《仿古山水圖》（圖 3-7）前景水邊兩棵茂樹，一草綠，一石綠。中景樹木勾乾清晰，兩株樹點以菊花葉和楓葉，均染青綠色。茅屋和小橋下的樹木濃淡相間，遠看呈菊花，製造爛漫繁華的氣象。一人水中停舟，兩鷺水面上嬉戲，指向小橋和右側房屋。屋後繞過山椒，直樹林立，華棟聳立，酒旗飄展。華棟後山溝小樹伸向遠方。小橋通過低低的水邊山路，繞上平崗，面對晴朗的遠山。

　　空間深度是文徵明關注的重點，循理而動，省略很小，是其空間特色。主要有三種處理的方式。一種是以深度爲主的單一空間，多以樹木、流泉圍合，空間相對封閉。如《茂松清泉圖》創造高而平的疏曠空間。樹幹很高，枝葉茂密，既遮住背後的俊山，又圍成疏朗的林中空地。左側山石上枯枝紅藤與平臺上高松一起暗示谷底流泉的源頭。右側山巔與左側泉石均生機勃勃，暗示上下一體的空間環境。如《絕壑高閒圖》刻畫由封閉的水潭洞壑，橫橋，平臺組成的疏朗水潭平地。山崖、飛泉、石壁、茂樹形成洞中天地。山崖又向上撐住洞壑，密密匝匝，不見天日。

　　一種是疏朗的庭院空間，前景與中景側重茅屋環境，遠景簡化為秀山輪廓，間以雲氣。如《品茶圖》前景人物過橫橋，繞庭院到茅屋。屋右側一流泉，繞到前景，組成圓形的空間。園中高松、碧梧、雜樹高挺，似乎與遠處兩疊橫山齊高，中間彌漫雲氣，暗示屋宇位於山下。《琴鶴圖》中庭空闊，點綴湖石、芭蕉。碧桐、雜樹、松樹密匝匝地圍住房屋，樹間圍滿雲氣，遠山只露出淡淡的輪廓。

　　一種將深遠和平遠結合，前景與中景一貫，組成低地空間。再通過高樹、盤山小路伸向高遠，組成開闊的高處空間。比如《仿古山水圖》前景是一高士、兩白鷺、茅屋、一小橋和河岸上排列的高樹，組成水平線極低的林中平河空間。遠景分為左右兩部分，左側山路、華棟和排樹，組成另一個較高而平闊的山坳空間。右側小橋、水岸和平臺，組成開闊的眺望空間，最後以晴朗的橫山，收住空間。《綠蔭清話圖》前景茂樹、平臺是高處，泉水從臺底流過，反襯水塘之低。枯樹藤蘿，倒淹其上，與平臺上高樹互相呼應，營造高低互動的閒談空間。中景水塘右岸兩棵虯松掩映飛瀑，隔岸茅屋，童子攜琴過橫橋，向水榭茅屋而去，組成水樹聽松瀑空間。屋後長帶形小路通到飛簷華棟，雲繞松巔，背後俊山，山上點綴直立小樹，組成遠眺空間。還有一種依據相同意象，將高遠與深遠結合，採用遮斷法完成空間營造。如《松壑飛泉圖》用一條飛瀑貫穿山巔觀瀑與林下活動。山巔石壁掛飛練，層岩嵯峨，非常高峻。谷底九松成林，人物徘徊其下。遠景與前景彌合為一。《曲港歸舟圖》兩山崖夾一飛瀑，中間大量留白以當雲氣。遠樹朦朧，沐浴在雨氣中。前景溝壑兩邊，一艇一亭，暗示瀑布之水由高到低一以貫之。

　　人物塑造和意象刻畫也是文徵明高士圖的重要形式。文徵明的高士大多仿龍眠筆法，雖大小不一，但還能彷彿其面相。如《臨溪幽賞圖》中高士眉宇疏朗，帶著隱士冠。《琴鶴圖》堂中人物眼睛小而有神，鼻子如蒜頭，面露悅色。《品茶圖》中高士額頭很高，兩頰高，鼻子小。《松壑飛泉圖》中高士著褙子、褲裙，或紅或紫，飾以深色寬邊，頗得龍眠風韻。山巔直面蒼壁飛練者，呈八字敞開胸懷，頗為放逸。林下一人背面行走，突出長袖，姿態優雅。《絕壑高閒圖》一人著淺紅色深衣，衣袖飄飄而來，一人盤腿而坐，衣袖呈八字敞開，風度翩翩。《茂松清泉圖》人物著白衣，倚琴聽泉。三幅圖都突出人物古雅的姿態和風儀。

　　高士圖的意象集中在茂樹、虬松、枯槎，飛泉、水潭和山嵐上。這些景物除了組織空間，還是圖像氣韻的重要塑造者。泉水一般與樹木、雲氣合寫以創造意境，但是有幾處單寫也具有特別的意義。如《絕壑高閒圖》中五柱飛瀑直瀉而下，中氣十足，水花激蕩潭石和懸崖，形成朦朧的墨花。山崖蒼老，迴蕩出一圈圈波紋，似乎可以聽到洞壑轟鳴的巨響。《松壑飛泉圖》中銀色飛練掛在青蒼的石壁上，如鑲嵌的白璧。如將蒼壁比爲石墨，飛練恰如篆煙，蒼古秀逸的金石味彌漫而來。

　　文徵明的有葉雜樹一般先勾高枝幹，再填色，樹葉以點爲主，如胡椒點、介子點、菊花點、桐葉點等。松樹一般採用鱗皮、直幹，細緻茂密的松針，微微施加墨清或藤黃。枯槎先勾樹幹，再皴擦，枝節極盡扭曲之態，枝則用茂密的小枯枝填塞。總之，樹木的特色在於秀挺茂密。如《絕壑高閒圖》中樹木均勾虬曲的枝幹，左側松樹用細筆寫針葉，又用藤黃染過，色澤清晰。兩棵墨樹先淡淡點葉，然後濃墨大點，類似鼠足點攢聚而成，製造雲氣感。一顆倒垂小樹，用介子鉤葉，與飛泉相配，溫潤古雅。右邊樹墨點大而模糊，受到水汽的浸潤，而不失蒼老本色。《曲港歸舟圖》前景樹木乾筆勾幹，淡擦，以顯示青蒼。樹葉以點爲主，由遠及近，由淡到濃，最前端再用個字葉點醒，充分表達沐浴雨氣的森林氣象。《松壑飛泉圖》中九松根節暴露，樹幹虬立，布滿鱗節，再染赭黃。枝幹虬曲如蟄龍，松針用石青墨淡皴，頗爲青蒼。《琴鶴圖》也用細密松針，微染藤黃，樹幹布滿菌類，顯示秀松的茂密生機。右邊桐葉僅白筆勾寫，與松針細密淡色形成對比，於密處見疏朗文秀。《仿古山水圖》前景水邊兩棵樹勾幹，著茂密的菊花葉，一草綠，一石綠。樹幹淡赭色，微微皴擦，顯示向背。中景樹木勾乾清晰，兩株樹以菊花葉和楓葉均染青綠色。茅屋和小橋下的樹木先淡寫樹葉，再濃點醒破，遠看呈菊花點，製造深鬱爛漫的氣象。《茂松清泉圖》直松上纏繞白藤紅葉，右側雜樹點胡椒葉，菊花葉，茂不透風，頗顯老密陽春。《綠蔭清話圖》中虬松秀麗參天，枝幹偃而松針擎舉，以示潛龍在天的矯健骨力。

　　總之，文徵明的高士圖形式和內容各異，茂密謹嚴、遒健不息，古雅氣息是文徵明高士的不變本色。

二、遊藝養德、以古相期、博學審辯、恬淡清閒的高士氣象

　　文徵明所處的時代與沈周很不同，成化弘治年間的繁華穩定一去不復，經過正德皇帝的紈綺尚武消耗，進入以大議禮爲開端的嘉靖時代。大議禮也

成為左右士子命運的重要樞紐。嘉靖帝後期沉浸在道教齋中，也使得朝廷士人的媚上氣息更加濃厚。耿介之人多被排擠，清議騰騰，清譽成為士人關注的焦點。大量的士人久困科場，轉而尋求新的精神依託，文徵明即高呼「遊藝以備人之棄我」〔註57〕，修辭立誠，講德潤身是高士自我修養的目標。尚友也是此一時代的風氣，文徵明不僅有先友，還有當世的友人〔註58〕，共通的志向縱橫蔓延成為一種積極進取的風氣。文學界開始以復古創新，文徵明、祝允明、楊循吉均提倡古文辭。〔註59〕尚古也成為畫家的口號，文徵明、唐寅早年即追摹荊、關、李晞古等畫家。〔註60〕文徵明的思想以結束翰林待詔為界，分為前後兩期。前段主要是求學，制舉業，功名利祿也時時縈繞心頭。後期以講德養性為業，心情淡薄，以古人為友，贏得了很高的清譽，成為林下高士的代表。

（一）遊藝養德，以古相期

　　文徵明的家族以明經著稱，祖父文洪精通易學，門生弟子多「掇巍科階膴仕」，所為詩「尚風韻，有節制」〔註61〕，文辭寓道，樸簡而不巧泛。父親文林深於術數，文徵明雖然沒有繼承父親的術數之學，〔註62〕但「讀書甚精博」，「尤精於律例，及國朝典故」〔註63〕，而易學的簡靜、持恒的精神卻深入其心。〔註64〕文徵明1495年開始參加科舉考試，直到1519年九試依然未

〔註57〕《文衡山格言立軸》，《吳越所見書畫錄》卷三《歷代書畫錄輯刊》第7冊，北京圖書館出版社，2007年，第429～430頁。

〔註58〕文徵明先後寫有《先友詩》8首追懷父親的朋友，詠同輩朋友詩歌，都是表彰人物德行，指出履歷。參《文徵明集》卷四，卷二。第32～35、172～174頁。

〔註59〕《先君行略》云：「尤好為古文詞。時南峰楊公循吉、枝山祝公允明，俱以古文鳴。」（《文徵明集》（增訂本），第1723頁。）

〔註60〕《文衡山松陰高士圖》題：「當時與唐子畏言，畫須六朝為師，然古畫不可見，古法亦不存，漫浪為之，設色行墨，必以閒澹為貴。今日視之，直可笑耳。」（顧文彬撰、柳向春校《過雲樓書畫記》卷四，上海古籍出版社，2011年，第139頁。）李日華題《徵仲仿燕穆之山水卷》亦云：「文徵仲先生繪事從宋入李營丘、燕穆之。」（卞永譽《式古堂書畫匯考》卷五十八，《文淵閣四庫全書》第829冊，第460頁。）

〔註61〕李東陽《括囊稿序》，錢穀《吳都文粹續集》卷五十六，《文淵閣四庫全書》第1386冊，第673頁。

〔註62〕《先君行略》云：惟陽陰、方技等書，一不經覽。溫州公善數學，嘗欲授公，公謝不能。乃曰：『汝既不能學，吾死可焚之。』（《文徵明集》（增訂本），第1726頁。）

〔註63〕同上。

〔註64〕唐寅中解元，文林還書誡公曰：子畏之才宜發解，然其人輕浮，恐終無成，吾兒他日遠到，非所及也。（《文徵明集》（增訂本），第1724頁。）

中，1523年通過薦舉，授翰林待詔，三年後結束仕途。文徵明雖隱居林下，但每以功名爲念，奮龍爲寓，「三年守殘經，一舉不能謀。豈日屬時命，要是業未優。業至名自成，德淵心日休。勳猷貴乘時，少壯靡遲留。德荒學不講，吾與子同憂。」〔註65〕又云：「坐閱歲時成老大，天教貧病養疏慵。曾參際會無裨補，羞更從人說臥龍。」〔註66〕世事紛華無度，文徵明經過反思，認識到只有：「惟應愼厥躬，古人以爲期」〔註67〕，向古人學習，回歸古人，才可以錘鍊道德，保持令名對抗柔軀與浮華世界。其時文徵明早年「隨侍往滁，讀書務稽古人之德，能自得師」。〔註68〕文林也因爲官之便，主動將文徵明推薦給同僚好友〔註69〕，以期成就大業。當文林及海內先達相繼過世後，文徵明以追憶先友的形式，寫下《先友詩》8首，指出先友堅守的道德八友。分別爲李應禎、陸容、莊昶、吳寬、謝鐸、沈周、王徽、呂常。八人如矯矯飛鴻，翹翹麟角，堅持志向：與逆境相抗，「耿挺清眞」（李應禎、陸容）；學道希賢，古義違時（莊昶）；道義周身，文章華國（吳寬）；幽貞處士，東南玦珠（謝鐸、沈周）；銀臺糾彈，效職宣秉（王徽、呂常）。在實際處事中，文徵明也保持高義，以維護令名。如文林卒，文徵明卻「賻遺千金」。寧藩來聘，文徵明謝卻之，博得美名。〔註70〕並云：「海內吹噓名是妄，鏡中勳業鬢生華。一生不負朱翁子，休說飛□暮景斜。」〔註71〕可見他堅守朱子學，努力完善自我的堅定意志。

文徵明少年求學莊昶，莊昶是陳白沙的高徒，考其詩文，多鳶飛魚躍光景，如「醉點溪花看水流，白雲留我此溪頭。不知川上無窮意，數到濂溪是幾秋。老興正狂花亦舞，天幾如此鳥頻謳。釣臺正在無人處，天送先生到此遊。」〔註72〕此詩送給好術數的文林，有引爲同調的深意。文徵明學以務實，對於「浮談上達，互相標榜，其勢甚熾」〔註73〕的道學風氣一向反感，所以，

〔註65〕文徵明《新正三日西齋對酒示陳淳乙丑》，《文徵明集》，第10頁。

〔註66〕文徵明《秋夜》，《文徵明集》（增訂本），第374頁。

〔註67〕文徵明《寂夜一首》，《文徵明集》，第5頁。

〔註68〕黃佐《將仕郎翰林院待詔衡山文公墓誌》，黃宗羲《明文海》卷四百三十二，中華書局，1987年影印本，第4534頁。

〔註69〕吳文定與李應禎均傾力傳授古文法，玉局書，求學莊昶，被稱爲忘年友。

〔註70〕《先君行略》，《文徵明集》（增訂本），第1724頁。

〔註71〕《除夕》，《文徵明年譜》，第293頁。

〔註72〕《溪山和東川》，莊昶《莊定山集》卷四，《文淵閣四庫全書》第1254冊，第209頁。

〔註73〕黃佐《將仕郎翰林院待詔衡山文公墓誌》，第4534頁。

「絕口不談道學而謹言潔行，未嘗一置身於有過之地。」〔註74〕文徵明對性命之學也有明確的看法，曾經訓子云：「道德性命宋儒講之詳矣。而孝悌忠信禮義廉恥則人之所當行者也。今人孰不知之，一關利害便不能踐。汝等於日用彝倫但不安於心者易為之，是即孝悌忠信也。便宜於己者勿為之，是即禮義廉恥也。循是而行，雖不至於聖賢亦可以寡過矣。」〔註75〕曾撰寫格言，從「樂易、虛己、恭己、自檢、自反、容忍、警悟、奮發、遜言、靜定、從容、遊藝、直道、洞徹、量力」〔註76〕等方面以說明立身之本，做到行無弊端，心存聖賢。可見，文徵明遵從宋儒之學，力求在實踐關頭下工夫，而不是一味好玄虛光景。文徵明還明確反對宋末學者「牽於性命之說，深中厚默，端居無為，謂足以涵養性真，變化氣質」〔註77〕的靜坐涵養說，並對當時學者動輒「以明道為事，以體用知行為要。切謂擬詞發藻，足為道病。苟事乎此，凡持身出政，悉皆錯冗猥俚，而吾道日以不競」〔註78〕的過於衛道之人表示反對，指出「事理無窮，學奚底極？理或不明，固不足以窮性命之蘊；而辭有不達，道何從見？是故博學詳說，聖訓攸先，修辭立誠，畜德之源也。」〔註79〕「不知語言文字，固道之所在，有不可偏廢者。是故文章之華，足以潤身；政事之良，可以及物。古之文人學士，以吏最稱者不少，而名世大儒，亦未嘗不留意於聲音風雅之間也。」〔註80〕博學明辨攸關聖訓，辭章可以明理，修辭可以立誠，正是道德的源泉，而語言文字也是養身潤德之處，是道之所在，不可偏廢，並且名世大儒正是留心風雅者。可見，文徵明堅持文以載道，難怪他敢於以藝術為不棄之本，為自己的畫債辯護，並得意自己忙中清閒。〔註81〕

（二）博學審辯、恬淡清閒

在遊藝中體悟道德，是文徵明培養令名的重要手段。道德之象作為一個整體，表現為人格象徵與氣韻的營造，很難用明確的語言概括，根據文徵明秉持以學問得道的途徑，可以根據不同領域的表現形式來說明。具體而言，

〔註74〕《先君行略》，《文徵明集》（增訂本），第 1727 頁。
〔註75〕黃佐《將仕郎翰林院待詔衡山文公墓誌》，《明文海》卷四百三十二，第 4535 頁。
〔註76〕《文衡山格言立軸》，《吳越所見書畫錄》，第 429～430 頁。
〔註77〕《何氏語林敘》，文徵明《文徵明集》卷十七，第 473 頁。
〔註78〕《東潭集序》，轉引自《文徵明年譜》1539 年條，第 503 頁。
〔註79〕《何氏語林敘》，《文徵明集》，第 473 頁。
〔註80〕《東潭集序》，轉引自《文徵明年譜》1539 年條，第 503 頁。
〔註81〕黃佐戲贈，轉引《文徵明年譜》第 394～395 頁。

在文物鑒賞中表現爲博學審辨。文徵明經常與鑒賞家切磋，審定名跡眞僞。文家曾收藏《格古要論》，這是明初鑒賞的結晶，祝允明稱：「其中繪翰之事及珍玩之品，無不種種咸集。令觀者一寓目間，無不洞如指掌；誠可作鑒賞家之至寶也。」〔註82〕文徵明的題跋詳盡介紹珍玩的物理形態，考辨作者生平事蹟，辨析圖像的源流、風格、掌故，推動鑒賞的專業化。在題畫詩中表現爲推敲妥貼，處處有來歷，何翰林批評當時人們諷詠無來歷，不見首尾，反以盛唐、中唐自詡，不如先生「題詠妥貼穩順」，〔註83〕「謹嚴處一字不苟」〔註84〕。妥貼即因景而感，因境而言。文徵明詩歌的總體格調是恬淡閒適，多與長安車馬對舉，強調「絕塵埃」，但總能細緻狀出閒適的感受，如「樹如沐」，「山欲浮」，「鳴風」、「草香」、「綠蔭」、「白日長」、「山斂青」，「煙含暝」等，這又與他的圖像非常合拍，眞乃詩意畫。在繪畫中，表現爲細緻解析古畫，並變古爲新。文徵明早年與唐寅一起學習李晞古繪畫，認爲「其丘壑布置雖唐人亦未有過之者。」指出「布置爲畫體之大規矩，苟無布置何以成章，而益知晞古爲後進之準。」〔註85〕又云「畫須六朝爲師，然古畫不可見，古法亦不存，漫浪爲之，設色行墨必以閒澹爲貴，」〔註86〕簡淡的色彩、合理的布置都是文徵明圖像特別關注的地方，只是圖式不同，色與位置的處理不同。如「與可簡易率略，高出塵表，獨優於士氣。」〔註87〕「文湖州畫竹，以濃墨爲面，淡墨爲背。」〔註88〕這些在文徵明的樹法中表現爲濃淡相間，率意點葉，又茂密文秀，給人古雅撲面的生動氣息；還表現爲反覆使用雲氣、流泉、茂松等意象傳達高士偉岸的氣象。

三、圖像修辭：意象象徵、空間與詩意的迴圈整合

　　人格與氣韻作爲總體性觀念，出現在文氏大多高士圖中，但是因場景不同，呈現出不同的內涵。總體來看，高士圖以茂密的形象爲主，呈現了豐富的視覺內涵。詩歌概括地交代活動發生的環境，引入特殊的感受，整合時空。

〔註82〕轉引《文徵明年譜》，第328頁。

〔註83〕何良俊《四友齋叢說》卷二六，中華書局，1959年，第237頁。

〔註84〕《先君行略》，《文徵明集》，第1622頁。

〔註85〕《文淵閣四庫全書》第829冊，臺灣商務印書館，1986年版，第554～555頁。

〔註86〕《文衡山松陰高士圖》，顧文彬撰、柳向春校《過雲樓書畫記》卷四，第139頁。

〔註87〕張丑撰、徐德明校《清河書畫舫》卷七下，上海古籍出版社，2011年，第357頁。

〔註88〕文徵明《題陸宗瀛所藏柯敬仲墨竹》，《文徵明集》卷二十一，第528頁。

　　文徵明高士圖的總體立足點是碧山深處──遠離車馬塵囂。他在題畫詩中多處採用「碧山深處絕塵埃」（《品茶圖》），「長安車馬塵吹面」（《綠蔭清話圖》），「城中塵土」（《松泉高逸圖》），「塵夢」（《烹茶圖》），說明遠離塵世的強烈志願。這一點反映在圖像上是將遠山簡化為輪廓，微微用雲氣隔開，屏山與高士活動的草堂並不突出遠方，而是「有意識的遮擋」，似乎屏山之外正是喧囂的塵世，所以，屏山僅僅是界定概念化的山中空間。圖像的真實中心是人物活動。

　　高士圖刻畫的總體人格特徵是仁、智、謙、健。多反覆刻畫常見的象徵意象。文徵明的箴言強調虛懷，謙恭，高士大多位於低地河谷中，正是謙恭的表現。如《仿古山水圖》中高士處於春水融融的河谷，《曲港歸舟圖》、《松壑飛泉圖》的人物處在生機勃勃的林中曲水，《茂松清泉圖》的高士正盯著虬曲綿密的溪水，《絕壑高閒圖》之水激蕩山崖，聲如轟雷，狀出高士的跌宕心胸。高士大多配以茂松高山，以狀仁、健。《仿古山水圖》右側兩疊高山平地而起，山棱犬牙交錯，茂樹僅僅在山足，以示高山仰止。《絕壑高閒圖》山崖層層折疊，在瀑布兩側排開，山足接水處線條平緩，暗喻墩實雄渾。《茂松清泉圖》中高山、泉石布滿解鎖皴，紅藤援枯槎而上，鱗松僅頂端有墨色針葉，右側樹木全點葉，高士梳高髻，面部微紅，顯然是老健氣象。《松壑飛泉圖》中九株松樹枝柯交纏，連綿如蓋，松針用細小筆觸微點，用墨加水敷染，枝節頗似倒垂鹿角，玲瓏圓潤，樹幹頎長，根節暴露，高士徜徉其下，足見秀逸遒健。

　　特殊氣韻是詩文結合，共建時空的結果。一般先用詩歌介紹圖像的遠景，再點出活動的關鍵點，以統合時空。《品茶圖》空間與事件單一〔註89〕，其中詩〔註90〕指出穀雨茶事，點出湯沸時節，帶出即將開始的飲茶高潮。圖像將詩歌具象化，比如穀雨即春水融融、茂松、雜樹枝葉都染青色，一派雨後生機。圖像將「碧山深處」，「人來」，放在直角的兩邊，「湯沸」對應茅屋，正是活動的中心，將氛圍推到高潮。高松與遠山齊平，象徵人物巍巍秀挺。《曲港歸舟圖》詩云：「雨浥樹如沐，雲空山欲浮。草分波動處，曲港有歸舟。」前兩句對應遠山飛瀑，後兩句對應亭中人被歸舟驚動的場景。歸舟是雨樹的空間延伸。亭中人的觀感與歸舟之人的觀感重合，或許同是觀瀑人。前後空

〔註89〕見周振甫《文徵明年譜》第435頁。
〔註90〕上圖詩云：「碧山深處絕纖埃，面面軒窗對水開。穀雨乍過茶事好，鼎湯初沸有朋來。」

間雖然被雨氣在形式上隔斷，卻又在「意」上合爲一體。前景中，文徵明採用特寫，由遠及近描繪浸潤在雨氣中的茂樹酣暢淋漓的瞬間，陂陀上茂密點苔正狀出滂沱大雨之後，萬物在靜謐中恢復生機的瞬間，此中眞意，只有觀圖才可以擬想。

《仿古山水圖》表現內容更多，文徵明有意識將一些活動轉化爲環境描寫，詮釋爲家居環境，突出空間的眞實合理。點醒的瞬間又將環境變爲行動的痕跡，帶入過往事件，形成完整的行動，以增加點醒瞬間的意義。《仿古山水圖》表現陸天隨〔註91〕晚渡歸家，茶煙和歸舟驚起白鷺的瞬間。圖像的遠景左右兩側都是遠眺空間，中部右側是飛簷華棟，或許是剛過訪的山寺，人物處在中景低谷中，春水融融，蘭舟逶迤，可能正遊玩歸來，而右側柴門洞開，鷗鷺飛起，顯然是爲了打破靜謐的低谷，喚起遊玩的餘韻。遠處平臺與山寺通過陸地山路和房屋連結，儼然眞實的家居環境，山脈輪廓的細緻刻畫、樹木遠景表現，都突出「可看的風景」。《綠蔭清話圖》的時空安排也類似，但是點醒的瞬間轉化爲童子攜琴走向中景的茅屋。人物與環境之間淡化了「親密接觸的時間性痕跡」。同時景物的處理更加模糊，山脈僅勾出輪廓，山坳中雲松也有裝飾韻味，環境更接近自然。

文徵明還通過風格引用建立林下生活典範，實現對往昔與古典的懷念。《松壑飛泉圖》是文徵明 1527 年辭官歸來，經過五年完成，除了象徵高士人格，也是宣示徹底隱居的重要圖像。圖中人物三三兩兩徘徊在水邊，一人山巔看飛泉，與他的蘭亭圖有很多共同的地方，也是文徵明與好友徜徉林下的眞實寫照。〔註92〕山巔採用礬頭、密密匝匝的點苔、扭動的山峰來自王蒙。石壁飛泉似乎受到刻印和碑文的啓發，形態如玉篆刻在石壁，古雅文秀。茂松施赭色，與勾線互相闡發的方式也是元末名家「色不礙墨，墨不礙色」原則的運用。此圖的內在含義是如元末大家，徜徉林下，也是文徵明以古人爲期的圖像表現。

總之文徵明務實的個性、高潔的品格使其圖像修辭也非常具體，主要爲抽象、象徵。又由於敘事傾向突出，他化事爲景，又以事觸景，實現了時空的連續，以及意義的完整。所以，圖像在虛實之間，卻飽含著清晰的常理常情。

〔註91〕陸天隨即陸龜蒙，吳縣人，隱士。有《晚渡》、《江湖散人》等詩歌描繪林下生活。

〔註92〕文徵明歸來後，雅集非常多。上巳遊玩吳中名勝，遊張公洞，金陵等地，均開展雅集活動。

第三節　唐寅繪畫的高士形象

唐寅曾向周臣學習，高士圖帶上浙派的面貌。他一生困頓不安，大山巨川是其心中鬱氣的象徵。其圖像布局雄渾、險怪跌宕顯示出他不屈於世的風骨。

一、風骨凜然、文秀古雅的高士圖式

唐寅的高士圖非常多，圖像內容基本上一題一圖，山水風貌是表現的重點。表現內容有彈琴、觀瀑、閒坐、賞菊、清吟、試茗、騎驢等。彈琴以《抱琴歸去圖》和《琴士圖》為代表。《抱琴歸去圖》表現童子攜琴過橋，一人走向屋宇，左邊大石流泉，後面屏山。《琴士圖》表現琴士高松水崖邊彈奏，流泉、松聲、琴聲相合。童子或煮茶、或侍立。地上布滿古玩，如鼎、尊、觚、匜、方彝、卮、壺，書卷、筆硯。高松老鱗脫落、節眼突出，枝葉橫偃。遠處橫山朦朧，水汽蒸鬱。觀瀑以《山路松聲圖》（圖 3-16）和《春山伴侶圖》（圖 3-14）為代表，前者表現 U 形高山拔地而起，山谷中飛瀑奔瀉而下，受到茂松的遮擋，流過山間小橋，匯入崖下平川。一高士徜徉橋下，童子攜琴隨侍。左側平衍人家對著雲中山屏。平川繞過人家，環山崖流出畫面。後者表現一脈高山從左頂端向右下方縱衍，山谷中一條飛泉如龍蛇倏然而出。繞過山下柵欄，流向平砥，匯入左側平潭。由平潭而上是三塊巨石夾一洞壑，兩道玉柱直瀉而下。三塊巨石邊緣栽枯樹，延伸到茅屋邊，以及山崖下的柵欄，指出進入深山、觀瀑的路線。兩人坐在平砥上，似乎休息、交談。清吟以《步溪圖》和《落霞孤鶩圖》為代表，前者右側巨石縱深伸向遠方，左側平地坡渚推向遠方，坡石上茂樹成林，雲氣纏繞。雲山後三疊秀峰挺立。前景一高士迎風立於橋邊，一童子捧物來。再現林中空地空曠遼遠的境界和氣勢磅礴的生機。《落霞孤鶩圖》（圖 3-13）從中景開始一疊淡淡橫山向右上方延伸，山頂平穩如砥，雄偉穩健。前景磐石上茂樹蔥蘢，如在雲霧中。一童子推蓬，一人水閣遠眺。閣外、山崖下平湖遼遠，水面拖藍，宛如青萍，或許正是孤鶩歇息之地。試茗的代表作為《事茗圖》（圖 3-11），圖中一人策杖過橋，童子攜琴。一人屋中坐候，童子煎茶。屋前高松虬立，叢篁青青，小橋精緻，屋宇錯落。水塘外兩尊巨石，類似怪獸，守護門廳。左側一棵松葉樹，虬曲掩映在山石間，分外妍麗。屋後卷雲山中，水脈微分，瀑布泄入山底，橫迤繞過坡渚，流向屋前。境界疏曠，氤氳磅礴。閒坐、賞菊有《東籬

賞菊圖》、《悟陽子養性圖》、《西州話舊圖》、《對竹圖》。《東籬賞菊圖》表現閣外兩人湖上對坐閒談，黃花盛開，童子正在澆花、煮茗。閣上虯松、紅藤交纏，亭後屏山。前景頑石包圍水潭。《西州話舊圖》（圖 3-17）表現兩人茅屋中席地閒談。地上厄、盤、書籍橫陳。窗櫺骨節突出。門外高槐、枯樹曲折方剛，含苞待放，或飛花爛漫。茅屋左側湖石青蒼，布滿苔痕，鐵杉斑駁，似乎經歷風霜摧打。文竹疏秀，掩映其間。《悟陽子養性圖》（圖 3-12）表現茅屋中一高士蒲團趺坐。門外枯枝如蟄龍，槐樹豐茂，枯樹葉子飄零，整體向左側飄蕩，儼然秋風蕭瑟。門前橫橋流水，屋後坡渚橫流，蔓延而來。《騎驢歸思圖》（圖 3-15）表現一橫山縱貫而下，山谷中一條瀑布奔向橫橋，泄入深潭。潭上頑石茂樹。左側一人騎驢歸向山下茅屋，屋後一道飛瀑沿山崖而下，山上小樹紅花，爛漫霞蔚。

　　從技法與風格來看，唐寅高士圖有兩種：一種師法董巨、元四家，文秀清雅。側重竹篁、虯松、老樹等園亭景色，以突出人物風骨。主要有《對竹圖》、《事茗圖》、《悟陽子養性圖》、《琴士圖》和《西州話舊圖》。這些圖像喜用竹篁、古器、茂密的鉤葉表達高士的文秀，如《對竹圖》和《事茗圖》均用雲霧般叢篁，裂紋石、寬敞精緻的茅屋，《琴士圖》和《西州話舊圖》則將古玩搬入畫中，襯托高士的書卷氣。又用多節的原木窗櫺、龍蟄高松象徵高士獨立天地的不屈骨力。《對竹圖》、《悟陽子養性圖》中松枝如蟄、松葉如針，草閣採用原木，樹枝統一向一方傾斜，風骨凜然。他還用米氏雲山製造磅礴氣勢。《事茗圖》中卷雲山上瀑布、橫灘水紋，《悟陽子養性圖》中簡逸疏放的平潭野水，《對竹圖》中雲截文竹、《琴士圖》中遠巒橫抹均是涵養心胸的表現。

　　第二種圖像是師法李成、郭旭、范寬、南宋院體、周臣〔註93〕，又能融合各家，自成一體，圖像面貌介於南北宗之間，力圖在骨力中塑造形式。圖像形態險峻曲妍，卻又風骨凜然，氣勢雄渾。主要圖像有《抱琴歸去圖》、《東籬賞菊圖》、《騎驢歸思圖》、《山路松聲圖》、《落霞孤鶩圖》、《高山奇樹圖》。這是唐寅最有特色的圖像，也是改造、雅化宋代巨川大山圖式，創立了有別於文沈的高士圖。北派山水主要採用斧劈皴，剛硬、死板，墨色也單一，細謹瑣碎。唐寅將筆、墨與留白密切結合，改造斧劈皴，呈現三者交融的局面，

〔註93〕伯虎才高，自宋李營丘、范寬、李唐、馬、夏，以至勝國吳興、王、黃數大家，靡不研解，行筆極秀潤，縝密而有韻度，唯小弱耳。（陳田《明詩紀事》丁簽卷一一上，上海古籍出版社，1993 年，第 1306 頁。）

創造剛勁奇絕的境界。比如《騎驢歸思圖》、《抱琴歸去圖》、《東籬賞菊圖》用細勁的線條勾山石輪廓，用斧劈皴刷石面，用焦墨染山石背光處，中部山石留白以創造光潔的效果，整個畫面不僅黑白交相輝映，而且線條遒健虛靈，頗有龍象韻味。《春山伴侶圖》利用虛澹曲妍的線條，簡率的山石皴法，大量留白來製造迴環動盪的氣勢。《落霞孤鶩圖》借助穩重的山崖和虛澹的樹木、文秀的鉤葉說明寧靜的瞬間。《山路松聲圖》利用 U 形巨山的拖泥帶水皴製造蒼茫氣勢，又以松、瀑互應、平潭人家平衡圖像的氣韻。《高山奇樹圖》以險怪扭曲的山脈造勢，又以巨石、山崖強調山林之深，飄蕩的蘆葦、茂密的枝葉似乎正在蕭瑟中，主人卻安然處於閣內，不被驚擾。《騎驢歸思圖》勾與皴結合，方折渾圓的線條與披麻皴緊密結合，高山橫衍剛硬，山花爛漫如春。下部山石密皴，局部劈砍，線條長，下筆快，與騎驢、流泉帶來互動生機。

　　總之，唐寅大膽採用跌宕的線條，善於將簡單的筆法轉化為一定的形態，並借助詩意的想像，獨特的文化意象將圖像置於虛實之間，所以圖像不僅具有感染力，而且也具有獨特的文化韻味。但是其圖像的形式（筆、墨、布局）與形態非常接近，形式即內容，一併和入圖像修辭中分析。

二、仁德古雅、逍遙曠達的安貧風骨

　　唐寅與文徵明同年，是繼沈周之後又一吳派大家，也是吳中四才子之一。「其父廣德，賈業而士行，將用子畏起家，致舉業師教子畏。」唐寅非常聰慧，「數歲能為科舉文字」〔註94〕，也是紈綺少年，「居身屠酤，鼓刀滌血」〔註95〕，「穿土擊革，纏雞握雉」〔註96〕因得到文林的教導〔註97〕，聽取祝允明的規勸，日夜苦讀，自言：「人言死後還三跳，我要生前做一場；名不顯時心不朽，再挑燈火看文章」〔註98〕，一舉中解元。《領解後謝主司》云：「壯心未肯逐樵漁，泰運咸思備掃除；劍責百金方折閱，玉遭三黜忽沾

〔註94〕祝允明《唐子畏墓誌銘》，唐寅撰、周道振、張月尊輯校《唐伯虎全集》，中國美術學院出版社，2002 年，第 538 頁。
〔註95〕唐寅《與文徵明書》，《唐伯虎全集》，第 220 頁。
〔註96〕唐寅《答文徵明書》，《唐伯虎全集》，第 223 頁。
〔註97〕唐寅《送文溫州序》云，「璧家君太僕先生，時以過勤居鄉，一聞寅縱失，輒痛切督訓，不為少假；寅故戒慄強恕，日請益隅坐，幸得遠不齒之流。然後先生復贊拔譽揚，略不置口；先後於邦閭耆老、於有司無不極至，若引跂鱉，策駑駘然。是先生於後進也，盡心焉耳矣。」（《唐伯虎全集》，第 227～228 頁。）
〔註98〕唐寅《夜讀》，《唐伯虎全集》，第 88 頁。

諸。紅綾敢望明年餅，黃絹深慚此日書；三策舉場非古賦，上天何以得吹噓。」
〔註99〕似乎及第在望，甚至浪誇天子也要古賦吹噓太平，豪氣衝天。進京後，
又得程敏政、吳寬引薦公卿間，騰騰日上之際正是禍患來臨之時，科場案被
罰為浙吏，二十年後夢見下科場，還心有餘悸，「雞蟲得失心猶悸，筆硯飄零
業已荒。自分已無三品料，若為空惹一番忙；鐘聲敲破邯鄲景，依舊殘燈照
半牀。」〔註100〕英雄落寞，可憐可歎。被黜後，心情惡劣，「扁舟獨邁祝融、
匡廬、天台、武夷，觀海於東南，浮洞庭，彭蠡」〔註101〕，性格更加狂放，
眠花宿柳，寫畫吟詩，《新春作》云：「春來蹤跡轉飄蓬，多在煙花墅寺中。
昨日醉連今日醉，眠燈風接落燈風。苦拈險韻邀僧和，暖簇薰籠與妓烘。」
〔註102〕雖不任驅馳，得花酒閒緣，但筆硯生涯卻分外艱難。他窮困潦倒，炊
煙不繼，向孫思和哭訴：「青衫白髮老癡頑，筆硯生涯苦食艱；湖上水田人不
要，誰來買我畫中山？」「荒村風雨雜鳴雞，燎釜朝廚愧老妻；謀寫一枝新竹
賣，市中筍價賤如泥！」一邊以解元自負，「領解皇都第一名，猖披歸臥舊茅
衡；立錐莫笑無餘地，萬里江山筆下生。」一邊乞食朋友，「肯嫌斗粟囊錢少，
也濟先生一日窮」〔註103〕，甚至「一餐隨分欲依僧。」〔註104〕同時，也更加
自覺反思世態與自我生存境遇。

唐寅一生有很多慨歎世情的詩歌。《怡古歌》感慨今非昔比，大雅不作。
「人心不古今非昨，大雅所以久不作。」〔註105〕《席上答王履吉》感慨口是
心非，英雄義氣不存，「我觀古昔之英雄，慷慨然諾盃酒中；義重生輕死知己，
所以與人成大功。我觀今日之才彥，交不以心惟以面；面前斟酒酒未寒，面
未變時心已變。」〔註106〕《默坐自省歌》痛恨心口不一，滅盡天理，「食色性

〔註99〕唐寅《領解後謝主司》，《唐伯虎全集》，第59～60頁。賜新進士紅綾餅以示
　　　殊榮，其他詩人也描繪過，如馬祖常《貢院次曹子真尚書韻四首》之四云：「紅
　　　綾餅啖出宮闈，賜宴恩榮玉殿西。白髮詞臣曾射策，榜名欣見武都泥。」（《石
　　　田文集》卷四，《文淵閣四庫全書》第1206冊，第524頁。）
〔註100〕唐寅《夢》，《唐伯虎全集》，第90頁。
〔註101〕《祝允明墓誌銘》，《唐伯虎全集》，第533頁。
〔註102〕《又唐六如近作卷》，陸時化撰《吳越所見書畫錄》卷三，《歷代書畫錄輯刊》
　　　第7冊，北京圖書館出版社，2007年，第503頁。
〔註103〕唐寅《風雨浹旬廚煙不繼滌硯吮毫蕭條若僧因題絕句八首奉寄孫思和》，《唐
　　　伯虎全集》，第109頁。
〔註104〕唐寅《漫興十首》，《唐伯虎全集》，第83頁。
〔註105〕唐寅《怡古歌》，《唐伯虎全集》，第38頁。
〔註106〕唐寅《席上答王履吉》，《唐伯虎全集》，第39頁。

也古人言，今人乃以之為恥。及至心中與口中，多少欺人滅天理。」〔註107〕
自己本是龍駒、鯨鯢，〔註108〕懷有大鵬之負，卻「黃金誰買長門賦」，「滿腹
有文難罵鬼」，並且是非騰騰，「前程兩袖黃金淚，公案三生白骨禪。」半生
奔波，不過是「傀儡局中人」，漠漠以亂書、笛月為伴，腰瘦堪把，病醫如緋，
「內園歌舞黃金盡，南國飄零白髮長。滿榻亂書塵漠漠，數聲羌笛月蒼蒼；
不才贏得腰堪把，病對緋桃檢藥方。」〔註109〕

　　唐寅在對生與死、貧與富進行深度反思後，提出自己的貧富標準，以及
達到人之精神之鄉的途徑。首先他分析了人的生死價值。「昨朝青鬢今朝雪，
方始黃金又始泥」〔註110〕，富貴最終也要消失，人最終要散場，化為北邙山
下的塵埃，「嘅東南之原，嗟西北之阡。廢田為邱，廢邱為田；翻兮覆兮，倏
焉忽焉。……又不見；樓上樓，屋上屋；置黃金，藏白玉；紫標身，紅腐粟；
錦帳五十里，胡椒八百斛；貴為萬戶侯，富食千鍾祿。英雄富貴安在哉？北
邙山下俱塵埃！」〔註111〕身後功名、興亡得失不過是一張碑銘〔註112〕，幾句
慨歎詩〔註113〕。在世與地府相似，都如「漂流在異鄉。」〔註114〕人之本鄉在
神仙福地，在方寸間：「神仙福地是蓬萊，釋迦天宮號兜率；不在西天與東海，
只在人心方咫尺。」〔註115〕只有在人心上做工夫，「莫損心頭一寸天」〔註116〕
才可以修養德行，保持天性。「為人能把口應心，孝弟忠信從此始。其餘小德

〔註107〕唐寅《默坐自省歌》，《唐伯虎全集》，第27～28頁。

〔註108〕王寵《九日過唐伯虎飲贈歌》云：「唐君磊落天下無，高才自與常人殊。騰驤
　　　　萬里真龍駒，黃金如山不敢沽。」《贈唐伯虎》也云：「舉世皆羅網，憐君獨
　　　　羽毛。百年渾醉舞，萬象總風騷。長袖嬌紅燭，飛花灑白袍。英雄未可料，
　　　　腰下呂虔刀。」可見他志業之大，氣象之豪。（分別見《雅宜山人集》卷三、
　　　　卷四，第71、123頁。）

〔註109〕此處截取唐寅《漫興十首》部分詩句，比較零散，為了清晰，姑且將十首詩
　　　　歌頁碼全注。《唐伯虎全集》，第81～83頁。

〔註110〕唐寅《歎世》之四，《唐伯虎全集》，第94頁。

〔註111〕唐寅《嘅歌行》，《唐伯虎全集》，第32頁。案：此文中「邱」，「；」《唐寅集》
　　　　分別為「丘」、「：」。第29頁。

〔註112〕唐寅《閒中歌》云：「眼前富貴一枰棋，身後功名半張紙」，《唐伯虎全集》，
　　　　第34頁。

〔註113〕唐寅《世情歌》云：「古今興亡付詩卷，勝負得失歸松楸」，《唐伯虎全集》，
　　　　第30頁。

〔註114〕唐寅《伯虎絕筆》，《唐伯虎全集》，第159頁。

〔註115〕唐寅《解惑歌》，《唐伯虎全集》，第29～30頁。

〔註116〕唐寅《五十自壽》，《唐伯虎全集》，第80頁。

或出入，焉能磨湟吾行止？」〔註117〕可見，唐寅認爲人之本即知行合一，一則內孝悌，外忠信，養大德，做眞正的大丈夫〔註118〕：「死見閻公面不慚，才是堂堂好男子。」〔註119〕其次，世事兇險，修德還要有具體的準則，《警世》八首給出了具體原則：心存道，安天命，容忍是非，辨兇惡之幾，謹愼行事，以公平爲本，不違仁心，知福禍相生，防微杜漸，珍惜時光，堅持不懈，成就自我。〔註120〕按這些原則處世，就可以磨礪銳氣，忘憂慮，求得安天命的眞知：「無所不知方是富，有衣典酒未爲貧。」〔註121〕再次，唐寅通過讀書、著述充實內心，修養心性。據《若容帖》記載著述有，「《三式總鈐》三卷，《唐氏文選》八卷，《書畫手鏡》一卷，《將相錄》二十卷，《吳中歲時記》二卷，《史議》四卷，《時務論》六卷。」〔註122〕他還借閱、校勘、收藏宋刻善本，涉及經、史、子、集、仙道，如宋版《童溪王先生易傳》、《宋監本周易正義跋》、《六書本義十二卷》、宋版《公是先生七經小傳》、宋余仁仲刻於家塾《禮記》、北宋槧本成玄英疏《莊子》二十卷、宋版《南豐曾子固先生集》、明抄本《墨莊漫錄》十卷、杜氏《通典》、宋刻袁樞《通鑑紀事本末》、宋版《後村居士集》、張習刻本《韋蘇州集》十卷、南宋槧本《三辰通載》、《新雕注解珞琭子三命消息賦》三卷、《校正李燕陰陽三命》二卷、子部抄本《龍筋鳳髓判》、宋刊本《張氏集注百將傳一百卷》、張刻《封氏聞見記》、宋紹興十三年刊本

〔註117〕 唐寅《默坐自省歌》，《唐伯虎全集》，第27～28頁。

〔註118〕 唐寅也説法參禪，並自號六如，與佛學有密切關係。《唐解元正覺禪院牡丹圖立軸》：「接箭投梭了卻春，牡丹且喜未成塵。共憐色相憑師證，轉世年康第幾人？三月十日，偕嗣業、微明、堯民、仁渠同飲正覺禪院，僕與古石説法，而諸公讙浪。庭前牡丹盛開，因爲圖之。唐寅書。戊辰三月十日，偶與堯民、伯虎、嗣業同集竹堂。伯虎與古石師參問不已，余愧無所知，漫記此以識余愧。文壁。」（《吳越所見書畫錄》卷一，第175～176頁。）但他繪製多幅孝親圖如《風木圖》、《貞壽堂圖》，並有多人題跋，以表彰孝行。（參見顧文彬撰、柳向春校《過雲樓書畫記》卷四，第127～129頁。）《解惑歌》也云：「學仙學佛要心術，心術多從忠孝立。惟孝可以感天地，惟忠可以貫金石。天地感動金石開，證佛登仙如芥拾。」（《唐伯虎全集》，第30頁。）可見，他還是以儒道爲先，以德行爲本。

〔註119〕 唐寅《默坐自省歌》，《唐伯虎全集》，第28頁。

〔註120〕 此處詩歌通俗易懂，爲行文簡便，不再引用，僅根據詩歌內容概括大意。《警示》八首參見《唐伯虎全集》，第95～96頁。

〔註121〕 唐寅《效白太傅自詠》，《唐伯虎全集》，第108頁。

〔註122〕 《若容帖》藏紐約大都會藝術博物館，紙本縱26.7，橫64.1。刊於翁萬戈編《美國顧洛阜藏中國歷代書畫名跡精選》，上海人民美術出版社，2009年，圖58，第220～221頁。

《群經音辨》。〔註 123〕通過讀書，以古人相期，高尚博學，《怡古歌》云：「好尚獨與時俗異，神遊直出羲農前。三王制作列鼎鼐，四壁圖畫飛雲烟；汗牛充棟不可計，怡然尊偶於其間。君之此志無人識，我將管蠡聊窺測；心期欲見古之人，不見古人愛古物。漢唐蕭曹與房杜，夏商伊周並契稷；上下三千六百年，與君同心復同德。」〔註 124〕祝允明也在《唐子畏墓誌銘》中指出：「其學務窮研造化，玄蘊象數，尋究律曆，求揚、馬玄虛邵氏聲音之理而贊訂之，旁及風鳥、五遁、太乙，出入人天之間，未及成章而歿。」〔註 125〕若天命允許，造化當不淺。最後，唐寅練就安貧樂道，自由不拘的性格，並體會得道的情境與氣象。《桃花庵歌》云：「酒醒只來花前坐，酒醉還來花下眠；半醒半醉日復日，花落花開年復年。但願老死花酒間，不願鞠躬車馬前。車塵馬足貴者趣，酒盞花枝貧賤緣。若將富貴比貧者，一在平地一在天。若將花酒比車馬，他得驅馳我得閒。」〔註 126〕正因閒，才可以靜觀自我，超脫生死，曠達而安，《伯虎自贊》：「我問你是誰？你原來是我；我本不認你，你卻要認我。噫！我少不得你，你卻少得我；你我百年後，有你沒了我。」〔註 127〕虛懷清泠、太古沖淡，「簞瓢不厭久沉淪，投著虛懷好主人。」〔註 128〕「臨流試罷金徽拂，流水泠泠寫七玄。」〔註 129〕從容舞沂，道氣盈胸，「逶迤十里平溪路，滴瀝三重下瀨泉。為底時來策黎杖，春衣要試浴沂天。」〔註 130〕總之，仁德為本、古雅高尚是唐寅內心尚古期賢的一面，逍遙曠達、清泠沖淡又是自由獨立的一面。

三、文—圖修辭：技法雅化、清玩象徵、詩性意象

唐寅也是三絕畫家，其詩、文、圖是其人生之思的表現。吳中文藝繼吳中四傑之後，至吳寬、王鏊、四才子又出現了競文的繁榮局面。唐寅文—圖

〔註 123〕詳細信息參見楊繼輝《唐寅年譜新編》，2007 年蘇州大學碩士學位論文，第 13 頁。

〔註 124〕唐寅《怡古歌》，《唐伯虎全集》，第 38〜39 頁。

〔註 125〕祝允明《唐子畏墓誌銘》，《唐伯虎全集》，第 536 頁。

〔註 126〕唐寅《桃花庵歌》，《唐伯虎全集》，第 24〜25 頁。

〔註 127〕唐寅《伯虎自贊》，《唐伯虎全集》，第 271 頁。

〔註 128〕《唐寅畫對竹圖》，張照《石渠寶笈》卷三十四，《文淵閣四庫全書》第 825 冊，第 403 頁。

〔註 129〕《明唐六如臨流試琴圖軸》，《虛齋名畫錄》卷八，第 185 頁。

〔註 130〕《明唐寅春遊圖》，張照《石渠寶笈》卷八，《文淵閣四庫全書》第 824 冊，第 236 頁。

修辭與吳中文學思潮關係密切，因此，先談吳中文藝現象與唐寅文論思想來說明其文—圖關係。

祝允明《文選跋書後》：

> 自士以經術梯名，昭明之選與醫瓿翻〔註131〕久矣。然或有以著者必事乎此者也。吳中數年來以文競，茲編始貴。余向畜三五種亦皆舊刻。錢秀才〔註132〕高本尤佳。秀才既力文甚競，助以佳本，尤當增翰藻，不可涯爾。

> 文選自隋唐以來莫不習之，余昔遊南都，求監本率多漏缺，不可讀。偶閱書肆獲部之半，亦非全書也。其後赴試京師，今少宰洞庭王公出其前帙見示，儼然合璧，遂留而成之。孔周何從得此，精好倍余所藏，好學之篤又有好書濟其求，宜有以慶賞。楊循吉跋

> 珊瑚網云：後題徐禎卿觀，唐寅披玩。〔註133〕

「與醫瓿翻久」說明「文選學」在吳中確實衰退了，「吳中以文競」是指吳寬、王鏊相繼得高第，楊循吉恰好從王鏊（少宰洞庭王公）獲得《文選》前帙，可以推知，王鏊、吳寬可能正是《文選》在吳中復興的推動者。祝允明、楊循吉、錢孔周分別有不同的本子，說明文選在吳中版本多樣。唐寅、文徵明既是王鏊、吳寬的門生，又與祝允明、楊循吉、徐禎卿一起宣導古文辭〔註134〕，可見，古文辭即以《文選》為標本的六朝文學。袁宏道云：「子畏之文，以六朝為宗」〔註135〕，沈德符《萬曆野獲編》「祝唐二賦」亦云：「吳中祝枝山、唐六如先後負雋聲，饒豔藻。唐有《金粉福地賦》甚麗，」又云：「詞雖淫媟，亦自有致，蓋二公皆老公車，不得志，寄跡平康以銷壯心。」〔註136〕《金粉福地賦》即1498年唐寅鄉試期間，在南京為一富人作。唐寅也留下《作詩三法序》：

〔註131〕 案：據文意「翻」當為「覆」。

〔註132〕 錢秀才即錢同愛，字孔周，與唐寅、徐禎卿、文徵明友善，喜藏書。文徵明為作《錢孔周墓誌銘》，（《文徵明集》卷三十三，第722～725頁。）

〔註133〕 《文淵閣四庫全書》第828冊，第88～89頁。

〔註134〕 文徵明《題希哲手稿》云：「時公年甫二十有四。同時有都君玄敬者，與君並以古文名吳中。其年相若，聲名亦略相下上。而祝君尤古窔奇奧，為時所重。又後數年，某與唐君伯虎，亦追逐其間。文酒倡酬，不間時日。於時年少氣銳，個然皆以古人自期。（《文徵明集》卷二十三，第554～555頁。）

〔註135〕 袁宏道評子畏文，唐寅著、應守岩點校《六如居士集》，西泠印社，2012年，第281頁。

〔註136〕 沈德潛《萬曆野獲編》補遺卷四「祝唐二賦」，中華書局，1952年，第904～905頁。

詩有三法，章、句、字也。三者爲法，又各有三。章之爲法：
一曰氣韻宏壯，二曰意思精到，三曰詞旨高古。詞以寫意，意以達
氣；氣壯則思精，思精則詞古，而章句備矣。爲句之法，在模寫，
在鍛鍊，在剪裁。立議論以序一事，隨聲容以狀一物，因遊以寫一
景。模寫之欲如傳神，必得其似；鍛鍊之欲如製藥，必極其精；剪
裁之欲如縫衣，必稱其體，是爲句法。而用字之法，實行乎其中。
妝點之如舞人，潤色之如畫工，變化之如神仙。字以成句，句以成
章，爲詩之法盡矣。〔註137〕

對照《金粉福地賦》可以看到唐寅文論的確實含義：

閩山右姓，策將元勳；玉節凌霄而建，金符奕世而分。位定
高明，補媧天以五石；職俾貞觀，捧堯日以三雲。四庫唐書，秘
殿分球琳之賜；九州禹跡，丹書鑴帶礪之文。館備鳳鸞之佳客，
衛總虎貔之禁軍。載賦卜居，當清谿之曲；列陳支戰，倚赤山之
氛。揆定星於北陸，察景日於南薰。籃粉釵金，借靈光於織女；
移山變海，假福地於茅君。竹苞矣而秩秩；木向榮而欣欣。由餘
論制，般輸運斤。屈戌垂環，朱提塗其獸紐；觚稜戴刃，白蓉染
其蠶紋。碧瑣離離，素女窺月中之影；白榆歷歷，青龍伏天上之
群。〔註138〕

開篇追溯地理人文之盛，縱古貫今，得時間（宇）之勢。幽顯交錯，得
空間（宙）之氣。「玉節凌霄」、「金符奕世」、「球琳之賜」、「載賦卜居，」雖
差別極大，正符合主人「明允柔嘉，瑩玉無瑕，明哲正直，盡善盡美，遊藝
餘情，誦句燕花」〔註139〕的彬彬君子身份。「定星北陸」、「景日南薰」、「碧瑣
素女」、「白榆青龍」，可見環境之清明，人才介特。「朱門獸紐」、「觚稜蠶紋」
即三代鼎彝、門廳式樣，既說明豪門富貴莊嚴氣象，又顯鍾鼎之家的古雅傳
承。意思精練，詞旨高古，可見一斑。此賦還有一個特點是風格清雅。文中
用墨最多之處在美女之態、館閣之渺，但多將視線推入想像，幾乎沒有色彩，

〔註137〕《作詩三法序》，《唐伯虎全集》，第229頁。

〔註138〕《金粉福地賦》，《唐伯虎全集》，第6～9頁。

〔註139〕爲了行文流暢，此處是對原文的概括。原文：「皋陶明允，吉甫柔嘉。珠出胎
而特瑩，玉截肪而無瑕。明哲猶冰之生水，正直豈蓬之在麻。……盡善盡美，
將無譽之可加。遊藝餘情，誦折枝之句；撫綏乘間，燕辭樹之花。」（《金粉
福地賦》，《唐伯虎全集》，第8～9頁。）

避免直接鋪成的俗麗之繁。如小徑與美女，「行行細褐，石榴蹙抱柱之裙；蠹蠹高墻，海馬繡凌波之履。」「習成雅步，風細細而無聲；學得宮妝，月亭亭而不倚。」「浮閒館於波心，飛重闌於木杪。沐池分北湖之新漲，妝鏡開西山之清曉。」〔註140〕眞乃凌波仙子，脫俗嫵媚。陳祚明《采菽堂古詩選》「後主」條云：「人才思各有所寄，就其一時之體，充極分量，亦擅一長。況清麗如六朝者乎？六朝體以清麗兼擅，故佳。麗而不清則板，清而不麗則俚。人以六朝爲麗，吾尤賞其清也。」〔註141〕此文足當之。

唐寅鍊字精當，用語警醒，還體現在《姑蘇寒山寺化鐘疏》中：

> 銅鐘司其晨昏，釋氏所以覺夫靈性。解魔王之戰鬥，上振天宮；緩眾生之悲酸，下聞地獄。所以提婆尊者，現神通而外道無言；本寂禪師，悟眞荃而古德讚頌。……月落烏啼，負張繼楓橋之句；雷霆鼓擊，愧李白化城之銘。……啓千門之曉，潛蟄皆興；凤萬戶之昏，魚龍盡息。……偈曰：『姑蘇城外古禪房，擬鑄銅鐘告四方。試看脫胎成器後，一聲敲下滿天霜。』〔註142〕

將鐘聲號令千軍、拯救生民、醍醐悟道、附庸風雅、昭告天時的作用濃縮在精練的對句中，可謂惜墨如金。最後融秋清肅殺於寒寺鐘聲中，引起多少文人騷客的遐思，直接指向「將鼓洪爐以液金精，範土泥而鑄大樂。舉茲盛事，用叩高賢。」〔註143〕此種募集活動，誰能不解囊！

唐寅的崇尙清雅、氣勢的詩文觀，精於練字和爲文法，也適合其繪畫。作爲詩人、畫家，他在觀察自然中，自覺詩、畫結合其中，《秋山尋隱圖軸》即是一例，題云：

> 歷亂山嵐草樹深，隱居蹤跡杳難尋。我來但聽樵歌聲，小答松篁太古音。
>
> 紅樹中間飛白雲，黃茅簷底界斜薰。此中大有逍遙處，難說與君畫與君。正德四年十月十日出郭訪張夢晉秀才，因書道中所見，作小詩二首於圖上。〔註144〕

〔註140〕《金粉福地賦》，《唐伯虎全集》，第7～8頁。

〔註141〕陳祚明《采菽堂古詩選》卷二十九，清刻本。

〔註142〕唐寅《姑蘇寒山寺化鐘疏》，《唐伯虎全集》，第262～263頁。

〔註143〕唐寅《姑蘇寒山寺化鐘疏》，《唐伯虎全集》，第262頁。

〔註144〕《唐解元秋山尋隱圖》，李佐賢《書畫鑑影》卷二十一，《中國歷代書畫藝術論著叢編》第36冊，中國大百科全書出版社，1920年，第488頁。

他的繪畫也開始於學習六朝。文徵明云:「當時與唐子畏言畫須六朝爲師,然古畫不可見,古法亦不存,漫浪爲之,設色行墨必以簡澹爲貴。」〔註145〕在明代藝術思維中簡澹可以脫離蹊徑,超越形色,達到詩學意思精到、辭旨古雅的效果。他們還談論布置,認爲「其(李晞古)丘壑布置雖唐人亦未有過之者。若余輩爲了獲勢,初學不可不專力於斯。何也?蓋布置爲畫體之大規矩,苟無布置何以成章,而益知晞古爲後進之準。」〔註146〕唐寅的空間布置縱橫捭闔,氣勢渾厚,與文章氣勢宏壯相通。

唐寅早年被黜,甘居林下,以筆硯爲生,風骨冷然。在圖像中,他刻意選擇可以展示風骨的意象,顯示練字之精。

接下來,具體分析圖像的情況。唐寅以古人相期,其得道高士文雅、貧困、風骨並存。圖畫、鼎彝等高士日常所居的必要伴侶也展示在圖像中。〔註147〕《對竹圖》中桌上的三足鼎,《西州話舊圖》地上放著古式罐、盤,《琴士圖》描繪了超過二十種古玩,如琴、壺、盤、卮,象徵高士的古雅。貧困也是唐寅表現的焦點。《對竹圖》、《西洲話舊圖》、《悟陽子養性圖》茅屋上壓幾片破瓦,窗櫺用小原木,骨節突出,說明高士之貧。但具體風格又不同。《對竹圖》中,裂紋石牆基、青竹煙巒、蟄龍松枝、黃茅草閣。高士籠手趺坐,既突出清雅環境,又說明高士崢崢鐵骨。《事茗圖》獅子形和麒麟形山石,如門神,頗有陽剛氣象。兩棵高松秀挺,枝幹如蟄龍,僅有毛毛的針葉。裂紋石基,青青翠竹。一人坐,一人策杖來,清秀剛毅。《西洲話舊圖》閣外樹木枝幹盤曲方鋼,用半乾筆皴擦,留出樹節,溫和古雅。枝葉或鹿角,或破筆點,既含苞待放,又春意盎然。勾葉槐樹,青蒼茂密,鬱鬱生機。一塊葉岩狀湖石,以荷葉皴、亂柴皴、小斧劈皴層層皴擦,微微渲染,似乎訴說著青蒼古舊的五十年。《悟陽子養性圖》更將錚錚鐵骨放在蕭騷秋風中,意氣昂藏。右邊樹枝全是蟄龍,枝葉或鹿角,或蟹爪。古槐枝葉繁茂,雜樹隨意點葉,大致向左傾斜。人物昂首趺坐蒲團上,桌上放著三足鼎、筆硯。秋風蕭瑟,騷氣十足。院落、茅屋大量留白,山石簡單皴擦,與零落樹葉應和,疏簡中見骨力。貧士也是善養我心浩氣之人。《對竹圖》青竹煙巒是清氣之一。《事茗圖》略微渲染的卷雲山,水脈微分,中間雲氣,似乎混莽磅礴的浩氣。《悟陽子養性

〔註145〕《文衡山松陰高士圖》,顧文彬撰、柳向春校《過雲樓書畫記》卷四,第139頁。

〔註146〕厲鶚《南宋院畫錄》《文淵閣四庫全書》第829冊,第554~555頁。

〔註147〕雖然沈周、文徵明、唐寅均好古,但唐寅將古器作爲一種文化元素納入圖像。

圖》屋前和左側平遠水潭，先渲染水域，又勾水紋走向，又淡筆橫拖沙汀，渾涵磅礡，迴出天機〔註148〕，為前景骨力表現奠定了雄厚的涵養基礎。

唐寅還將高士放在山川中，以氣勢取勝。巨山大川是荊、關、范、郭等北宋全景山水的特色，被明中期浙派與院體畫家馬軾、李在、周文靖、周臣、戴進等繼承，頗流行。他們的線條方硬細碎，以小斧劈皴為主，墨色缺少變化，甚至為了突出山石的青蒼，還在石面上塗石青，追求形似。高士與一般村民夾雜，視角客觀，情感淡化，圖像缺乏韻味。〔註149〕文、沈、唐也學習這一風格，但在圖式上直接繼承巨川風貌的是唐寅。唐寅曾向周臣學畫，也採用小斧劈，但儘量模糊輪廓線，使之與山脈融為一體。線條以書法性筆觸寫出，用筆幹練，並利用斧劈的尖峭線條表現山石的險俊錯落，使僵硬的線條轉化為充滿生機的形體。墨色純正，皴擦多樣，留白增多，注重圖像的整體韻味。由此，唐寅以大川巨脈營造氣勢，又在山石的處理上採用董、巨、元四家技法，將北宗明早期的草率燥氣、單一細謹的山脈轉化為文雅靈動的胸中山川。

唐寅大部分山、石都用斧劈皴，雅化是技法，更是風格。其中，線條方硬的有《抱琴歸去圖》和《東籬賞菊圖》。二圖通過方硬線條、焦墨、金石味〔註150〕、詩性隱喻將北派斧劈轉化為豐富的文化韻味。《抱琴歸去圖》前景與中景坡石很小，至茅屋突然變大，盤旋而上，突出險峻。尖峭的線條將石、山整合為一體，在左右扭動中貫穿著險峻逼人的氣勢。前景與中景坡石都用濃墨，間縱向飛白，利用墨色的黝黑淳厚營造古雅的韻味。濃墨點出石頭的肌理，分出向背空間，召喚細緻的閱讀，包含豐富韻味。山巔用短斧劈皴，間以橫向飛白，墨色慘澹，似乎摩崖刮痕，極盡蒼茫。《東籬賞菊圖》突出俊秀的東籬餘韻。方折石頭用焦墨勻塗邊緣，將硬線條包裹的墨塊轉化為空間對比，具有豐富的層次。墨色澄淨雅致，煥發生機。松樹用菊花點，與前景黃花、品字紅葉呼應。最後一障潔白屏山，恰如素屏，既倒影松菊之影，又恰得無弦之韻。可見，在琴、菊等古雅文化薰陶下，腐朽化為神奇。

鉤葉、皴法、泉水也是唐寅提升圖像韻味的手段。《落霞孤鶩圖》線條加

〔註148〕此中水潭水紋的渲勾畫法來自米友仁《瀟湘奇境圖》，但是唐寅用筆更加率逸虬練。

〔註149〕代表性圖像有戴進《秋山行旅》、周臣《白龍潭》、馬軾《春塢村居》。

〔註150〕唐寅其他圖像也有使用了這些元素，如《騎驢歸思圖》、《高山奇樹圖》，為了避免重複，僅僅舉此為例。

長，用筆虛澹，沿石邊細細皴擦，模糊邊緣的輪廓，化線爲形。前景石頭用簡率披麻皴，生機融融。山石上雜草多鉤桐葉、菊花葉，然後填色，藤蘿瑩白如玉，中和簡率，茂密文秀。《騎驢歸思圖》更是焦墨與留白的交響曲。焦墨醇厚用在山陰，以示鬱憤。山上拖泥帶水皴，蒼古混莽。山脈用線短小剛硬，凜凜不可犯。前景茂樹菊花勾葉，謹細文秀，使險峻之鬱氣歸爲平淡。《高山奇樹圖》山頂用線尖峭，險怪扭動，突出險峻的山勢。茅屋周圍的巨石山崖，用線長，容易單調生猛。唐寅採用披麻皴、解鎖皴、雨點皴、釘頭皴顯山石、草木的生機，實現了雅化。《山路松聲圖》頂端是 U 形巨山，山崖兩側有拖泥帶水皴，山上用焦墨點苔，青蒼雄峻。一條飛瀑在松石的掩映下，奔向前川，在入水潭時，激起漣漪，氣勢平穩。《春山伴侶圖》樹幾乎都是小而短的枯枝，與山脈長線條形成對比，在尖峭方硬中加入靈動曲妍。右側一條溪泉，曲折虬逸，似乎山中龍蛇，左側玉柱用筆溫雅，水口澄淨，點醒靜謐的山林。

　　險峻的大山巨川暴漏唐寅內心的鬱憤之情，通過雅化，養浩氣，擴心胸，實現希賢希聖的人格理想。這在圖像中表現爲高低取勢，迴環往復的多線布局。唐寅大部分圖像採用拔地而起的大山，山頭險峻，山體厚實，突出立體感。《落霞孤鶩圖》山脈從中左側起筆，向右後方推高，形成三角形塊面，但皴筆較少，平和穩健。《山路松聲圖》U 形巨山如屏障拔地而起，又輔助平遠水塘，高低錯落，氣勢雄渾。《春山伴侶圖》山脈線條交叉，僅倚靠相似性取得韻律。但圖像依然被迴環往復的三條線分割。左側枯樹陂陀、到泉邊平石、再上到三塊大致平行，向後推移的砥石爲一組，將視線從前端帶到遠方。中間茅屋下茂樹，再到伸向遠方的枯樹爲一組，劃分大山與坡石，暗示山谷的位置。最後一組是左端斜向右方，逐次降低的山脈，引向流泉。流泉繞過柵欄，從人物身邊流過，縱橫交錯，含蓄雋永。《騎驢歸思圖》山巒體量很大，從左端繞到中景，如一道屏障縱放在大地上。下接頑石與水潭，氣勢雄壯。右側一條山泉經過河谷的涵養，流向前景，黝黑的谷底襯托流泉，如珠玉從深山而來。左側的一人騎驢繞向房屋，屋後是山巔飛瀑，雲氣磅礴，山巔小紅花籠罩著水汽，生氣勃勃。一縱一橫，一往一還，似乎暗示出爲珠玉，處養浩氣的高士心胸。《高山奇樹圖》從陡起的山崖到水閣周圍的巨石、橫橋、茅屋、水閣，高低層次極有序，類似自然，流動的氣勢貫穿前後。雲巒、瀑布給山巒蒙上一層霧氣，拉大山巒、房屋之間的距離，處於雲霧繚繞的邈遠時空。前景山崖上樹木用橘黃的品字葉和點葉顯示繁茂，蘆葦隨風飄蕩，秋

色瑟瑟。水閣之人意態閒適，頗為靜謐，恰好說明了涵養的效果。

唐寅的題詩在營造韻味引導圖像進入更深意蘊上，有特別的作用。《事茗圖》云：「日長何所事？茗碗自賚持；料得南窗下，清風滿鬢絲。」〔註 151〕圖像清雅、雄渾，「清風鬢絲」恰帶入了一絲清冷的苦澀，引起遐思。如《騎驢歸思圖》「乞求無得束書歸，依舊騎驢向翠微。滿面風霜塵土氣，山妻相對有牛衣。」〔註 152〕若吟詩之人等同於騎驢之人，似乎為山石的尖峭動盪提供了一些理由。「翠微、牛衣」也說明了詩人的豁達心胸。詩歌還可將人物引向對山川的欣賞，如《春山伴侶圖》人物安然其中，與泉水沒有互動，恰如召喚者，引導進入遊居的深處。《落霞孤鶩圖》水亭一人坐眺，舟中童子推蓬，正是夕陽十分。詩接著主人的視線，用「煙水」、「渺無蹤」、「千年相見」、「一陣風」〔註 153〕等推向水面，由實到虛，推入無言之境。《抱琴歸去圖》歸人走向房屋，詩歌點出了空、琴、歸去，製造太古遺音的蒼桑感。詩歌推動圖像韻味也說明唐寅內心的孤寂，似乎感到自己的渺茫，刻意將精神反射在山川上，又作為引導者，呼喚同遊，渴望知己，「俯看流泉仰聽風，泉聲風韻合笙鏞。如何不把瑤琴寫，為是無人姓是鍾。」〔註 154〕

在北派巨山大川走向程式化的時候，唐寅通過突出風骨、浩氣、文秀等特色雅化巨山大川，使之成為高士心胸的反映，探索了另一種文化空間，非常成功。他將古玩引入圖像的方式在陳洪綬的高士圖中得到繼承，也成為明末高士保持精神獨立、傳承中華文明、以古為尚的重要標誌，具有深遠的意義。

第四節 陳洪綬繪畫的高士形象

陳洪綬是晚明非常重要的人物畫家，其創作的系列高士圖是繼吳中高士圖後，反映士大夫文人情懷的重要圖像。陳洪綬幼年早慧，屢試不中，崇禎

〔註 151〕唐寅題《事茗圖》，周道振、張月尊輯校《唐伯虎全集》，中國美術學院出版社，2002 年版，第 390 頁。

〔註 152〕參見《中國繪畫全集》第 13 冊，文物出版社，浙江人民美術出版社，2000年，圖 87，第 103 頁。

〔註 153〕《落霞孤鶩圖》題詩：「畫棟珠簾煙水中，落霞孤鶩渺無蹤。千年想見王南海，曾借龍王一陣風。」（林秀芳編譯《吳門畫派》圖 246，藝術圖書公司印行，1985 年，第 197 頁。）

〔註 154〕《看泉聽風圖》跋，林秀芳編譯《吳門畫派》圖 206，藝術圖書公司印行，1985 年，第 166 頁。

壬午入資爲國子監生，奉命臨摹歷代帝王像，得觀內府所藏古今名畫，技藝大進，名揚京華。明朝覆沒後，陳洪綬避難紹興寺，削髮爲僧，後還俗，賣畫爲業。陳洪綬生性怪癖，憤世嫉俗。求學來斯行〔註155〕、劉宗周、黃道周，與方以智、王崇簡等復社名士文酒往還。他曾將畫家分爲作家，名家、當家、匠家〔註156〕，自云：「願作家法宋人，乞帶唐人。果深心此道，得其正脈，將諸大家辨其此筆出某人，此意出某人，高曾不亂，曾串如列，然後落筆，便能橫行天下也。」〔註157〕其人物大多爲凜凜有節的高士，高古奇駭，被譽爲「三百年無此筆墨也」。〔註158〕

一、屈騷高士、偉岸獨立的名士、閒賞高士、女高士

　　陳洪綬具有獨特風格的高士圖有鬱憤不得志的屈騷高士，偉岸獨立的名士，林下閒賞高士，女高士。屈原是陳洪綬仰慕的高士，也是滿腹騷情的異代知音。1616年，他與來風季〔註159〕學騷於松石居，擬李長吉體作《問天》，繪《屈子行吟圖》（圖3-18），立志作「人間畫工」〔註160〕。屈子攜劍戴冠，小步快速行走，雙眉緊蹙，臉色憂鬱，衣袍寬大，內斂而緊張。陶淵明是陳洪綬仰慕的第二位高士，讀騷母題將去國沉江的烈臣轉化爲國破家亡，憤而讀騷的高士，正與陳洪綬的處境相符。陳洪綬以忠孝爲本，科場不順，約1633年作《醉愁圖》（圖3-19），表現一高士濃髯蹙眉，豐頤紅赧，雙腿交叉倚靠在一函古籍，座下是兩片交叉的蕉葉，地上一個大酒罈，盤中放著蟹鼇，是憤懣不得志的表現。與屈騷共命運的另一位當代人物是楊愼。楊愼因議大禮，被謫戍雲貴，一生未出川，也是滿腹牢騷之人。陳洪綬約1636年繪製《楊升庵簪花圖》（圖3-20），枯槎黃葉，升菴披著寬大的長袍，雙眉緊蹙，簪菊花前進，兩個侍女隨行，一執羽扇，一執酒盆。前景枯石青蕨，魚

〔註155〕來斯行，字道之，號馬湖，蕭山人，萬曆丁未進士，累官福建布政司。參《全浙詩話》卷三十四，《續修四庫叢書・子部》第1703冊，第493頁。
〔註156〕毛奇齡《陳老蓮別傳》，《西河集》卷七十九。《景印文淵閣四庫全書》第1320冊，第726～727頁。
〔註157〕陳洪綬《畫論》，《寶綸堂集》，《清代詩文集彙編》11冊，上海古籍出版社，2011年，第694頁。
〔註158〕張庚《國朝畫徵錄》卷上，《畫史叢書》第三，人民美術出版社，1982年，第4頁。
〔註159〕來欽之《楚辭述注》1639年刻，並加入陳洪綬的九歌圖。
〔註160〕《陳洪綬集》，陳傳席點校，中華書局，2017年，第319頁。

腥草。〔註161〕「歸來」主題也是陳洪綬不與清廷合作，保持忠孝的重要主題。1650年作《陶淵明故事圖》局部（圖3-21），勸諫周亮工不作貳臣。第四段歸去表現陶淵明策杖披巾，衣袂飛揚，神色鎮定，眼中有一絲蔑視。第六段解印表現陶淵明披雲巾，穿道袍和紅履，持印給人，扭頭欲去，眼中流露出不屑和憤怒。第九段卻饋表現淵明赤腳執卷坐在席子上，皺眉蹙額，一冠者持豬頭進，淵明揮手卻肉。地上放著裂紋酒瓶、碗、杖。貧而傲的骨氣力透紙背。

陳洪綬通過圖像對於取得功名，培育子孫的親朋好友給予充分的肯定。1616年寫為岳父槎翁《祝壽圖》表現一老人策杖，八字步，眼睛望著遠方，頭上戴著玉冠，右手抬起撫著腰帶，衣帶臨風飄蕩，威風凜凜，展示岳父意氣風發的精神面貌。一童子挑著紅布包裹的禮物，昂著頭緊隨其後。橘紅的衣袍，大紅色的禮物，顯得喜氣洋洋。1635《喬松仙壽圖》（圖3-22）勸諫子弟讀書，進德修業，光大家族。一人紫袍朱履拱手立於松下，面對畫外。鱗松老枝，配以紅楓，一年輕人簪花攜花籃仰望。遠景泉石遠山，前景蕨類靜水。1638年《宣文君授經圖》（圖3-23）為姑母祝壽，以宣文君比擬姑母，希望子弟可以傳承家學，成名一方。畫虛堂高敞，宣文君戴冠披巾，佩圭形綬帶坐椅中，一手正指向捧書函的仕女，一手扶紅椅。背後屏風中松下高士停舟回望，一輪紅日掛在山腰。九位侍女均著圓領褙子褾裙趨侍，提壺、捧書，絡繹不絕。堂中大案，繪雲氣、鳳凰，桌布上繪菊花、靈芝、竹、萱，案上放金鼎、書卷、紅琴和橘紅彝，銅站中插靈芝。階下弟子左右三行共九人，交領大袖褾裙高冠，坐而授經，氣勢恢宏。堂前蕉石，堂後白雲繚繞。

陳洪綬還表現了大量偉岸獨立的古代名士。一般以某個典故為內容，人物處於前景，傾向正面表現，以個人整體風采見長，線條或圓或方，從頭至尾，一筆呵成，衣服層次分明，隨風飄動，側重表現中青年外放偉岸的精神氣質。1649年《王羲之籠鵝圖》（圖3-24）表現王羲之豐頤廣額，上穿橘紅交領道服，戴著飄飄巾，下穿褾裙紅履。手執藍底泥金文竹圓扇。僕人提著鵝籠，拿著細長藤杖，蹙眉踮腳，似乎不勝風寒，與王羲之道服飄蕩，迎風自若的鎮定神情形成對比。線條圓勁綿長，一氣呵成，立體感很強，塑造了偉

<hr>

〔註161〕楊慎（1488～1559），是明代著名學者，正德六年殿試第一名，授翰林修撰。因抗疏切諫，移疾歸。嘉靖三年，大禮議起，他跪門哭諫，又遭貶斥下獄，被流放到雲南。《楊升庵簪花圖》題：「楊升庵先生放滇南時，雙結簪花，數女子持尊，踏歌行道中。偶為小景識之。」（吳敢點校《陳洪綬集》輯佚，第637頁。）

岸莊嚴的王羲之形象。1639 年《阮修沽酒圖》（圖 3-25）中阮修豐頤曼視，持杖，提銅壺，穿草鞋，簪白花。微醺，著無袖長袍，仙仙欲飄。杖頭上掛著紅果、銅錢〔註 162〕。衣服用方折強韌的長線條勾勒，折角突出，襯托了阮修的傲然風骨和逍遙酒中的閒適。

　　陳洪綬還表現林下清賞高士〔註 163〕，如 1645 年《玩菊圖》中一人膽鼻持杖坐在藤几上深思，石凳上瓿中菊花紅葉。藤節突出，藤皮老辣。衣服以方折長線勾輪廓，突出魁梧的身軀和肅穆的神情。但是更具代表性的是群體高士。群體高士被秦漢衣冠、三代鼎彝、瓷器、文房用具、石案包圍，人物處於中景，活動凝定在某些瞬間，共同建構空曠閒逸的清賞氛圍。約 1645 年《品茶圖》（圖 3-26），寫於青藤書屋，表現一人戴冠執杯坐在石凳上凝思，面前石案上素琴，另一石凳上放卷軸，瓶插荷花。對面一人披巾坐在蕉葉上，執杯欣賞荷花，後面石凳上茶壺，火爐溫酒，紅色火星了了。二人均著大袖衫和褲裙，鐵線描方折有力，一正八字敞開，端莊嚴肅，一側八字展開，突出大袖硬挺剛毅。人物視線從上到下呈三角形，創造凝視空間。創作於約 1646 年的《華山五老圖》表現石案對弈，兩人旁觀，一人下子，一人與一老交談。左端石凳上是覆蓋銅綠的三角鼎，右端石凳上，紅腿三足鼎和盤。1649 年《飲酒祝壽圖》表現三人石案邊飲酒，慶祝茂才四十壽。一人坐蕉葉上，一人石凳上，一人執湯匙盛酒，石案上盆、爵、杯。背後三人，分別執琴、盆和龍杖。1650 年《李白宴桃李園圖》表現天然几上童子一邊執扇溫酒，一邊摸著頭。僕人執酒器來，一年輕人正扶著凳子，扭頭看溫酒的人。石案邊一人持筆思考，一人側身沾墨，一人執如意側觀。石案上還放著裂紋庾和四方尊水中丞。桃花盛開仙雲繚繞。兩盞螭首蓮花燈，其中一個有獸形插座。年輕人的視覺將開宴與吟詩聯繫起來，動靜融合。約 1651 年《參禪圖》和尚執螭首如意坐湖石上，高士執卷倚靠石案。石案上瓶中梅花，前景銅爐上放著壺，地上卮和扇。衣服線條綿長柔和，突出靜謐的氛圍。

　　女性作為家庭的重要成員，撫育後代，操持家務為家庭做出了重要貢獻，

〔註 162〕費樞《廉吏傳》卷上「阮修」云：「嘗步行以百錢掛杖頭至酒店，便獨酣暢。」（《文淵閣四庫全書》第 448 冊，第 308 頁。）

〔註 163〕清賞與典故的區別：清賞範圍寬泛，以林下活動為主，形式不定，內容可以重複，強調不被世俗纏繞的自由。典故是某些特定人物事蹟的凝固化，形式穩定，不可復原，相當於專有名詞，還可以發展為原型。當然，有些典故的內容被後來士大夫模仿，成為清賞之一。

陳洪綬女性行樂圖高贊她們良好的德行、風儀。《來魯直夫人像》中人物正面危坐，左側女紅，右側瓶梅、茶盞。《樓月德像》畫陳良庵之妻。表現一婦人戴簪，左手持團扇，右手撫其上。扇面畫墨竹。前一小石，畫瑞草靈芝數本，並有羽狀頁草數片陪襯。陳洪綬還表現富有真率性情，情禮相融的女性形象。1650年《鬥草仕女圖》（圖3-27）繪四個婦人與一個小姑鬥草。小姑舉手，一婦人舉花，另一婦人正在布袋中摸花。後面一婦人也在花囊中摸花，眼睛注視前方，左側一婦人看著她。婦人的衣服也是明代女性的代表，比甲，褙裙，背子，霞帔，綬帶、宮條，充分展示了快樂的女性生活。崔鶯鶯和嬌娘為愛情而違背禮法，因忠貞而魂歸西天的感人形象也是洪綬新獨立女性的表現。四副嬌娘圖中，嬌娘愁容滿面，或捧鏡，或執扇，或執佛塵，頷首低頭，大多著被子，佩綬帶，手多交叉胸前，小步行走，為情所困，卻又謹嚴端莊，顯示了明末女性的尊嚴。

二、忠孝至情、獨立高舉、捍衛文化、奇容德行

　　至情與人品是陳洪綬高士畫表現的焦點。陳洪綬在《寄藍田叔》云：「吾畫何求拙與工，君言不讓古人風。自思卻自文章發，不在臨摹金碧中。」〔註164〕「古人風」即後人評為「淵雅靜穆，渾然有太古之風。」這種風格是仔細揣摩人物品德，大膽創造的結果。《題王叔明畫記》云：「庶幾與畫家遊，見古人文，發古人品，示現於筆楮間者，師其意思，自關乾坤。」〔註165〕他認為具有「古風」的畫包含氣韻、骨力，是周秦之文〔註166〕，又「深入物理，流轉人情。」〔註167〕情見於文中，情之至處，可以並駕古人，「便是第一義詩。」〔註168〕陳洪綬的至情以對屈原體悟為發端，屈原忠孝為國，怒沉汨羅，正是至情的表現，《屈子行吟圖》是圖像發自文章（至情）的最早證據。陳洪綬至情本於真誠，在文章中表現為抒發性靈，修辭古雅〔註169〕，具體表現為三方

〔註164〕《寄藍田叔》，《寶綸堂集》，第809頁。

〔註165〕《題王叔明畫記》，《寶綸堂集》，第689頁。

〔註166〕陳洪綬云：「畫氣韻兼力，渢渢容容，周秦之文也。」（毛奇齡《陳老蓮別傳》，《西河集》卷七十九，第727頁。

〔註167〕陳洪綬《戴茂奇像贊》，轉引自《陳洪綬年譜》，人民美術出版社，1960年，第122頁。

〔註168〕祁彪佳《里中尺牘》己卯（1639）春夏季冊《與孟子塞》，轉引自趙素文《祁彪佳研究》，中國社會科學出版社，2011年，第227頁。

〔註169〕「文章寫性靈，修辭崇典雅。……為文最忌假，為人固要真。」《送十三叔讀書駱莊》，第711頁。

面：自我銳意功名、步步受挫，將騷情表現爲不得志的憤懣之情；在亡國之後，逃遁山林，不與清廷合作，日日思念明朝，保持忠孝爲本的遺民氣節。闡釋壽與功名的關係，頌揚親朋的功勳與品格，將爲國效力，廣大門楣的期望寄託於子孫。表彰女性德行，將女性納入忠孝之列。

　　出仕爲君臣，亡國守忠孝是屈騷精神的重要內涵。陳洪綬祖輩三世爲官，激勵他考取功名，可是多次科考均落第，33 歲就試不第，《壽諸東柱》記錄了入場屋的心酸：「今年君不入場屋，我入場屋私自喜。文理粗通字不訛。當今平淡實稱旨。或得脫穎差慰君，兼可爲君辦薪水。奈何命運皆不齊，主司噴唾作故紙。」〔註170〕亡國之際，洪綬表現出強烈的亡國之痛。在武城感慨「志在春花遊帝里，如何泣食下山東。」〔註171〕魯王監國，自比屈子，「忠義軍難起，癡頑老子多。可憐先帝恨，乃屬豎儒何！痛哭書空上，神昏呼渡河。逢人示詩句，誰與我行歌？」〔註172〕亡國之後，多次夢見先帝，泣訴孤忠，「衣缽多時寄病身，也宜忘卻是孤臣。禪心夢裏身難管，白玉墀頭拜聖人。」〔註173〕流亡異鄉，經故土，念及君臣，故國之悲不能已，「異鄉雖不成安土，故國如何作客遊。臣子一倫今世絕，首丘片念幾時休。」〔註174〕亡國之後，身份定位關乎忠孝之本。陳洪綬仿傚陶淵明，以遣騷情，「竹浪亂松濤，梅花帶雪飄。遺民當此際，痛飲讀《離騷》。」〔註175〕逃禪世外，以圖史延續忠孝，「髡奴外史是家傳，忠孝當身歸研田。灑淚亂山殘雪夜，敬書乙酉甲申年。」〔註176〕謹記亡國之年，以志不仕二君，「運內君臣輕社稷，畫中甲子自春秋。」〔註177〕隱遁山林，以先朝官位自稱，課子孫謹守忠孝，不談功名，「慚負君親老博士，且逃山麓課諸兒。教其忠孝而可矣，念及功名則已之。」〔註178〕勸諫貳臣周亮工堅持氣節，不爲米俸求人，「糊口而來，折腰則去，亂世之出處。」堅守三代遺訓，以民生爲憂，「寄生晉宋，攜手商周。松煙鶴管，以寫我憂。」〔註179〕

〔註170〕《壽諸東柱》，《寶綸堂集》，第 755 頁。
〔註171〕轉引自《陳洪綬年譜》，人民美術出版社，1960 年，第 75 頁。
〔註172〕《春雪六首》之六，《寶綸堂集》，第 722 頁。但此文有漏字，據吳敢點校《陳洪綬集》補足，第 109 頁。
〔註173〕《夢見先帝泣賦》，《寶綸堂集》，第 782 頁。
〔註174〕《鷲峯寺住足》，《寶綸堂集》，第 767 頁。
〔註175〕《須彌限韻索題》，《寶綸堂集》，第 749 頁。
〔註176〕《偶感》之五，《寶綸堂集》，第 786 頁。
〔註177〕《雲門寺九日》，轉引自《陳洪綬年譜》，人民美術出版社，第 92 頁。
〔註178〕《鷲峰寺住足》，《寶綸堂集》，第 767 頁。
〔註179〕《陶淵明故事圖》題跋，見翁戈萬編《陳洪綬》中卷，圖 112，第 222～228 頁。

雖然騷情難堪，但忠孝爲本，不仕二君的君子風骨力透紙背。

　　頌揚長輩功勳，將祝壽闡釋爲生命價值的銘記與彰顯，切合陳洪綬將生命等於同忠孝爲國的擔當精神。他通過系列壽文說明壽與人生價值的關係。《壽樓夫子五十序》認爲壽即道，道存人存，道有繼承不忘，才爲壽：「壽也者，道也；道存與存，道亡與亡者也。生有益於人，沒世無害於人；生無害於人，沒世有益於人；有功而後人法之。志不遂功，功不充志，而後人繼之，永不能忘，謂之壽。」〔註180〕《壽槎翁先生六秩序》從道、學、績三個方面介紹岳父謹守孝悌，著述立言，平定叛亂的功勳：「聞先生少時遊學四方，從之者贊白金，先生無私財，歸之先君子，以給養諸兄弟。弟兄有謀獨爨者，先生破其釜，此先生之道也。先生著書有《論語頌》、《拈古頌》、《大小乘》、《史乘》、《家乘》諸篇，此先生之學也。當山東盜起時，先生數月悉平之，此先生之績也。先生享大年，斯美矣；若不永其事而永其年，猶寄生然者。」〔註181〕祝壽是生命中的大年，目的在於表彰壽星的卓越貢獻，傳之史冊，頌之後世。「若君侯，則壽之史冊，壽之鐘鼎，壽之歌頌，斯爲大年。」〔註182〕祝壽是非常莊嚴的時刻，近乎史家之列傳，對姑母的祝壽再現了這種場景。《宣文君授經圖》局部表彰宣文君亂世守家學，因韋呈顯貴而傳遞絕學的功勳，並將姑母比爲宣文君，勉勵弟弟彰顯姑母之德行。對晚輩、親友給予厚望，肯定他們文章、功業。《勉侄》勸誡侄子「進德而修業」，「榮親而繼祖」，「致君而澤民。」還要兼具「儒雅」，光大陳氏家族。〔註183〕

　　女性德行是人倫一端，也是忠孝之要義。陳洪綬以情爲本，表彰德行兼至情的眞女子。晚明流行色隱觀，女性是色的象徵，陳洪綬尊重女性，對子女、妻子充滿溫情。如妻子遊山則指點她們最佳欣賞時節，《贈內遊西岩》：「遠山二十里餘程，石厲松椎水碓聲。女伴若逢山水僻，歸需緩緩月初生。」〔註184〕上京謀生，希望化作明月，與妻子共諷詠，「深坐霜風如一詠，化爲明月照高樓。」〔註185〕久別則引導妻子共憶美好時光，以緩相思之苦，「曾記舊年幽事否，酒香梅小話窗紗。」〔註186〕陳妻蕭氏早亡，留下幼女道蘊，陳洪綬

〔註180〕《壽樓夫子五十序》，《寶綸堂集》，第 678 頁。
〔註181〕《壽槎翁先生六秩序》，《寶綸堂集》，第 677～678 頁。
〔註182〕《爲劉侯壽序》，《寶綸堂集》，第 679 頁。
〔註183〕《勉侄》卷四，《寶綸堂集》，第 712～713 頁。
〔註184〕《贈內遊西岩》，《寶綸堂集》，第 774 頁。
〔註185〕《桃源見霜憶內》之五，《寶綸堂集》，第 780 頁。
〔註186〕《桃源見霜憶內》之九，《寶綸堂集》，第 781 頁。

分外憐惜，《自蕭山歸見女口占》：「入門迎我無孃女，蹀躞前來鼻自酸。多病定垂兒嫂淚，不馴應失侍兒歡。新裁綿服雖無冷，舊日慈心猶慮寒。且逐小姑鬪草去，那堪含淚把伊看。」〔註187〕注重女兒的教育，要求內兄不要憐惜褓褓之愛，繩墨加之，除去「薄劣」行為，以告地下之母。〔註188〕樓太君慈孝惠儉，堪稱母儀，洪綬告誡女兒要遵守婦職，在周濟他人上要學習太君禮法，「周給貧乏聲藉甚，若不親承恐謾施，禮儀家門最永從，太君流風定不衰。」〔註189〕陳良安（洪綬堂弟）的妻子樓月德和來魯直的妻子黃孺人頗有婦德，洪綬繪圖表彰之。來宗道讚歎婦人恭謙嫻靜，勤勞淡素，培育子弟，母儀令則。《十嫂黃孺人行樂圖》贊並引：生富貴之家取其芳澤，而不染其奢華，則其性也。恭而謙適詩書之門，習其勞動而不厭其淡素，則其氣也。靜而閒，子兮文中之毫，孫兮石下之英，則其訓也。摯而專，擎兮悅兮，得順之正。冰兮蘗兮，立母之儀則，則其德也。」〔註190〕傳授女兒和小妾胡淨鬘丹青之法，寄託厚望，「文詞妄想追先輩，畫苑高徒望小妻。」〔註191〕讓女性參與開賞活動，如吟梅、寫畫、調酒、聽阮等，提升女性地位，塑造女高士。對於女色豔語，陳洪綬視為「庭前柏子，岩下花香，逗露消息」正是修行閫門，至情之本。《嬌紅記》被視為淫書，陳洪綬認為相較於「凡衣冠而鳥獸行」的道學家貌禮義以欺世盜名，敗壞人倫，嬌娘與申生具有「性情之至」。並且認為「性情者，理義之根柢也。」出於真性情，禮義才會本於道德，而不是「如萍梗之相值於江湖中爾」。二人「於兒女婉孌中立節義之標範」，又「伶人獻俳，喜歡悲啼，使人之性情頓易，善者無不勸而不善者無不惡」，更有助於「廣勵教化」。〔註192〕所以，嬌娘申生雖然違背禮法追求愛情，但以節義為規，雅正不亂，可謂情真行雅，一歸於德。陳洪綬還在《祔廟碑記》指出「情之所至，禮亦宜之，況禮緣情生。」祔廟是有感於「陳死代遠之主，尚不忍其散失，而屋之、妥之於始祖之旁，神靈影響，昭穆一堂，魚菜酒糈，春秋二享」而建立。

〔註187〕《自蕭山歸見女口占》，《寶綸堂集》，第765頁。

〔註188〕《內子歿以幼女寄育內兄來商老家囑其訓女》云：「兒時失母訓，長日為人訾。莫以褓褓愛，無庸繩墨施。含茲泉下者，女肖始無悲。」《寶綸堂集》，第736頁。

〔註189〕《樓母毛太君哀辭》，《寶綸堂集》，第757頁。

〔註190〕來宗道題，俞廣平《來魯直夫婦像》考釋，2013年9月21日《美術報》。

〔註191〕《自笑》之二，《寶綸堂集》，第763頁。

〔註192〕孟稱舜撰、歐陽光注《嬌紅記》附錄陳洪綬序，上海古籍出版社，1983年，第269～271頁。

雖然有悖常理，但是出於「生人而致情於死者」，又可以規勸子孫謹守孝敬。所以，他高呼：「天下有狗情違禮，使人思慕感悅，反逾於尊禮奪情者。」〔註193〕

　　真情至性不得出，依託於癖好，表現為真性真容的塑造。晚明文人將古人風流故事、林下閒賞都歸結為癖好。衛泳云：「謝安之屐也，嵇康之琴也，陶潛之菊也，皆有託而成其癖者也。」〔註194〕袁中郎云：「嵇康之鍛也，武子之馬也，陸羽之茶也，米顛之石也，倪雲林之潔也，皆以僻而寄其磊傀俊逸之氣者也。」〔註195〕張岱云：「人無癖不可與交，以其無深情也。人無疵不可與交，以其無真氣也。」〔註196〕其實有癖好之人是古代的狷狂之士，「癖有至性，不受人損，顛有真色，不被世法，顛其古之狂歟！癖其古之狷矣！」〔註197〕狷狂之人「能進取不忘其初」，有赤子之心。《老子顯德》第十五描繪了古之善士的風貌，其中「微妙玄通，深不可識」，「敦若樸」，「曠若谷」，「渾若濁」，正是陳洪綬《阮修沽酒圖》、《王羲之籠鵝圖》、《陶淵明像》著力表現的高士風儀。〔註198〕阮修衣服隨風層層飄起，頭顱側昂，既突出簡任，不合塵俗的氣質，又有大鵬高舉，扶搖直上的氣勢。〔註199〕王羲之目如點漆，手執團扇，大袖飄蕩厚重，望若神仙，又雅馴合宜。陶淵明衣袖向外甩出，圓潤有力，眼如點漆，眉毛豎起，憤怒中透出理性與堅毅。陳洪綬以沉靜敦樸的得道氣象處理高士面部，又以衣服飄蕩突出高邁疏宕的遺世風神，正迎合處於末世，堅守道德，保持獨立的精神面貌。

　　當亡國時，真情至性就表現為抱籍山林，謹守文化正脈的努力。陳洪綬

〔註193〕《祔廟碑記》，《寶綸堂集》，第 691～692 頁。

〔註194〕《招隱》，衛泳《悅容編》，引自蟲天子編、董乃斌等校《中國香艷全書》第一冊，團結出版社，2005 年，臺灣學生書局，2008 年，第 32 頁。

〔註195〕《瓶史》，袁宏道撰、錢伯誠箋校《袁宏道集箋校》卷二十四，上海古籍出版社，2008 年，第 826 頁。

〔註196〕張岱《陶庵夢憶》卷四「祁止祥癖」，中華書局，2008 年，第 80 頁。

〔註197〕華淑《癖顛小史》自跋，轉引自《圖成行樂》，臺灣學生書局，2008 年，第 249 頁。

〔註198〕「古之善為士者，微妙玄通，深不可識。夫唯不可識故強為之容。豫若冬涉川，猶若畏四鄰，儼若客，渙冰之將釋，敦分其若樸，曠分其若谷，渾分其若濁，孰能濁以靜之徐清，孰能安以久動之徐生，保此道者，不欲盈。夫唯不盈，故能蔽不新成。」焦竑《老子翼》卷二，民國《金陵叢書》本。

〔註199〕阮修自比大鵬，曰「翕然層舉，背負大清。志存天地，不屑雷霆。鶯鳩仰笑，尺鷃所輕。超世高逝，莫知其情。」（參見徐元太《喻林》卷一九「阮修」條，《文淵閣四庫全書》第 958 冊，臺灣商務印書館，1986 年，第 267 頁。）

逃禪山林，以高士自居，讀《貧士傳》，深究安貧之理，日日與高士神交：「《貧士傳》從吳客借，逸民史自越山來。諷詠朝朝三五頁，神交日日四三回。」〔註200〕不過，正當亡國之際，陳洪綬受到野史傳統的影響賦予高士特別的使命。野史在宋明兩代飛速發展，〔註201〕明代隱士撰寫的野史非常多，具有重要貢獻，如吳寬、王鏊組織的《正德姑蘇志》由吳中隱士杜瓊、祝允明、文徵明、蔡羽、刑采、朱德志等編撰完成。閣臣云：「人物門中又分子目十三，繁簡得中，考核精審，爲地志之有體要者。」〔註202〕野史編撰側重於表彰人物，姑蘇正德志六十卷，人物門分爲十三目，占十七卷，差強三分之一。吳寬云：「朝班可勸爲忠事，野史能歆好義人。」〔註203〕隨著博古業的發展，野史也增加了大量的賞鑒考訂內容，如來斯行的《槎翁小乘》加入考訂類，經史類，冠冕類，格物類，序言稱「獨於經史考訂二事，言之有據，訓之甚悉，」〔註204〕對器物給予特別關注。考訂求眞的觀念在來斯行的《經史典奧》也被繼承，他自析「典奧」云：「經史獨錄其微詞奧義耳。其典奧之處惟注疏是考，辭非微妙則不錄，而義非奧窈則不錄。典之爲訓：爲常、爲彝、爲憲、爲則，以至歷之千古而如新，傳之百王而莫易，皆典之類也。奧之爲訓：爲深、爲闔、爲秘、爲邃、爲累，辭之所莫解，爲膚淺之所難通，皆奧之類也。故易稱探賾索隱，詩稱遠猶辰告，此典奧之所權輿矣。」〔註205〕陳洪綬自幼跟隨岳父學習，也特別留意考訂，「讀書日十篇，攷訂五六字。」〔註206〕並明確指出考訂中包含至理，他爲李廷謨本《西廂記》作《題辭》云：「古人讀書，必有傳授，至於箋注疏釋，考訂句讀，殫一生之力而讀之。經子以降，雖稗官歌曲皆然也。……此無他，古人視道無鉅細，皆有至理，不敢苟且嘗之。」〔註207〕他還認爲對古鼎彝器的考訂攸關政治立場。1645 年王毓蓍投柳橋河死，殉難明宗社，陳洪綬作挽詩云：「達官雖甚富，博士亦非貧。漢篆秦碑列，商彝周

〔註200〕《借書》，《寶綸堂集》，第 785 頁。

〔註201〕參看雷戈《史失求諸野──中國古代野史觀念研究》的分析，《天津社會科學》，2011 年第 1 期，第 139〜144 頁。

〔註202〕永瑢《四庫全書總目》卷六十八《姑蘇志》，中華書局，1965 年，第 602 頁。

〔註203〕吳寬《題三忠廟》，《匏翁家藏集》卷二十五，第 189〜190 頁。

〔註204〕來斯行《槎庵小乘》序言，《四庫禁燬書叢刊‧子部》第 10 冊，第 3 頁。

〔註205〕來斯行《經史典奧》序，《四庫存目叢書‧子部》第 137 冊，齊魯出版社，1995 年，第 629〜630 頁。

〔註206〕《寄來季》，《寶綸堂集》卷四，第 705 頁。

〔註207〕翁萬戈《陳洪綬》下冊，上海人民美術出版社，1997 年，第 49〜50 頁。

鼎陳。」〔註208〕漢篆、秦碑、商彝、周鼎是國家禮教和政權的象徵，陳洪綬肯定友人不貧，實則讚揚他堅守道統，捍衛明廷，保持節義。所以，高士圖中大量古器的呈現包含著堅守華夏正統的微義。

受到老莊、蘇長公影響，堅守正統以眞人德行爲裏，以太古玄境爲表。《寶綸堂集》云：「吟詩皎然爲友，寫像貫休是師」〔註209〕。貫休以佛像聞名，《宣和畫譜》云：「羅漢狀貌古野，殊不類世間所傳。豐頤蹙額，深目大鼻，或巨顙槁項，黝然若夷獠異類，見者莫不駭矚。」〔註210〕陳洪綬的人物也以奇駭聞名，但不是夷獠異類，而是品德高尚的至情眞人，陳洪綬曾云：「鬼公搦得王摩詰，遠性摹成蘇長公。人品文章爭座得，有之所以易爲工。」〔註211〕莊子描繪的「德不行者」云：「其心忘，其容寂，其顙頯。淒然似秋，暖然似春，喜怒通四時，與物有宜而莫知其極。」〔註212〕心忘、容寂、顙頯正是洪綬人物的主要面貌。陳洪綬與蘇軾有相似的經歷，《除夕》云：「金馬門前第一人，東坡曾說夢中身。明朝逐夢尋身去，待詔依稀月一輪。」〔註213〕指東坡以待詔回朝，也暗指自己待詔身份。蘇公的「欲令詩語妙，無厭空且靜。靜故了群動，空故納萬境」〔註214〕，更與洪綬表現寂寂眞人林下之樂相通。陳洪綬將眞人放在金石器物中，又以動破靜，以寂了動，並用湖石、石案的蒼古與清越製造天籟之音的隱喻，似乎回到了永恆自由的太初境界。但君子自強不息的乾坤精神還是通過鼎彝反射到眞人的內心，昭示著他的烈烈騷心。

三、圖像表現：直呈本情、名物寓志、古今勾連

陳洪綬認爲畫來自文章，其根本在於至情，文字大多僅標出作畫地點，作畫緣由，圖像表現力強，具有豐富的修辭。

（一）直呈本情，得第一義詩

翁方綱《題讀騷圖》云：「昨見所畫扇，一人臥石間。二女侍於旁，高歌

〔註208〕《挽王正義先生》，《寶綸堂集》，第741頁。
〔註209〕《絕句三首》之二，《寶綸堂集》，第753頁。
〔註210〕潘運告編著《宣和畫譜》卷三「貫休」，第82頁。
〔註211〕《竹》，《寶綸堂集》，第777頁。
〔註212〕陳鼓應注譯《莊子今注今譯》，商務印書館，2007年，第200頁。
〔註213〕《除夕》，《寶綸堂集》，第791頁。
〔註214〕蘇軾《送參寥師》，李志亮箋注《蘇軾文集編年箋注》附錄一，巴蜀書社，2011年版，第177頁。

和清彈。今此讀騷者，貌即其人焉。豐頤目曼視，意與萬古言。」〔註215〕畫
扇其實是陳洪綬的《倚石聽阮圖》。這種樣貌是陳洪綬高士圖的一般面貌，還
可以在《醉愁圖》和《歸去來兮辭圖》中見到。〔註216〕其實，陳洪綬的高士
有三個關鍵元素：面部表情、衣服和支點物。如屈子高冠攜劍，身軀細瘦，側
身快步行吟，顯得非常單薄。廣額上兩道深痕，細眉細眼，眼睛下又一圈皺紋，
面頰豐頤，突出憔悴的神情。官袍收攏在胸前，似乎指示胸中鬱憤之氣。《醉
愁圖》的人物面部特寫更加突出，八字濃眉，中間三道深深的皺紋，眸中眼珠
黝黑，幾乎占滿眼眶，鼻子抽動帶出一道長痕，伸向臉後，鬍鬚濃密，嘴巴緊
閉，豐頤上微微紅暈，憤怒到了欲哭的境地。人物坐在兩片蕉葉上，倚在精緻
的線裝書函上，以斜放的酒杯支撐手臂，衣衫鬆垮，前胸袒露，兩腿交叉，儼
然玉山將頹。酒罈半開，蟹螯高舉雙拳，呈八字形，還暗示鬱勃而上的憤怒。
《陶淵明故事圖》中「歸去」和「解印」突出陶淵明飛動的衣服，眼睛直視前
方，憤怒中透漏鎮定。「卻饋」中，陶淵明額頭皺紋，眼中淒慘，手瘦骨嶙峋，
執書，地上拐杖、碗，儼然乞丐，突出陶淵明不接受的骨氣。陳洪綬感慨稽古
難，其人物多「周秦衣服漢唐冠」〔註217〕，是表達情感的重要元素。《楊升庵
簪花圖》衣服長線勾勒，黑色邊緣突出，前襟縮結，突出身軀的偉岸，肅穆的
神情。〔註218〕《槎翁祝壽圖》中槎翁戴白玉冠，橘紅交領單衣，一隻袖子甩
出很遠，突出巨臂的力量。手執龍杖，頭顱高昂，意氣風發。

　　明代仕女圖大多是古代名媛，服飾也採用宮絛、飄帶，配以團扇，或幼子，
以瞬間姿態出現，眼神憂傷，淒冷幽怨。陳洪綬的仕女圖以表彰女性的眞情、
德行為主，均著常服，處於事件中，靜嫻端莊。如《鬥草仕女圖》再現了明代
婦女的日常生活情態。女士均外著背子，或長袖或半臂，內素裙。二女胸前

〔註215〕翁方綱《復初齋詩集》卷四十九，《續修四庫全書‧集部》第 1455 冊，第 116
　　　　頁。
〔註216〕有學者認為，醉愁圖是陳洪綬的自畫像，其實對照一幅陳洪綬年輕時的畫像
　　　　和《玉管照神局》古代賢能人物象的標準可以發現，醉愁圖是陳洪綬根據自
　　　　己對高士面貌的理解，加工而成的理想圖像。其中受到莊子眞人影響較大，
　　　　下文詳述。（參見《玉管照神局》中卷，《文淵閣四庫全書》第 810 冊，臺灣
　　　　商務印書館，1986 年，第 727～729 頁。）
〔註217〕《寄沈子雲》，見《陳洪綬》，天津人民美術出版社，2010 年，第 101 頁。
〔註218〕沈自徵《簪花髻》中，升菴簪花以女裝出遊，突出行歌的悲愴，此處保持男
　　　　裝，並突出他的肅穆。參汪泰輯《盛明雜劇》初編上，中國書店，2012 年，
　　　　第 390～393 頁。

佩綬帶，一女披雲肩，結花形胸針。頭飾或戴冠，或包頭。坐在席、獸皮、蕉葉、蒲團上（浦團上多是玉器花紋）。手執團扇、忙著拿草相鬥，神情專注。常服常態說明了女性生活作爲獨立的內容具有表現價值，取消了存在已久的男性凝視之欲。女性處於有關聯的情景中，避開了僅僅以某種姿態出現時的顧影自憐。姿態自然，頗有性情，即孟稱舜所言「妙在敘事中繪出情景來。」〔註219〕綬帶、玉器紋樣、獸皮、蒲團暗示女性擺脫了教養子弟的從屬地位，開始賞玩古典文化。《嬌紅記》中嬌娘透漏出率眞剛毅，堅守禮法的性格特徵。嬌娘有四幅圖分別拿如意、塵尾、羽扇、菱花鏡。陳洪綬也言：「此曲之妙徹首徹尾，一縷空描而幽酸繡豔，使讀者無不移情。」〔註220〕圖中嬌娘眉眼緊蹙，頷首獨行，孤獨幽怨的情感直截寫在臉上，可視可擬。〔註221〕合觀戲文，這種表情又是嬌娘行事果斷，亂之以情，婚事遭父母反對，謹守禮法，兩地相思的必然結果。戲文中申生多次情挑，嬌娘以情理規勸，使之不淫亂，《紅構》云：「妾醜陋之質，固不敢辭於君。但慮雲雨初交，歡會方密，妾於情狀俱昏迷矣，能保人之不至？若有所覺，妾無容身之地矣！」理由境出，非常得體。《擁爐》中，雖欲私定終生，還深謀遠慮，以節義表明貞心，云：「君疑妾矣，妾敢無言？妾知兄心已久，但恐不能終始，其如後患何？又如《來魯直夫人像》和《樓月德像》表現了勤勞簡樸，謙恭自信的母儀風範。黃孺人用石綠寶石簪髮，著褐色大袍，內著鵝黃色單衣，籠手危坐，大氣端莊，五官分布均勻，微微帶著笑意，和藹自信。女工、梅花、茶杯都說明艱辛的勞動賦予她美麗的氣質和人性價值。在古代，女性主要相夫教子，她們的美總是抹不去色情的陰影，陳洪綬將女性放在日常事件中，通過類似「坐忘」的方式，直截引入情感，達到移情的目的，情顯身忘，自然本色。本色情感經過生活的淘洗又具有合理的邏輯，刻印在女性的言談舉止中，表現爲自信和沉穩儀態，共同詮釋獨立女性的德行之美。所以，不管是騷情滿腹的高士，還是嫻靜深情的仕女，只要「說性說情，但到極至，便是第一義詩。」

〔註219〕孟稱舜《古今名劇合選・梧桐雨》批語。

〔註220〕陳洪綬《節義鴛鴦冢嬌紅記總評》，孟稱舜撰、朱穎輝輯校《孟稱舜集》，中華書局，2005年，第625頁。

〔註221〕歷史上有很多仕女圖，側重女性某些孤立的姿態，對於女性的面部表情多做朦朧處理，女性的眞實情感很難猜測，如周昉《簪花仕女圖》、唐寅《班姬團扇圖》籠罩著幽怨氛圍，卻不能著實落在女性身上，意義來自抽象的觀念。洪綬清晰摹寫人物情態，讓她們自我解說，表達觀念，感染他人，即「儂若畫時呼欲下，海棠花下拓陳瓊。」

（二）名物寓志

　　眞情至性是陳洪綬古代高士的最突出表現。古代高士大多名流，通過一定的意象就可以暗示事件，人物穿越時空，直接呈現，顯得活靈活現，前文已經敘述。閒賞高士沒有固定的意象，多被安排在中景，甚至遠景，面部表情淡化，生活空間卻被突出。個性轉化爲事件，器物表達志向。以《飲酒祝壽圖》爲例，場景停留在一高士盛酒，兩高士對看的瞬間。從石案、芭蕉、石凳來看此會的地點在園中空地。石案上的盆、爵、杯、洗，形制古雅素樸，其中有一個酒器呈銅綠色，是明代認可的眞古器之重要標誌。人物膽鼻鳳眼古冠大袍，高古氣息頗重。明代高士大多地位低下，沒有魏晉世閥家族的地位和獨立的學說，其行動不可能有強烈的感染力和辨識力，古器與古衣冠是晚明文人以間接方式定義自我社會空間的舉措。展示具體的生活面貌正是將自己放入文化傳統中的象徵行爲。愛好滑稽、異人也是晚明文人主張眞性情的突出特色。如《蕉陰酌酒圖》中及笄少女駄著貝殼樣的身子持瓶，《飲酒祝壽圖》中鬥雞眼的年輕人持龍杖立於身後，都打破了嚴肅靜謐的氛圍，流露出自然眞情。陳洪綬認爲戲劇中包含眞情，對戲劇丑角眞率之情的賞玩與表現，正是他用藝術手段將癖好之深情表露出來的重要策略。〔註222〕

（三）以動破靜，古今交融

　　陳洪綬創造了兩種空間，解決了兩種關係。一爲閒賞空間與園林物理空間的關係。閒賞大多發生在園林，而畫面所再現的由石案、隱几、酒器、茶具、火爐、文房用具等組成的閒賞環境近乎裝置藝術品，人物的高古氣質拉大了形式與現實場景之間的距離，反而取消了園林空間的物理屬性和辨識標誌。陳洪綬吸收了東坡「靜故了群動，空故納萬境」的動靜對比思想，通過意外的「打擾」或畫內的視線來打破氛圍，組織圖像的內部空間，使其明朗化。但是，陳洪綬捨去了東坡空靜思想的虛無傾向，而賦予了時代氣息，調和圖像與現實之間的距離。如《參禪圖》倚案高士的目光直達前景中劈啪的

〔註222〕關於陳洪綬受到戲劇觀念影響的論文可以參看《the world's a stage the theatricality of chen hongshou's figure painting》shi-yee liu arts orientalis，vol.35，2008，155～191。此文認爲陳洪綬出於對建構的陶淵明公共形象的反諷，給出了一個眞實而具有自我意識的陶淵明形象。比照舞臺角色，陳洪綬安置了具有自我意識的人物，區分公眾的名流形象與畫家自我，而這個自我「丑角」，時時評論「戲劇」的上演。同時這也是藝術之眞的一次成功解決，因爲在倫理中是非很難斷言，但是眞實的情感卻是需要畫家堅守的。

爐火，顯示以聲音悟道的契機，中間和尚微閉的眼睛與爐火處於同一垂直線，耳朵警覺得豎起，顯然腦中也有靈光。爐火通過「打擾」抓住了人物的視覺，突出前後距離。高士的目光還指向梅花和和尚，形成上空三角形，與石案的平行四邊形一角形成上下關係，向畫外延伸，左右空間也被定位。由此，文化空間獲得眞實的物理屬性，又傳達了聲聞悟道的玄理。而《高賢讀書圖》則將「打擾」放在畫外，以聲東擊西的方式定位閒賞空間。斜放的石案正好與人物的位置構成平行四邊形對角線，一高士似乎被某物驚動，眼睛越過梅花，指向畫外，物理空間在想像中完成。〔註223〕《吟梅圖》也是通過進入畫面的捧梅花的侍女和仕女的回頭來點出內外空間，又通過高士皺眉深思和石案上文房古器來營造靜謐古典的閒賞氛圍。侍女的進入帶動一股聲波直達仕女和湖石，或許正透過湖石清越的回音擾亂「隔岸」〔註224〕的高士。

一爲古今空間。陳洪綬好用古衣、古器、典故來隱喻觀念，但是他的圖像又是非常實用的，避免優孟衣冠之嫌成爲他解決古代與當代時空交錯的關鍵。《李白宴桃李園》是歷史場景與現代空間轉接的例子。石案周圍文士正秉燭揮毫，桃花下一年輕人回頭看著前景忙碌的童僕。僕人舉著酒器，邁著一致的步伐，鏗鏘前行，煞有介事，一童子執扇煽火，一手摸著頭，憨態十足。年輕人的眼神通前達後，將動態的場景整合爲連續的前後空間，而童僕的滑稽動作暗示著他的賞玩趣味，透露出古代場景的現代氣息，成爲勾連古今的重要標誌。《華山五老圖》以林下賞玩函封仙逸自由。此圖中銅器是三代的象徵，對弈是時空永恆的象徵，二者合觀，五老處於超越時空的永恆時空。石案、湖石一方面通過色彩與質感呼應銅器，通向永恆的時空，一方面與使用著的古器一起（盛酒的獸環盤，裝棋子的卮，三足鼎香爐）營造明代林下空間。人物著古代衣冠，形貌奇駭高古，圍繞石案，交談、下棋，觀看，清泠的聲音打擊著石案，配上嫋嫋升起的青煙和拙樸無棱的蒼石，所謂「太古之音」，庶幾有之。可是，銅綠和漆黑是明代出土銅器的重要特徵，也是明代高士斷定器物時代的重要根據，所以，古器的歷史和當代價值均由高士賦予，仙弈被夾在香爐和酒盆之間，正隱喻著三代空間的明代轉型，也宣示自由永恆的仙界是虛無渺茫的幻境。《宣文君授經圖》將姑母比擬爲宣文君而頌揚其

〔註223〕這種方式在戲劇中也有表現，如嬌娘與申生幾次被驚散，也採用這種畫外聲音來完成。

〔註224〕石案與湖石平行，高士與仕女相望。

德行，並寄望後輩能夠學有所成。此圖涉及兩個時空。一爲宣文君授經的顯時空，一爲祝壽隱空間。顯時空由宣文君的綬帶、弟子戴冠，褥裙、寬袖和手中的書來表現。宣文君一手微抬，指向前方，氣氛肅穆，弟子交手危坐，大袖全力鋪展在席子上，盡顯恢弘的氣勢。中間方案上銅瓶靈芝，園中和屏風上茂密的松樹來暗示現實的祝壽主題。方案上的擺設則又是晚明文人閒賞生活的一個側面：三足金鼎、橘紅彝、翠色銅站中插靈芝。這個側面又反射到屏風上的高士。茂松下高士正坐在船上，回首處山腰上仙雲託紅日。既是積慶之家德業流傳的暗喻，又是壽高南山，蒸蒸日上的象徵。題詞又寄望子弟發揚姑母的德行。古今關聯就在閒賞器物中傳遞。〔註 225〕

　　所以，以眞情至性爲本，既可以通過人物面貌特寫高士的騷情，又可以通過衣冠、風儀表現仕女的性情和德行，還可以通過閒賞環境、癖好表露眞率之情和回歸古代的眞誠。而閒賞作爲精神文化，藏在高士的心中，游蕩在園林深處孤零零的湖石、石案邊，面臨存在的危機。清晰記錄閒賞文化的要義，通過畫外的連結，找到存在的物理根據，成爲陳洪綬解決藝術精神與生活實際之疏離的策略，勾連古今，找到古典中自我，又見他繼承傳統，走向新生的不懈努力。所以，雖然絕望，但眞誠的吶喊撼動著高士的神經；雖然拙樸，但太古遺音依然是孕育璀璨華章的不息動力。

〔註 225〕《宣文君授經圖》的古今時空關係的詳細分析可以參見 Shi-Yee Liu, The World's a Stage the Theatricality of Chen HongShou's Figure Painting," *Arts Orientalis*, vol.35,（2008）：155～191.作者認爲屏風中舟人的設置說明陳洪綬決定隱居山林，顯示出他的痛苦心情。其實，舟人也可以看作姑母家中的年輕讀書人，此人正好是擁有古器、古物，要在亂世中保存文化大業。

第三章　園林圖的嬗變與出處意趣

一、文人園林文化

　　園林是中國古代非常重要的建築形式，園林畫是在園林的基礎上創作的圖像。園林雖然非常盛行，但園林畫的盛行卻是明代以來的現象。園林圖與園林文化有密切的關係，明代園林圖受文人的園林思想影響較大，本研究是在文人園林的框架下研究明代園林圖。

　　文人園林思想自隋唐以來發展迅速，形成了園林與園林文學並勝的局面，雖然不能肯定當時的園林繪畫是否豐富，但是根據其他繪畫多以園林為背景的情況可知，當時人們對園林的描繪也技藝高超。受到條件的限制，宋以前的園林大多不存，園林文化通過文獻流傳成為後代發展園林思想，修建園林的主要依據。所以，分析明代園林圖先要勾勒一下明以前的文人園林文化。文人園林發端於秦漢，但不同於皇家園林規模神話，經緯陰陽，模仿仙宮的思路〔註1〕，如秦始皇建咸陽宮「因北陵營殿，端門四達，以則紫宮，象帝居。渭水貫都，以象天漢；橫橋南度，以法牽牛。」〔註2〕漢武帝開泰液，「漸臺高二十餘丈，名曰泰液，池中有瀛洲，壺梁，象海中神山、龜魚之屬。」〔註3〕文人園林更多是私家園林，更加注重自然環境的營造，如漢代富戶袁廣漢的園林：「東西四里，南北五里，激流水注其中。購石為山，高十餘丈，連綿數里。養白鸚鵡，紫鴛鴦，犛牛，奇獸珍禽，委積其間。積沙為洲嶼，激水為波濤，致江鷗海鶴，孕雛產鷇，延漫林池；奇樹異草，靡不培植。屋皆

〔註 1〕班固《西都賦》，費振剛等輯校《全漢賦》，第 313 頁。
〔註 2〕孫星衍校注《三輔黃圖》，中華書局，1985 年影印本。
〔註 3〕班固《漢書》卷二十五《郊祀志第五》，中華書局，1964 年，第 1245 頁。

徘徊連屬，重閣修廊，行之移晷不能遍也。」〔註4〕隋唐時期中文人園林的規模小，抒情性更加濃厚，成為文人寄託一定思想的居所。如王維的輞川別業，白居易的虛白亭、白蓮池，司空圖休休亭，米芾寶晉齋、歐陽修醉翁亭、蘇舜欽滄浪亭、司馬光獨樂園、黃庭堅拙軒。園林的主題更加明確，如輞川別業浸潤了大量禪理，白居易的池上表達了「大隱隱於市」的官場山林合一的夢想。滄浪濯足，蔬食獨樂，拙於為政均是文士不得志而放浪山水的佳話。主題園林也最容易和詩、詞、記、史聯繫，因為園林不僅僅是自然的，更是文化的。園記「以辭繪圖」既是園林形象的想像性表達，也是園林文化的主要建構與闡釋者。《中國歷代名園記選注序》云：「園與記不可分也。園所以興遊，文所以記事，兩者相得益彰。……余嘗謂造園固難，而記尤不易，蓋以辭繪圖，首在情景，情景交融，境界自出，故究造園之學，必通園記。園記者，有史、有法，有述，有論，其重要可知矣。」〔註5〕史勾勒園林的沿革歷史，園林記講述園林的營造章法。論、詩歌鉤沉園林的義理，如周敦頤的《拙賦》闡述了巧、拙、吉、凶、德、賊之間的關係。園林文學與園林合一，形成了文人園林藝術的基本文化形態。

明清園林不僅表達觀念，而且園林形態更加豐富，詩、書、畫均出現在園林中，其中文人園林繪畫成為一道亮麗的風景，既可以作為遊覽圖，也是視覺化的園林藝術，可謂紙上園林之全盛。如沈周《東莊圖冊》，沈周、蔣文藻的《毉舟圖》，文徵明的《拙政園圖冊》，陸治的《小祇園圖》和王世貞的《弇山園記》、秦氏家族《寄暢園》和宋懋晉的《寄暢園圖冊》。如果說，唐宋時期的園林已灰飛煙滅，只能根據記和營造圖來重建園林面貌，那麼明清時期，就可以對著繪畫來恢復昔日園林的風貌。

二、明代園林繪畫概況

明代園林繪畫的發展大致分廟堂與山林兩條線索，有四種形式：廟堂山房圖、吳中草堂圖、審美化全景園林圖和董其昌的精神家園。

（一）廟堂山房圖、審美化全景園林圖

永樂以來，社會穩定發展，很多穩重老成的人才因整理國家典籍獲重用，

〔註4〕陳植《中國歷代造園文選》，黃山書社，1992年，第6頁。
〔註5〕陳植《中國歷代名園記選注序》，《中國歷代名園記選注》，安徽學技術出版社，1983年。

歷仕多朝，年歲偏高，多有山林思緒，請歸不允，仿香山故事，提倡朝隱。同時，開國以來招攬大批書法、繪畫人才，以備文書之用。這些書畫家大多繼承元末畫風，爲館閣大臣創作了很多寄託山林之思的山房圖，成爲官宦園林的早期代表。比如王紱《湖山書屋圖》和陳宗淵《洪崖山房圖》。閣臣也喜好歌詠山房圖，比如胡廣《題長林茅屋圖贈叔昭南歸三首》云：「清湖碧水繞門流，石壁光含一鏡秋。回首紅塵誰得似，忘機日坐看沙鷗」〔註6〕，表達對清泠閒適鄉居生活的期盼。王紱《題中條舊業圖卷爲王士烈大尹》渲染中條山的磅礴氣勢，孕育靈秀人才，「中條之山何雄哉，層峰疊嶂高崔巍。太行嵩少與之相胍絡，禹門鑿斷迴向中天開。下有黃河水，奮激聲如雷。波濤萬里接銀漢，到此曲折其勢相縈迴。佳氣日磅礴，孕秀多奇材。寶藏百物不足貴，往往間出人中魁。」呼喚像司馬光、裴中立一樣，出山「大施霖雨」，「隨時陳嘉謨」。〔註7〕

宣德、正統年間官宦園林僅僅表現片段，如《杏園雅集圖》、《竹園壽集圖》中以湖石假山、竹篁荷花、石屏仙鶴等清物表現園林環境。成化、弘治年間，吳中畫家沈周與館閣大臣交往密切，出現了幾幅表現官宦園林的圖像。如《韓錦衣園六景圖》，《西園八詠圖賦》，《釣月亭圖》，《東莊圖》，這些園林大多一景一圖，環境清雅。嘉靖年間文徵明又爲有氣節的文官創作了想像的樓閣圖，以慰藉官場相思，如《樓居圖》表彰劉麟的清廉高潔品格。

隆慶之後，官宦園林興盛，園林也是主人的精神寄託。汪廷訥的坐隱園是身在朝堂，心隱金門的象徵。寄暢園寓含秦耀高臥東山，待時而飛的抱負。止園是吳亮遠離閹黨，追求精神自由的樂地。小祇園是王世貞空幻聲色，崇尚無生的生命訴求。園林繪畫也從以人物風儀爲主的高士風采變成了以園林景物爲主的文化景觀。畫家多是受到王世貞扶持的吳派再傳弟子，畫家將吳派的繪畫風格與王世貞的園林理論〔註8〕糅合，創作了大量的冊頁和長卷。如

〔註6〕胡廣《胡文穆公文集》卷八，清乾隆十五年刻本。

〔註7〕王紱《王舍人詩集》卷二，《文淵閣四庫全書》第1237冊，第105頁。

〔註8〕柯律格認爲後期園林是以消費爲主的審美化園林。並基於園林的成分（假山，珍稀植物，奢侈品），以及假山、植物通過市場獲得，轉手迅速等商業化操作，斷定園林的運作是交易。但是，園林的主要功能是遊覽與賞玩，並且留下了大量藝術品，說明文人的園林觀念和審美追求，所以，從園林本體與主題的角度，我認爲還是稱審美化園林比較妥當。並且，園林的關注點也是道德人格、耳目愉悅等視覺性，這恰好符合美的形式標準。（參見 Craig Clunas，*Fruitful Sites：Garden Culture in Ming Dynasty China*（Landon：Reaktion Books，1996））

錢穀《小祇園圖》、《求志園圖》、張復《西林圖》、張宏《止園圖》、宋懋晉《寄暢園圖》、錢貢的《環翠堂園景圖》。園林之景作為獨特的審美對象被突出，成為表現的重點，假山、亭閣、花木、池塘、長廊都清晰反映在圖像中。園中色彩豐富，朱欄、青竹、白雲、綠水、蒼松、紅花、石綠山崖，儼然真境。園林空間也被分割為組景，力圖開拓局部韻味，勾勒全景空間。主人的園居觀念、道德品格直接物化為園林景物，貫穿在園林遊覽中，使得園林成為客觀而物質化的人文景觀。

（二）吳中草堂圖、董其昌的精神家園

吳中草堂繼承了元末草堂圖〔註9〕的內容與風格。元末草堂圖以園林主人的高雅生活為主，展示私人宅邸的大環境，象徵志意，抒發情感。比如王蒙《秋山草堂圖》表現漁舟人家的生活，樹下釣魚，讀書，隔岸門廳洞開，山脈陡起。明代草堂圖以閩中為開端，高棅、朱澤民創作一些表現閩中別墅的圖像，寫意淋漓，以氣韻取勝。如高啟《題朱澤民荊南舊業圖》云：「大陰垂雨向淋漓，哀壑回風更蕭瑟。楓林思入煙霧清，湖水愁翻浪波白。……虎跡時留暮苔紫，蛟氣或化秋雲黑。」〔註10〕吳中畫家創作了大量草堂圖，謝晉《潭北草堂》，沈貞《竹爐山房》，杜瓊的《天香深處》和《南村別墅冊頁》都是早期佳作。如《竹爐山房圖》表現門廬洞開，門內亭榭臨清潭，竹塢中軒室寬敞，兩人據長幾閒談，屋後秀山枯枝，環境疏朗明秀。不僅繼承了元末草堂山水畫風，還出現了疏朗明快的吳中新調。明代中後期，吳中畫家的草堂圖創作更為豐富，發展為寫號圖，草堂圖，園林圖〔註11〕。主題更加鮮明，或表現閒適的林下生活，如《有竹鄰居圖》、《拙政園圖冊》、《石湖草堂圖》，或闡釋重大的道理，如表彰孝道的《洛原草堂圖》、《滸溪草堂圖》、《可菊堂圖》，提倡真知的《真賞齋圖》，號召以道養高的《雙鑒行窩》、《毅庵圖》、《青園圖》。圖式或個人獨居，或群體雅集，房屋或以籬笆圍合，或在林中空地，叢篁、茂松、湖石、山巒是著筆重點，也是草堂主人精神風貌的隱喻。

〔註9〕何惠鑒先生在《元代文人畫序說》中曾對元代山水類型作了詳細論述，並以「書齋山水」代之，（洪再辛選編《海外中國畫研究文選》，第249～250頁。）但是，官員也非常重視書齋，為了區別，此處還是沿用「草堂圖」。並且，草堂暗含野逸，更加符合文人文化趣味和理想。

〔註10〕高啟《高太史大全集》卷十，《四部叢刊》第252冊，第17～18頁。

〔註11〕吳中園林圖多是冊頁形式，以主人的風儀為主，與晚明全景冊頁園林側重園林客觀景物不同，值得區分討論。

明末董其昌回歸元末草堂圖，力求樹立南宗正統，繪製了《婉孌草堂圖》、《青弁圖》、《佘山遊境圖》、《夏木垂陰》等圖像，一般採用前坡茂松玲瓏，中部廣闊水域，遠處山房白雲，創造平遠渾柔的隱士草堂和雄渾跌宕的雲山仙居兩種圖式。採用題記與詩文點明漁舟、雲山、移居等主題，疊加、組合詩文和圖像，形成雲山文化場域，定型另一種精神家園。

第一節　廟堂山房圖

廟堂山房圖分爲兩部分，一部分是翰林的斯文鳴盛，一部分是吳中畫家對高官草堂的頌讚。前者體現了元末圖式與風格的廟堂轉化，後者展示了吳中風格與圖式對廟堂氣象的隱喻。二者從不同側面展示了山林與朝堂的互動。

一、翰林的廟堂山房圖：《洪崖山房圖》（圖 4-1）

廟堂山房圖是園主思想的表現，圖像一般比較簡單，而園主的創園概況有些複雜，需要交代清楚。本節以《洪崖山房圖》、《西林八詠賦圖》和《東莊圖》爲例，根據相關文獻與圖像介紹園林圖的圖式概況。

永樂帝登基後，籠絡文臣，編輯《永樂大典》、《天下郡邑志》、《性理大全》、《高皇帝實錄》，鄒緝、胡儼、胡廣、楊士奇、楊榮、金幼孜、曾棨、林環、梁潛、王洪、王英、王直、李時勉、王紱（中書舍人）均供職在翰林院。歌詠聖化、鳴盛太平是他們的責任，於是他們作應制詩以歌詠帝國山川靈物，如胡廣《北京八景圖詩序》云：

> 昔之八景，偏居一隅，猶且見於歌詠，吾輩幸生太平之世，當大一統文明之運，爲聖天子侍從之臣，以所幸而從遊於此，縱觀神京，鬱蔥佳麗，山川草木，衣被雲漢昭回之光。〔註12〕

但《北京八景圖》不是翰林園居觀念的集中流露，《洪崖山房圖》才是翰林自願組織的一場對想像的私家山房的歌詠，既呼應了翰林的山林思緒，也攜帶著大量的身份意識形態，非常典型反映了翰林的居處觀念，成爲翰林山房圖的典型代表。

洪崖山是胡儼家鄉的名勝。胡儼少時渴望讀書於洪崖未遂，老爲祭酒，回想當年的情境，不禁感慨，渴望歸隱洪崖，讀書於此。於是請陳宗淵繪製

〔註12〕胡廣《胡文穆公文集》卷十二，《四庫存目叢書・集部》第 28 冊，第 54 頁。

《洪崖山房圖》。圖繪洪崖山下一人屋中讀書，門廳洞開，一老策杖攜琴而來。門外陂陀平臺，叢篁枯松。屋後洪崖如屏，丘陵環繞，中間雲氣，盎然春意勃勃而起。平衍的河流從遠山而來，經過小橋，繞到屋前，增加遼闊的氣勢。

圖成，胡儼作記、賦詩三首，請館閣同僚唱和。梁潛作洪崖山房詩序、建安楊榮、安成李時勉、臨川王英、泰和王直、陳敬宗、范陽鄒緝、臨江金幼孜等題詩，卷首陳登篆「洪崖山房」四字。由此合成廟堂山房的文獻，其意義下文詳述。

二、明中期的官宦園林圖

明代中期大型園林多是官宦園林。比較出名的園林有王恕的西園，韓錦衣的園林，吳寬的東莊，秦金的鳳谷行窩。園主多是朝廷高官，與吳派畫家有密切交往，互動頻繁。沈周尤其活躍，與吳寬、王恕、王鏊、李東陽有密切關係，並主動作畫贈送。官員又積極題寫園林景物，形成了館閣與山林互動的文藝交遊圈，再現了明代中期園林風貌。

1、韓雍與《韓錦衣六景圖》

韓雍字永熙，長洲縣人，正統壬戌進士。成化年間猺酋侯大狗「嘯聚至萬人，墮城殺吏，而修仁荔浦諸猺應之，其勢益張，久之煽亂者眾，所至丘墟。」兵部尚書王竑舉薦韓雍為左僉都御史統兵兩廣，堪破亂賊。韓雍到任即四方聯合，直搗賊巢，斬藤破寨，平定峽賊，被封為襄毅公〔註13〕。

韓錦衣六景園的主人不明，根據文彭《韓錦衣六景園圖》跋，可能是「韓襄毅公之子錦衣君」，韓雍因平定峽賊而受到蔭封長子文。〔註14〕《韓錦衣六景圖》以一圖一事的形式表現主人的風雅生活。如槐亭納涼表現一人向草亭，童子攜琴，亭上槐樹正茂，非常涼爽。花圃閒談表現花圃邊兩人對談，湖石繁花雜陳。葵陽獨坐表現籬笆葵花盛開，一人亭中獨坐。

2、沈周與東莊圖（圖4-2）局部

吳寬，字原博，號匏庵，長洲人。成化八年會試、廷試皆第一，授修撰，

〔註13〕過庭訓《明分省人物考》卷十九，《明代傳記叢刊》第 130 冊，第 697～705 頁。

〔註14〕據《先考行實》，升左副都御史提督兩廣軍務，敘功當蔭子，文為太學生。第 780 頁。

進禮部尚書。吳寬與吳中文人畫家交往密切，當歸省、丁憂之際，與吳中文人遊山玩水，唱和詩歌，品鑒古玩，尤其與沈周交好，唱和不斷。沈周一生爲吳寬創作了多件具有非常意義的作品。《東莊圖》（未紀年）是明代中期的重要冊頁全景園林，保存了官宦園林風貌，並直接影響了冊頁園林繪畫的發展。由李東陽寫記，邵寶、石珤、吳儼題景，劉大夏、沈周、吳寬均有詩文記載，是館閣與山林互動的重要特例。

　　《東莊圖》以水爲主，依照地形布置景點，主要表現水鄉物產和隱居生活，風格自然素樸。全冊畫面二十四開，現存二十一開，分別爲：北港、南港、東城、西溪、曲池、艇子浜、菱濠、竹田、朱櫻徑、麥山、果林、稻畦、桑州、耕息軒、拙修庵、折桂橋、續古堂、全眞館、振衣岡、鶴洞、知樂亭。涵蓋園中水路，生產園地和娛樂建築。在生產園地中，畫家著力刻畫欣欣向榮的面貌。如《桑州》坡岸上桑樹繁茂，顏色深淺相配，先勾再染，營造繁茂氣象。《果林》中果實累累，一泉穿過，非常誘人。園中水路，皆江南風光。如《菱濠》中彎曲的水面上，採菱人正在忙碌。溪水橫橋，通向竹篁人家。《曲池》表現水塘荷花，紅紫相間，營造絢爛氣象。《朱櫻徑》一人策杖走過石徑，步伐矯健。娛樂建築因需而建，自然天成。《耕息軒》表現水邊叢篁圍繞一屋，一人坐屋中短榻上，書籍滿架，桌案上擺滿器物。《知樂亭》表現一人水榭觀看遊魚，遊魚靈動，紅樹夾葉。《拙修庵》表現一人屋中捧書，兩邊開窗，可以看見外面景物。門外掛著蓑衣，地上放著一個樹墩，院落牆上長著茅草和爬牆植物。《鶴洞》表現山坳間一隻仙鶴在柵欄外，其上是《振衣岡》，一人眺望橫山，顯出耕讀閒情。《東莊圖》雖然以冊頁形式再現主要景點和人物活動，但是圖像的秩序和方位大致清晰，園林的景點實用和雅逸兼具。

3、沈周、王恕與《西園八景圖並賦》

　　王恕，字宗貫，三原縣人。正統壬戌登進士，選爲庶起士，累官南京都察院右都御史，參贊機務。贈太師，諡端毅。王恕生而魁偉高岸，操履剛正，人不敢犯私。磊落洞達，遇事敢爲，建樹頗多〔註15〕。王恕以易經取科第，一生建言頗多，極易得罪，然他一一秉承易學之理，總能一絲不錯，保全自我，爲國出力。所謂「蓋易寓吉凶消長之理，進退存亡之道，吾居官時亦嘗竭駑鈍之力於顛危之際，陳逆耳之言於負扆之前，未嘗有一事之失，獲多言

〔註15〕過庭訓《明分省人物志》卷一百零三，《明代傳記叢刊》第139冊，第415～422頁。

之罪，蓋竊取乎易之道而保全之，以至於斯也。」〔註16〕致仕後，築西園和後樂亭，日與賓客遨遊其間，不知老之將至。

沈周與王恕交往密切，王恕巡撫南畿，經常詢問民政。沈周對王恕非常敬仰。《石田詩選》有多篇文章盛讚王恕直氣貞心，參天柱國的氣勢，名利如煙的淡泊胸懷。《西園八景圖並賦》詳述王恕的生平偉績，謳歌他的不朽功業和傑出人品。

三、園林觀念：山林之思，對忠勇合宜的頌揚，子賢親榮的
　　山林—朝堂迴圈

1、山林之思：朝隱與鳴盛

朝堂的山林之思是翰林居處觀念的重要內容。朝堂與山林本身包含漫長的時間跨度，其時間向度是山林—朝堂—山林，是政治人生的隱喻。在對《洪崖山房圖》的歌詠中，翰林們具體指出山川之勝孕育了傑出人才，傑出人才又創造了卓越功勳，爲歸老山林、歌詠聖化提供了一個歷時的敘事空間。歌詠聖化是一個集體行爲，必然涉及平生交遊。表面上平生交友是人才薈萃，實質是權力集團的隱喻。因爲交遊是社會地位和權力網路的重要紐帶，在此起彼伏的官宦生涯中，每一次交遊都可能是東山再起的契機，館閣大臣唱和正是政治交遊的一種。壽而閒是國家尊老和太平的象徵，胡儼引用白傅以詩書不朽事業圖繪太平、芳名遠波的例子，延續這種願望。可見，以朝堂爲立足點，翰林們將不同時空整合爲一個迴圈整體，塑造了傑出人才，山川之勝，尊老而閒的山房隱喻空間。

2、沈周對官員忠勇和宜的品質的頌揚

翰林們對同僚功業的頌揚更多是言辭高華，往往大處著筆，浮光掠影。而沈周對官員的歌頌則非常眞誠、具象，給人深刻的印象。《西園八景圖》和《韓錦衣六景圖》突出了沈周對平賊英雄和剛毅果敢的大臣敬仰，謳歌他們的優良品格。《韓錦衣六景圖》中，沈周謳歌將軍忠誠如向日葵，胸富韜略，威嚴獭獭頓使六月生涼的氣勢。勇猛無比，東海掣鼇也遊刃有餘的閒適。《西林八景圖》意義更加豐富。沈周先賦後詩，高贊王恕「宏正而亮鎭，簡約而瀟淵，以之柱石則明堂底定，以之調元則庶徵罔愆。」指出主人「通幽明，

〔註16〕王恕《玩易軒記》，《王端毅公文集》卷一，《四庫存目叢書・集部》第 36 冊，
　　　　齊魯書社，1997 年版，第 178 頁。

謹法戒，導性情以之正，行以之和」的心性行誼。鋪敘地勢雄壯，韞玉含靈是三輔遺治。人民孝忠爲本，內心充仁，行事準義的剛正質樸民風。修園的目的是「存誠而樂道，觀物而玩化。」園景也是主人德行的象徵，太史銘呈祥瑞，藏書屋滿經綸，方池滌蕩心胸。松軒則保貞不渝，受寒卻腴。隴頭雲卷舒無常，難測其幾。繡衣記則抉深理窟，牢籠眾美。〔註17〕

3、子賢親榮的山林—朝堂迴圈

由賢德而澤餘子孫，由顯貴而榮封老親，是明代的重要孝親觀，也是士子科舉高中榮歸故里的隱喻。所以，家邦榮耀和仕途顯達是一體兩面的關係，早期表現爲對軒室邊槐樹、老松等年歲經久的奇異之物的歌頌，中期發展爲對園林景物和主人的歌頌。東莊圖充分展示這種觀念。《東莊圖》題跋豐富，李東陽、劉大夏和沈周三人最具有代表。李東陽《東莊記》追述園林主人吳融艱辛創業以守先君之志，遵紀守法，富貴簡淡，類同布衣，更「積而能散，衣寒食餓，汲汲若不暇」，以求兼濟鄉里，可謂達人。其子吳寬又能「科甲重朝廷，文章望天下，愛民憂國恒存乎心而見乎眉睫，則推翁之心以達之天下。」〔註18〕劉大夏稱讚吳融家有餘慶，「流水應通世澤長」〔註19〕，栽培令郎，又傳至天下的賢德才能。沈周讚歎吳融因吳寬奪魁而榮升：「恩封早晚著朝衣。」〔註20〕

四、文學修辭：身份邏輯、章法隱喻、圖文比德

翰林們對《洪崖山房圖》的歌詠採用記、序、詩的形式，充分利用身份邏輯，形成自我言說、他人歌詠和自我體驗的三段模式。首先胡儼《洪崖山房記》述說山川之勝，人才之靈，歸老之樂，報出自家履歷，爲翰林的歌詠提供「行狀」。

> 西山在章水西，洪崖又在西山之西。峰巒秀拔，林壑深窅，嵐光染空，高二千丈，屬連三百餘里，西山所以專豫章之勝也。岩岫四出，雲霞卷舒，幽泉怪石，流峙澗谷。丹碧照耀，樹林陰森，奇偉窮絕，洪崖又專西山之勝也。余家寓城中，闤闠浩嚷，人事往來，

〔註17〕《沈石田西園八詠圖並賦卷》，張丑撰、徐德明校《清河書畫舫》，第585〜588頁。
〔註18〕李東陽《東莊記》，《吳都文粹續集》卷十七，《文淵閣四庫全書》第1385冊，第440頁。
〔註19〕劉大夏《東莊詩》，同上。
〔註20〕沈周《東莊詩》，同上。

喧囂塵土無虛日，而余幼從事詩書，日與物接，不得專力肆志以窺聖賢之閫奧。每臨南浦之清波，挹西山之白雲，未嘗不噭想洪崖幽勝。欲結廬其間，以勤所事，然卒牽塵務，不得遂其志也。年二十有四領鄉薦，自是宦遊南北者十有五年。聖天子即位，始得仕於朝，侍從兩京，又十有四年。於茲徒以竊祿自厚，無分寸報稱，以及於人。方將刮劘洗濯，以求其本根，而自視欿然，不知老之至也。間嘗休暇挾書冊以讀，目力昏倦，輒枵然欲睡，而又加以多疾善忘，益竊自歎，雖使居洪崖之間，不與物接，專志於學，而神疲意耗，亦無如之何矣。……他日苟得歸老故鄉，買田築室於山間，益勵余齒，課子孫，耕桑讀書爲太平之民。日從鄉人父老擊壤於山林，以詠歌聖天子德化於無窮，不亦美哉。〔註21〕

　　首先指出山川是人才之奧。胡儼從西山高、深、廣、氣象渲染山之秀朗，地之厚潤，巒光交映，確立西山的位置，點出山川的外在氣勢。又從洪崖山中卷舒漫衍的雲霞、泉石相激的動態效果，丹霞之流光，樹木之蒼老，糅合古今，動盪渾健，以顯示洪崖底蘊豐厚，日新月新的生機。再指出人才出爲國士，暗證山川之靈。最後人才渴望榮歸故里，遊戲山水，以鳴國家之勝，象太平之世。由此，從山林到朝堂，再到山林的迴圈模式，恰好整合不同時空，定格在山川上，使之成爲聖化的象徵，而這一切又在虛化的想像中完成，依賴於當下的翰林唱和，由此回到翰林對人才的頌讚。

　　題詩中楊榮的地位和功勳最顯赫，他也順應身份邏輯，採用敘事手法，歷數園主的榮耀與志願，完成他者對傑出人才的頌揚。楊榮《洪厓山房爲胡祭酒題》：

　　　　自從領鄉薦，振衣遂彈冠。鳴琴宰花縣，載筆登金鑾。英才樂
　　教育，討論孔與顏。竭來寄遐想，緬彼洪厓間。〔註22〕

　　最後，胡儼引用香山典故，以想像的親身經歷體驗歸老的虛幻樂趣。云：「當時洞口逢張氲，何處人間有傅顚。陰瀑倚風寒作雨，晴嵐飛翠暖生煙。」「天邊拔宅神遊遠，樹杪騎驢笑欲顚。風動鶴驚蒼竹露，月明猿嘯綠蘿煙。」騎驢山巔，乘鶴涼夜，猿嘯，綠蘿、瀑布、晴巒都構成白居易鼓吹的自由自在的林下之樂的組成部分。最後，遊玩的成果需要傳之後世：「求

〔註21〕見《洪崖山房圖》題跋。
〔註22〕楊榮《洪崖山房爲胡祭酒題》，《文敏集》卷2，第32～33頁。

田問舍非吾事，欲託詩書使後傳。」〔註23〕白傳自覺的詩書不朽事業轉爲翰林圖繪太平、芳名遠波的重要手段。可見，翰林的身份邏輯以意爲本，構建時空，具有特別的意指結構，包含豐富的政治隱喻。

　　《西園八詠圖》採用章法隱喻來塑造王恕的人格。賦體開篇，語境宏大。歎秦漢皇家苑囿之荒蕪不存，追同調於仁里、青門，述志於山水園林。又因關中歷史邈遠，無法勾勒園林實景，只能稽之傳聞，託以夢語，從而增加園林的無常性。又推原園林之根本在於人傑。江山變異，人傑常出，三原之園林依然會興盛，續三輔之治。第二段，鋪敍三原山川靈秀，比德量喻，指出園林「膴膴而裔衍，諸陵矗矗而足峙。荊輝而玉韞，中靈而雰萃。巉嶭突秀而近拱，漆沮流潤而暗匯。」讚譽王公的園林「屏八垠曠蕩之風，鬱大塊坱圠之氣」，得乾坤氣勢，「宜賢者之胥宇」。指出園林建設孝本忠位，內仁外義，存養道德，觀化萬物，「存誠而樂道，觀物而玩化」。第三段，模仿池上篇有 X 有 X 結構，氣格轉爲陽剛，分述太史銘，藏書樓，洗硯池，繡衣記，隴頭雲等景點。太史銘「考世德，於發幽光」，庇護子孫，文氣呈祥，傳遞給後代；藏書房雕飾以蘭蕙香草，儲藏浩蕩群經，「標牙刻玉，籤軸晶熒其前」；洗硯池滌垢潔塵，日新月新；松保貞節，柳斂敬容；牡丹圃風煙雨露，「殿眾而尊，開多而富」；隴頭云「或卷或舒，乍合乍分。莫茹其機，曷察其神」；繡衣記，「潤學海，抉深理窟」。總之，突出西園之景的動態、光輝，浩蕩氣勢，日新月新，生生不已的陰陽精神，這恰與王恕研究易學的體驗相當。第四段，因「粗有得乎物之情狀」，證之以心性行誼。首云老成朔望，性正行和。再歷數公之德政，總結爲「公宏正而亮鎮，簡約而瀞淵，以之柱石，則明堂底定；以之調元，則庶徵罔愆。」〔註24〕以傳記形式探討公之德行義理，嚴正典型，類似正統，象徵性強。總之，全文以一線單傳開篇，追述園道之根本，以有 X 有 X 結構統景，比德量喻模形，得園景之粗貌，以傳記證之，文質彬彬。文體雜糅，以賦之莊嚴定乾坤大義，以散文之閒適統八景之光輝，耀而不亂，雄而不莽，正和儒之雅馴清剛，以傳之實證景之虛，體用兼備，內外完養，一個完整的儒家人格就誕生了。

〔註23〕《題洪崖山房圖詩》，胡儼書，紙本行書，縱 27.3cm，橫 45.5cm。此詩未附在《洪崖山房圖》。

〔註24〕西園八景的文字皆引用《沈石田西園八詠圖並賦卷》，張丑撰、徐德明校《清河書畫舫》，第 585～588 頁。

　　比德是讚頌人物的主要修辭手法，當人物性格突出，並積澱為某些固定意象時，圖文結合眞正實現了由象到意的綜合傳達。《韓錦衣六景圖》表達將軍威嚴，忠誠、勇武時充分利用了這種手法。《槐影》表現九棵槐樹，濃蔭茂密，一官人翩翩而來，草亭虛敞，泉水叮咚，二童子攜琴書而來。題詩用高幄、綠油強調威嚴而冷峻的氛圍。再用將軍讀韜略引出「氣如秋」的眞實感受。步步轉譯，充分發揮了文字與圖像的互補關係，將不可傳達之意置入骨髓。《葵陽》表現高樹下一人亭中獨坐，門外葵花奕奕。題詩云：「大將心忠赤，」「彼此共恩光」將沐浴天朝恩露的情境置於眼簾。《荷池》中一人茅亭下釣魚，池中荷花灼灼，荷葉田田，楊柳依依。題詩云：「還知掣鼇地，東海始為寬。」〔註25〕由河池釣魚聯想到東海掣鼇，暗喻將軍的勇武和灑脫，由近及遠，神來意到。所以，比喻的功效在圖文結合藝術中，非常恰當，近乎天成，反映了沈周對圖、文、意之關係的深切把握和表現技法的爐火純青。

五、圖像修辭：時空互換、迴環隱喻

　　廟堂山房的主導是翰林、詩人的歌詠，文學修辭頗為豐富。圖像修辭主要表現在《洪崖山房圖》和《東莊圖》中。

　　《洪崖山房圖》採用全景構圖，人物讀書和策杖來訪放在中景，成為圖像敘事和構圖的兩個關鍵點。右端茅屋和屋後迭起的洪崖山著筆頗多，之間間以朦朧的雲氣，門前是秀松和流水，與屋中讀書應和，既突出胡儼讀書求取功名的青春氣息，又渲染了洪崖山亙古永恆，日新月異的生生氣象。正是山川之勝，人才之傑的隱喻。中間策杖來訪與茅屋處於一條水平線，既是屋中人物視線的延伸，也是人物心靈虛化的關鍵，由此，平衍的流水和渺茫的遠山納入人物的心胸，廣闊遼遠的山川成為人物走出山林、創造洪業的隱喻。但是，點景人物全部在中景，取消了畫外觀者對圖中人經驗的細膩感知，又以茅屋為據點，以平遠和朦朧的格調突出中華大地生氣勃勃的雍容氣象，意指翰林們的眞實社會位置，進而將山房推入想像，或許山房之外正是翰林們眺望的眼神。所以，畫家通過大量的筆墨和人物的關鍵位置將焦點定位在洪崖山川上，以突出山川氣象。又通過點景人物的朦朧性引出畫外中心，指向翰林的眞實位置，虛幻的空間具象化，眞實的位置隱喻化，想像與眞實在交互中呈現，可謂一石二鳥。

〔註25〕《沈啓南寫韓錦衣園林六景圖》，高士奇饌、余彥炎校《江村銷夏錄》卷二，第317頁。

　　《東莊圖》採用迴環空間隱喻「先考德行，餘慶子孫；科舉高中，榮封故里」的文化建設過程。一、先農藝再遊息。根據《東莊記》和黃曉《東莊平面圖》〔註26〕有四條路進入東莊，其中北港過橙橋一路和艇子浜入麥山一路爲兩條主路，以園藝爲主，分別有麥山、稻畦、果林、桑州、菜圃等農作物。圖像也非常側重植物的豐茂氣勢，以增加富饒的視覺效果，是對主人勤勞質樸品德的歌頌。西溪、南港則以安養休息爲主，曲池、知樂亭、振衣崗、鶴洞集中於此。畫面多人物活動，或觀魚（知樂亭）、或讀書（耕息軒）、或玩古（拙修庵），疏朗潔淨，自由閒適，頗得耕讀之樂。二、文化空間。東莊圖的軒亭又化用典故，如曲池、知樂亭、拙修庵皆是一定的文化風尙的再現。曲池即白傅池上樂趣的再現，其中又種荷花，眼前景物又包含言外之意趣。知樂亭是濠上之想和安居田園的暗喻。拙來自潘岳的拙政，即不能爲官，躬耕田園的自嘲，可謂妙哉。振衣岡和鶴洞進一步將恬淡的情緒，昇華爲陽剛氣質。圖像也逐漸採用濃密的披麻皴，增加景物的感染力，突出主人的內在精氣。東莊的園亭建築又皆臨水，船隻可達，成爲文化活動的中心。如《拙修庵》中古器、書籍，《全眞館》之蘆葦遠山，《竹田》之遠山毛竹，均可以從南港或西溪，折桂橋經過續古堂直接到達，透露出園林營造文化空間的另一趨向。折桂橋即渴望子孫折桂，續古堂掛著吳融的官像，說明已經被榮封，暗示了文化娛樂還是科舉高中，榮歸故里的表現。軒亭的雙重連接作用將農桑與科舉融爲一體，將家族之德行傳至天下，正是道之推行的方式。所以水路和方形園池有非常特別的意指結構，循序和直達並存，爲迴圈意義提供了很好的詮釋策略。而水之圓潤與方之規矩也暗喻了「方之象行，圓之比智」的人格標準。

第二節　吳中山房圖

　　吳中山房繪畫主要是表現一些小型的別業，規模不大，象徵文人品格。以沈周、文徵明、唐寅爲代表。大致可以分爲三類：草堂圖，寫號圖，全景園林冊頁。草堂圖表現方式比較寫意和簡略，往往一間軒室，一片山水，可以直接進行圖式描繪。

〔註26〕高居翰、黃曉、劉珊珊著《不朽的林泉：中國古代園林繪畫》，生活・讀書・新知三聯書店，2012年，第158頁附圖。

一、山房圖式

（一）草堂圖

草堂圖像在元末明初定型爲個人雅逸生活再現和群體雅集兩種形式。不同在於，元代圖像以山水爲中心，人物比例小，多隱藏在山水間，婦孺入畫，更側重園居生活和整體環境的再現。明代圖像中，人是山水的主導，空間層次清晰、理性、抒情，圖像的意義明確單一，更側重文化韻味的傳達。沈周、文徵明和唐寅以不同的方式理解草堂，帶來了不同的時空體驗和人物風貌。

沈周的草堂圖有兩種：爲一定目的而居住的草堂和啓發心性的亭、榭、樓、閣。居室草堂圖多採用竹欄、圍牆圍合，背靠大山，門繞流水，環境疏朗而有詩意。如《杏林書館圖》表現門前一人策杖過板橋，門牆內一人坐，屋外老樹枯槎，屋後山脈橫互。《灣東草堂圖》中竹籬，廂房，正房圍合爲梯形，屋前流水，屋中讀書，屋後飛瀑，最後一縱向山脈逶迤而來。

沈周的亭、榭、軒、樓、舟船，因勝而築，與山川融爲一體，互相感發，愉悅心性。如《有竹鄰居圖》表現一人高樓遠眺，門前方田，垂柳。一人撐舟蘆葦間，一人行舟，一人江釣。遠處江帆鷗鷺。《保儒堂圖》表現枯槎老樹下柵欄裡，廳堂敞開，中有書、榻。疏林板橋外兩人行走，一鶴獨立。前半部樹木老健茂密，墨色蒼潤，以顯示嚴謹的讀書空間。後半段枯枝疏朗，墨色枯潤，大有鶴唳九天的嘯冷氣息。

唐寅、文徵明的草堂圖多是娛樂空間再現，草堂因某種活動而具有一定的作用。人物活動多在室內，門外的風景既是背景，隱喻草堂的空間特性，又是客觀的風景，渲染草堂的整體環境。不過，由於草堂主人的經濟水準不等和畫家風格的區別，草堂面貌也不同，唐寅多蒼莽的山間草堂，文徵明多雅致的林中清館。唐寅的草堂圖房屋整飭寬敞，夾在體塊巨大的山石間，人物也多在屋中眺望山水。如《雙鑒行窩圖》（圖 4-3）表現門前水波粼粼，石根沒在水中，石面體積大，上紅葉斑斕。山房夾在大石間，一人獨坐遠眺，一童子捧著梅花離開。文徵明將草堂搬入家園，多描繪園林景物，如芭蕉、湖石、茂松、秋桐，房屋潔淨軒敞，設色古雅，用筆精準，再現了理性高雅的居住環境。如《眞賞齋圖》（圖 4-5）表現兩人對卷，童子煮茶。書案上卷軸林立，木榻樸拙。門外高桐茂松，竹篁碧樹。湖石玲瓏多姿，疊山透漏崢嶸。淺赭黃、石青、石綠並用，古雅蒼健。

（二）寫號圖

　　寫號圖〔註27〕是明代的特殊圖像，以某人名號爲題，用特有的意象闡釋名號的含義。明人多喜歡以號名宅，象徵性和觀念性更加突出。沈周的寫號圖環境大多清遠開闊，遠離人居，人物沉浸其中，自娛自樂。如《青園圖》表現一人在屋內，背對遠山闊水，專心讀書。《東原圖》表現叢篁茅亭中，一老人獨坐，旁列書籍。籬笆外橫橋，一老人策杖來訪。遠山橫互，煙波飄渺。

　　文徵明的寫號圖多表彰人物孝思。如《存菊圖》表現林屋疏曠，籬三四叢，主人憑闌注視，淒然有風木之感。門前童子攜琴過板橋。菊花盛開，松柏虯立。背後煙江遠山。如《洛原草堂圖》表現兩個友人來訪，門前青松林立，流水潺潺，過橋一軒敞開，軒內置木榻橫几。左側籬笆圍住屋宇，一人樓上。再左三楹屋宇錯落。軒的右側水樹中兩人，背後流泉。《滸溪草堂圖》（圖4-4）表現兩人屋中閒談，門外一人策杖。橫橋水樹，茂樹茅屋，溪上捕魚，農人荷鋤，石磯泊舟。小青綠設色，整飭有節，清朗安寧，儼然人煙繁盛的江南水鄉。

　　唐寅的寫號圖環境更加抒情，闡釋組合名號的傾向突出，側重表達人物的風骨。如《毅庵圖》表現一人茅屋中執浮塵。房屋上鋪茅草，尺寸不一的幾片瓦鋪在屋脊上。鱗松虯立，節眼突出，門窗僅用原木搭建框架，似乎透風。門外老樹枯枝，高松蕉石。骨力剛健中又寓含清新雅潤。

（三）園林圖

　　以冊頁或卷軸的形式全面表現園林景點，即全景園林圖像。

　　早期園林直接將房屋建在山川間，因借自然以成美景。如杜瓊的《南村別墅》描繪元末明初隱士陶宗儀的私家別墅。畫家將園林環境與處士活動聯繫起來，內容涵蓋詩詞典故，仙家典故，漁隱典故，園亭典故，文化味十足。〔註28〕明代中期，園林冊頁以表現家族園林爲主，規模擴大，地點明確，園林生活和人文景觀成爲表現的重點，主要有沈周《東莊圖》和文徵明《拙政園圖》。前者表現官宦之父的園林之樂，後者表現官宦退隱林

〔註27〕別號圖的分類參看劉九庵《吳門畫家之別號圖及鑒別舉例》，《故宮博物院院刊》1990年03期。

〔註28〕這種園林繪畫思路在晚明得到發揚，成爲審美化園林的重要表現方式，其中的重要景點也被晚明園林採用。

下的隱居面貌。〔註29〕《東莊圖》前文已論，此處介紹《拙政園圖》。文徵明先後畫過兩冊《拙政園圖》〔註30〕，1533年的31開（圖4-6）景物簡單獨立，注重文化空間，淡化客觀的園林空間痕跡，人物活動清雅，展示了園林全貌。主要景點有高士活動圖，如《若墅堂》、《倚玉軒》、《小滄浪》分別表現人物中庭策杖，松亭看竹，水榭閒談。《釣盤》、《水華池》分別表現平臺垂釣，亭榭看荷。景物描繪圖，如《夢隱樓》表現樓閣對山。《珍李版》側重表現水，坡，樹。《得真亭》表現籬笆高松，水，屋宇。《芙蓉隈》表現水塘、荷花。

二、山房觀念：以閒修行、以道養高、以禮行孝，以藝潤身

　　草堂主人大多是品德高尚的隱士，身份不顯赫，自身也沒有留下太多文字，草堂圖和題跋文獻是表彰德行的重要形式，也是主人履歷的主要文獻。沈周所繪製的大量草堂圖或是親友，或是自己的房屋。如有竹居是沈周別業，灣東草堂是德韞老弟的別業。唐寅繪製的圖像，是意氣相投的朋友，比如《毅庵圖》是朱秉忠的居室，《雙鑒行窩》（圖4-3）是爲富溪汪晴翠，號實軒者繪製，具體情況暫無考證。文徵明繪製的草堂圖，有意識保存了主人較爲詳細的傳記資料。如《存菊堂》的主人王聞，字達卿，號存菊，王穀祥從兄，以醫鳴吳中。善談名理，灑落不羈，有晉人風骨。《真賞齋》的主人華夏字中甫，號東沙，國學生，師事陽明先生，有聲南雍，遂疾輟業，建真賞齋以藏三代鼎彝、魏晉法書，壽七十有四，葬膠山。」〔註31〕

（一）以閒修行

　　主人身份不明，表彰內涵因畫家而異。沈周追求閒雅自適的生活，注重高尚德行所表現的整體氣韻，以孝爲本，將綜合行誼作爲衡量個人地位的標準，草堂圖表彰整體之人。如杜瓊字用嘉，吳縣人，號鹿冠道人。天分高敏，過目不忘。從學劉孟切，學通孝經，論孟大義。受經陳嗣初，教授鄉里。以

〔註29〕拙政園雖為官宦園林，但文徵明對其設計以隱居林下為主，從圖像風格和文化內涵來看，屬於山房圖系列。

〔註30〕文徵明1533年和1551年均畫過《拙政園圖》。後者12開現存八開，畫面更加清朗，筆法純熟精練，但不能展示全貌，僅作參考。

〔註31〕《鵝湖華氏通四興二支宗譜》，卷四，光緒己亥聽彝堂義莊刊，第1頁。轉引蔡淑芳在《華夏真賞齋收藏與〈真賞齋帖〉研究》，臺北中國文化大學史學研究所1992年碩士論文。

講讀大誥，率生徒朝於北京。參修太宗文皇帝實錄，修宣宗章皇帝實錄，延先生爲七縣總裁。修輯郡中事，進以助修輿地志。以母夫人老，辭薦舉，朝廷遂詔旌表門，吳寬云：「隱不違親，貞不絕俗者」。〔註 32〕占爲儒籍。道高色腴，「先生及孟賢，深衣幅巾，曳杖履革，所至人望之若綺皓。」〔註33〕參加鄉飲。會葬之日，凡三吳之耆宿門生緇黃名流會葬者數千人。陳頎、史鑒爲之誄，入鄉賢祠祭享，諡孝淵。〔註34〕吟誦之餘，遊戲翰墨，「先生特沈著高古，間喜畫山水、人物，故其詩於評畫尤深」。〔註35〕可見，杜瓊是學、行、德高尚，在地方文教中做出了極大貢獻的文化要人和道德典範。

（二）以道養高

唐寅的草堂主人多窮困，耿介高亢，風骨凜凜，又勤學苦讀，以道自任，貧困而自適。《雙鑒行窩圖》討論鑒、心與道的關係，提出「以道養高」，「以理養心」。

> 會理於心以爲鑒，可以知事理，察古今。夫鑒一也，或以金，或以水，或以心。而所鑒之事，或於身、於心、於天。其大小迥絕不同，然其所賴者皆光也。金以瑩爲光，水以止爲光，心以靜爲光。金無光則昏，水無光則濁，心無光則愚，昏蒙溷濁愚頑不靈，豈金水與人之願哉？⋯⋯君子反之，自心以達於身，自身以達於天，誠而明之，理與心會，身與德修，道與天合，其得於鑒者，豈少乎哉！

〔註 36〕

弘揚道德，高尚自我是唐寅關注的焦點。《毅庵圖》表現朱秉忠窮困而以道自任的剛毅弘道氣象，突出獨立自足的人格。王寵強調主人貞一剛勁的氣骨，「沖沖抱貞一，過目徒紛然。至老而不化，勁氣充兩間。」文徵明云：「豈徒采譽，要以心傳。義當勇爲，疾如奔川。苟不順適，百璧可捐。終始有常，吉哉無愆。」頌揚他學有所得，以心傳道。見義勇爲，高亢不羈。信而無欺

〔註32〕吳寬《杜東原先生墓表》，《匏翁家藏集卷》卷七十二，第701頁。
〔註33〕王鏊《東原詩集序》，《震澤先生集》卷第十，吳建華點校《王鏊集》，上海古籍出版社，2013年，第187頁。
〔註34〕《沈石田東原圖卷》後附年譜，顧文彬撰、柳向春校《過雲樓書畫記》卷四，第116～120頁。
〔註35〕王鏊《東原詩集序》，吳建華點校《王鏊集》，第187頁。
〔註36〕唐寅《雙鑒行窩圖冊》，刊於許忠陵《吳門繪畫》圖42，《故宮博物院藏文物珍品大系》，上海科學技術出版社，2007年，第82～85頁。

的品格。王守期望他久經磨練，「大道邈無垠，修途眇難即。……元仗日操持，太素於此得。卓哉古先風，矯矯方努力。」〔註37〕

（三）以禮行孝

孝親是高士德行的重要方面，在草堂圖像中，一般表現爲侍奉雙親、繼承志意。沈周多以說理的形式說明草堂的孝親宗旨，如《春草堂圖》「雙親好住此山顏」〔註38〕，《灣東草堂圖》「力田養親殊有道」〔註39〕，表達孝親的志意。子孫的實際孝行也得到畫家的極力表彰。如以文徵明爲首的吳中文人表彰參竹君侍奉父母，「隱君性至孝，雖自奉約甚，而奉默庵公與其母必盡水土之供。母暴疾卒，隱君喪之，哀毀骨立。默庵公老臥病不能舉手足，隱君侍湯藥飲食溲溺，晝夜不解衣者二年。事其兄古愚君必竭恭順，終古愚君之世無間言。故里中人稱孝友，又必推隱君。」〔註40〕孝親還表現爲直接繼承先人品德，迴響先人風貌，甚至成爲先人。可菊堂主人王聞種菊緬懷先人，祝允明云：「存德於黃中，存操於後凋，存風趣於幽逸，存功效於滌屙，存聲芳於馨馥，存而法，法而肖，肖而一者也。匪唯菊一，父子一者也，至是而黃花非菊，吾存非黃華，目留心存，宗器、裳衣、貌象、聲氣而已矣。」（同上）

文徵明、豐坊還通過眞知、藝道、情樂的關係，將草堂孝親轉化爲發揚家族德行，重建紙上道德譜系。

《眞賞齋銘序》中，文徵明指出江南收藏家「眞贗雜出，精駁間存，不過誇示文物，取悅俗目耳」，大多有「玩物喪志」之嫌，並稱讚華夏是眞賞之人。

> 銘：允言博雅……篤古嗜文。雋味道腴，志專靡分。斷縑故楮，山鑴野刻。探賾討論，手之勿釋。亶識之眞，亦臻厥奧。豈無物珍，不易其好。維昔歐公，潛志金石。亦有米顚，圖書是癖。豈曰滯物，寓意於斯。迺中有得，勿以物移。植志勿移，寄情則朗。勿滯勿移，是曰眞賞。〔註41〕

〔註37〕《明唐寅毅庵小照》卷一，張照《石渠寶笈》卷十五，《文淵閣四庫全書》第824冊，第445頁。
〔註38〕張丑撰、徐德明校《清河書畫舫》，第714頁。
〔註39〕張丑撰、徐德明校《清河書畫舫》，第617頁。
〔註40〕陸心源《穰梨館過眼錄》卷十八，上海書畫出版社，2018年，第338頁。
〔註41〕《文徵明眞賞齋銘》，郁逢慶《書畫題跋記》卷五，第656～657頁。

　　文徵明認爲眞賞是篤好古代金石文化，辨析眞僞，鉤沉掌故，創建金石學問的專業人士。自覺以傳統文化建構個人知識體系，專一探求，得金石之藝道。又以學識培養心性，情有所寄，以道悅心，超脫物之外。

　　眞賞齋的另一位撰寫者豐坊從眞知、家族德行說明華氏家族的道德人格。用專業的鑒賞語言說明其眞，如「顏魯公劉中使帖（一曰瀛州帖）及朱巨川浩，宣和之所譜藏也。王方慶通天進帖（上有建隆新史館印岳坷張雨跋），金輪之所榻玩也。」「高宗居九重而臨寫奪眞（黃素黃庭）」，「趙承旨臨書入二王之室」。〔註42〕又褒揚法帖書寫人和保存人的道德，如「忠穆挺大節而辭札更雅（《岳鵬舉與奉使郎中箚子》）」，並將華夏納入其中，成爲道德高尙鏈條之一環。最後推出華夏家族的孝子、賢者、烈婦、處士、學者譜系，並引墓誌銘爲證，說明華夏家族「高文巨冊，照映齋中」，「當傳無窮，以爲衡鑒」〔註43〕的源遠流長的根基是華氏家族堅守孝悌，以身踐行。華氏家族具有高度的道德榮譽，其收藏具有高度的道德價值，爲傳承中華孝道做出了貢獻，也是保證孝道合法性的重要憑據，顯然模仿了中國道統傳遞與文獻之隱喻關係，塑造了華氏家族的正統形象，華夏也成爲具有廣博知識、勇於求眞，雅正文化的道／學兼之文化人物，「玩物喪志」轉化爲格物致知，保存文獻庶幾輔翼道德。

　　因某種情況離開故鄉，對遠祖、或故鄉的銘記也是明代的特殊孝親方式。白洛原移居江南，不忘先祖遷徙之自，沈天民「城居而不忘桑梓之舊」〔註44〕，均是孝親的佳例。孝親推衍爲返本歸於禮，「篤親仁族」，表現爲「以文獻表彰德行」。白悅請文徵明作草堂圖和記，康海、許宗魯、劉儲秀作詩。文徵明爲沈天民寫圖，並「賦此詩以爲諸君倡」，均是以文彰德的佳例。

　　白悅是康敏公之孫，少從陽明王先生學。嘉靖壬辰進士。除戶部主事，以江西按察司僉事致仕。悅爲人恢廓而好義。〔註45〕脫貴胄習氣，遊戲文苑，聲價騰起。唐順之云：「盡謝紈綺之習，遂擅文儒之右。課詞非鮑謝不談，論文則漢秦是究。爰揮霍乎藻思，蔚朝華而夕秀。雖字畫之細微亦鍾王其步驟。

〔註42〕明確的流傳著錄信息、風格特徵，是眞蹟的重要保證。
〔註43〕豐坊《眞賞齋賦並序》，郁逢慶《書畫題跋記》卷五，第657～669頁。
〔註44〕張照《石渠寶笈》卷三十三，《文淵閣四庫全書》第825冊，第374頁。
〔註45〕過庭訓《明分省人物志》卷二十八，第131冊，第613～615頁。

故白氏自尚書公以來，賓客滿海內，而公少年聲價遂籍籍乎人口。」〔註46〕
又《白洛原遺稿序》云，「今覽集中，調暢朗而思沉，語婉麗而致遠，音和平
而易感，旨雋永而難斁，文足闡道，圖徽所得於古人者多矣。」〔註47〕

　　文徵明《洛原記》重點闡釋禮與本的關係。白洛原的先祖徙自洛陽，爲
了不忘記，自號洛原，並將齋室命名爲洛原。文徵明稱這種舉動爲知禮樂之
本。《洛原記》云：

> 禮曰樂，樂其所自生，禮不忘其本，是故太公封於營丘。比及
> 五世，皆反葬周。夫反葬不忘本也。止於五世者，親盡也。白氏之
> 去洛，非特五世而已。其山川之秀，土地人美，物之美，貞夫蓋不
> 能舉也。乃晉陵則所習焉。生息於斯，宦學於斯，親戚墳墓於斯，
> 至於衣服食飲語言習尚，有不類於斯者蓋鮮也。棄其所習而從事於
> 不可舉而知之之境。夫豈其情哉。亦求所以行乎禮而已。禮之所寓，
> 志無不達，心誠適焉。其無違願已。〔註48〕

　　禮即樂，樂即不忘本，貞夫不忘祖先即知禮。但是，禮的性質已經發生
了根本變化，並不是回到洛原，習其風土人情，完成祖先未盡的志意，而是
行禮樂之儀，更類似祭祀之禮儀，是名義和形式上的行禮。志意也是無形式
的願望，與禮合一，只要行禮即志願完成。由此可知，禮與志並不是文與質
的關係，而是文即質，文質同一。所以，孝親的形式化爲建立廣泛的孝親文
獻系統打下了基礎。不過，形式之禮的根本還是人格自立。記住洛原的主要
途徑不是每一次行禮過程，而是地因人重，因人而流長。「人苟有以自立，則
一言一事皆足以名世，而所謂地與物皆將假吾而重於世也。」（同上）可見，
禮的根本目標還是造就今人名義，表彰當下德行，讓禮儀服務於文化的書寫
和權威的塑造。所以，不違背己願，心中安適，是形式之禮的情感之基，勾
連古今，發揚人文是其當下旨趣。

　　《滸溪草堂圖》中陸粲主要闡釋孝不忘本和仁愛其族，從而將孝親虛化
爲紙上文獻，以進入文化書寫傳統。沈天民家本滸溪，因習儒子業，徙居城
市四十年，不能忘先人之居，又不能奪兄弟之產，於是繪圖寓志。「夫不忘其

〔註46〕唐順之《祭白洛原文》，《荊川集》卷九，《欽定四庫全書薈要》第419冊，吉
　　　　林人民出版社，2005年影印。
〔註47〕皇甫汸《白洛原遺稿序》，《皇甫司勳集》卷三十七，《文淵閣四庫全書》第1275
　　　　冊，第753頁。
〔註48〕文見《中國古代書畫目錄》第2冊圖錄跋。

本，孝也。不私其有，仁也。孝能篤於親，仁能厚於族，斯二者，古之人則行之。不能彰之以勵夫薄俗也，姑爲書之以示其子孫，俾無忘焉，作澔溪草堂記。」〔註49〕沈天民借助圖像和文獻實現仁孝兩全，是孝之形式化的重要表現，更說明文獻在志意與行動之間充當的重要角色，文獻的實踐力正好說明了話語權的重要性，也是吳中畫家借助形式元素傳承道德精神的重要舉措。文獻化的孝親在寫號圖中轉化爲道德號召力。沈周將孝道作爲個人德行的一部分，強調通過孝順來樹立鄉邦的道德標準。如青園先生謙恭、以德修身，孝親、慎交、安貧、名聞鄉里。〔註50〕杜瓊德、孝、學、藝皆優，吳寬贊爲「學不在於爲文而已，行修家庭而倫理藹然以厚。教不止於授徒而已，化及鄉閭而風旨超然以高。色清而夷，凡賢愚不齊之人，皆可與語。」〔註51〕可見，禮與志的虛化合一，爲吳人找到闡釋道的重要形式，文獻與志意的虛實交錯也爲手段和內涵提供新的表徵關係。

（四）遊藝潤身

文徵明及其友人均戮力功名，多次應試，或久困科場，或作過官，然後才隱居，王寵是代表。1522 年王寵落第，他並沒有因科場不利而意志消沉，而是築石湖草堂以明行藏之志。

《新築石湖草堂二首》：

> 山枕五湖水，堂開千樹林。棟樑天下任，鸞鶴野人心。獨插南峰秀，平臨北斗侵。吾生嚴邴慕，灑酒一披襟。

> 蘿帶還初服，山樽落草堂。獻書長不達，招隱得相將。勒字芙蓉壁，繙經紫翠房。百年何自苦，裘劍欲摧藏。〔註52〕

其實，文嘉兄弟、張鳳翼兄弟均讀書於此。四年後，蔡羽舟過石湖，撰寫《石湖草堂記》和《石湖草堂後記》，勾勒草堂風貌云：

> 左帶平湖，右繞群巒，負以茶磨，拱以楞伽，前蔭修竹，後擁泉石，映以嘉木，絡以薜蘿，儵然群翠之表。〔註53〕

〔註49〕張照《石渠寶笈》卷三十三，《文淵閣四庫全書》第 825 冊，第 375 頁。
〔註50〕《青園圖》題：修身以立世，修德以潤身。左右不違矩，謙恭肯近人。擇交求益己，致養求豐親。鄉里推高譽，蘭馨逼四鄰。
〔註51〕吳寬《杜東原先生墓表》，第 700 頁。
〔註52〕《新築石湖草堂二首》，《雅宜山人集》卷五，《王寵集》第 156～157 頁。
〔註53〕蔡羽《石湖草堂記》，錢穀《吳都文粹續集》卷三十一，第 71 頁。

－141－

鼓勵他們尋「景不能窮者」:「雖然堂之外山光水色萬象朝夕之變而已,堂之內寒翠滿室而已,若夫可以景得而不可以景窮者,別有在也,諸子當自知之。」〔註54〕提出身居山林,要以「經綸獻納,周孔之實用」為志:

> 王子輩方攝卷散帙,挹芬茹芳,笑傲泉石,陶寫風煙,若將無事人世者,然經綸獻納,周孔之實用,至於科第又細細也。跡雖高,能遂忘乎?〔註55〕

寓志於山水,要將自在的風景統領為自覺的心靈意象:「平湖之上環以群峰之陰,崖谷之間翳以數畝之竹,於其所宜得而有之草堂泉石之位置,造物者必有待也。使無是堂,則遊焉者不知其所領,倦焉者不知其所休,是湖與山終無歸也。」領即人與地相遭,「今也林不加闢,地不加深,而湖山在函丈,禽鳥在尊俎,遊於是,息於是,暝觀霽覽集於是,人與地不亦皆遭乎。」(同上)得山水之趣,觀乾坤造化,即「人龍未逢時,林臥觀元化。」〔註56〕山水相遭,造化在心,才能收涵養潤身、淘洗性情、覽天地氣象之效。

總之,吳中草堂寓含觀念豐富:以人物整體品格為主,再現林下閒適環境;以真、孝為主題,表彰德行,建立文化譜系;以人物氣格為主,再現貧而樂道,狂中清剛的高士風骨;以拙為樂,堅守志意的淳儒風範;遊藝養身,涵養觀化氣象。〔註57〕

三、文學修辭:視—感並彰、文體隱喻、直抒胸臆、文之空間化,圖之境界性、象—事—理涵融

草堂圖一般表現簡略,以風格取勝,主要是用來觀看的藝術品,有助於興發觀者情感,難窺探其全貌,草堂圖的文學資料有意識建立立體空間,使得草堂形象更加豐滿。

(一)視—感並彰的詩性文化操作空間

沈周創作了大量詩文和圖像,勾勒了理想的草堂環境和文藝生活。其草堂書寫是「創造性的文化行為」(a culturally creative act,米歇爾-德-賽托),

---

〔註54〕 蔡羽《石湖草堂後記》,錢穀《吳都文粹續集》卷三十一,第72頁。

〔註55〕 同上。

〔註56〕 卞永譽《式古堂書畫匯考》卷二十六,《文淵閣四庫全書》第828冊,第127頁。

〔註57〕 拙政園和石湖草堂主人的園林意志前文已述,暫略。

其結果即文化空間（space）的誕生。〔註58〕米歇爾-德-賽托指出 place 暗示著穩定，在其中兩物不能在同一地方，它管理著共存元素的分配。相反，當考慮方向的向量、速度和時間有效性時，空間才存在。」〔註59〕也就是說只有地方被調用，具有動態屬性時，空間才實現。賽德托云：「被城市規劃定義的街道由行人轉化爲空間。同樣，閱讀也是空間——產生於一個特殊地方的實踐，即書寫的文本，例如，一個由系列符號組成的地方。」〔註60〕草堂書寫和閱讀將靜止的 place 變成動態的空間，大量的組織意象正是這種動態過程。只是草堂文化空間中使用的意象，沒有物理意義上的向量方向，更多融化爲感受，緊密依賴時間，以藝術敷詞（ekphrasis）創造詩性的境界和想像的空間。

　　具體言，草堂文化空間的呈現分兩方面：沈周的經營體驗空間和題跋人的觀看視覺空間。前者以第一人稱爲出發點，娓娓道來經營過程與園居生活的細膩體驗，色調清淡，突出水墨幽韻。後者以第三人稱爲出發點，將有竹居定位爲文化名園，關注有竹居精緻的布局，絢麗的色調，傳達明麗清雅的視覺感受。

　　接下來，我們分析沈周對文化空間的建構。草堂的空間呈現分爲三步：大空間的指示，小空間布置，景觀的詩意化呈現。草堂以幽靜爲本。位置或「附郭居」〔註61〕，或在幽靜的市區，「有橋通市卻無鄰」〔註62〕，最理想的位置是「滄州野水邊」，「雲谷」中。空間遠近參差，高下錯落，迴環往復，如「百里重湖」，「鳧渚菰荒」，「迷雲門戶」，「種樹傍家」，「魚塘花落」，〔註63〕「鶴毛鹿跡長交路，荇葉蘋花亦滿川。」「一區綠草半區荳，屋上青山屋下泉。」〔註64〕以快速的筆觸勾勒有竹居的面貌，不留蹊徑。對照《有竹居圖》，畫家將有竹居放在很高的位置，作爲畫內視角，樓居環境一覽無遺。

〔註58〕轉引自 Craig Clunas, *Fruitful Sites: Garden Culture in Ming Dynasty China*，第89頁。

〔註59〕轉引自 Craig Clunas, Fruitful Sites: Garden Culture in Ming Dynasty China，第87頁。

〔註60〕轉引自 Craig Clunas, Fruitful Sites: Garden Culture in Ming Dynasty China，第87頁。

〔註61〕《黃尚節靜逸堂》，沈周《石田詩選》卷三，《摛藻堂四庫全書薈要·集部》，第9頁。

〔註62〕《宿劉邦彥竹東別墅》，《沈周集》，第742頁。

〔註63〕沈周《有竹鄰居長卷》，田洪《沈周繪畫作品編年圖錄》，天津人民出版社，2012年，第1617頁。

〔註64〕《奉和陶庵世父留題有竹別業韻六首》，《沈周集》，第167～168頁。

　　沈周對有竹居的經營是體驗和感知逐步豐滿的過程，以小空間布置為主，如「買竹十數栽，初種未過牆。把酒時對之，疏陰度微涼。」〔註65〕「賃地旋添栽秫壟，鑿池新溜滙麻泉。北窗最愛虞山色，也似香爐生紫煙。」「蘭甘幽約宜階下，竹助清虛要水邊。只好蔭茅同背郭，何須蓄石慕平泉。」〔註66〕「初種」、「未過牆」、「十數」、「滙麻」賃地，添、鑿、甘、宜，助，只好，「生紫煙」、「度微涼」，既包含經營的時間歷程，又包含布置的審美標準，既有等待的新奇，又有怡人的視覺、觸覺體驗。有竹居就像一個新生事物，在緩慢的撫育中形成一個熟悉而具韻味的空間。

　　景觀的詩意化呈現是沈周對有竹居空間調用的重要方式，也是其體驗空間的完成。如「炙背每臨簷日底，曲肱時臥樹陰邊。」「散髮休休依灌木，洗心默默對清川。一春富貴山花裏，終日笙歌野鳥邊。」「老妻課佛清齋裏，幼女鳴機夜火邊。幾樹涼雲散高葉，一溪明月瀉寒泉。寂寥草座無人伴，自起添香看篆煙。」（同上）各種空間，何種用處，如數家珍，景致，格調，宛然可指，不繪而繪，「無色而五色具」，出蹊徑而在蹊徑之中。所以，沈周以自己真切的體驗，將有竹居的詩性空間編織而出，風水相值，有無之間，在日常中孕風韻，腐朽處化神奇，真乃生活之美學。

　　題跋人的唱和詩歌，類似組詩，克服了詩歌篇幅短小的侷限，勾勒有竹居的整體風貌。恰似一幅「有竹居空間圖」。

> 東林移得閒風月。來學王維住輞川。
> 紫陌桃花紅雨外。滄洲野水白鷗邊。（沈吉貞）
> 啼鳥落花春色裏。斷猿古木夕陽邊。（劉昌）
> 新居僻住城東地。高竹千竿水一川。
> 山色送春來望裏。花香吹雨落吟邊。（黎㦒）
> 沈郎愛竹如愛玉。家住陽湖似渭川。（吳寬）
> 南風赤棗垂牆角，細雨清芝布石邊。（王越）
> 愛汝石田茅屋好，依然風物似斜川。
> 白蘋洲渚滄江外，紅樹園林夕照邊。
> 艇子打魚偏趁月，山童洗藥每臨泉。
> 老夫欲問東家住，分取瓜疇數畝煙。（張淵）

〔註65〕　《葺竹居》，《沈周集》，第175頁。
〔註66〕　《奉和陶庵世父留題有竹別業韻六首》，《沈周集》，第167～168頁。

江南隱者人不識，沈東林勝杜樊川。

雲深樹老空山裏，日暮舟橫野渡邊。

繞屋苧長迷曲徑，當門花落就流泉。

一藤來果敲詩約，做斷爐頭榾柮煙。（善祐）〔註67〕

　　採用「輞川」，「杜樊川」，「城東」，「渭川」，「斜川」，「滄州野水」.將有竹居比擬為清雅的文化名園，定位其審美格調。

　　白、綠、紅，對比使用，如「紫陌桃紅」對「滄州白鷗」，「南風赤棗」對「細雨清芝」，「滄江白蘋」對「園林紅樹」，調製有竹居色調。

　　搭配具有特殊韻味的景物、採用方位名詞，調動觸覺等虛化手法淡化明色調的擴張性，增加悠遠的韻味，製造審美境界。「牆角」、「石邊」、「野水邊」、「野渡邊」、「夕陽邊」、「空山裏」、「雨外」、「春色裏」、「吟邊」，空間由近到遠，由顯到晦，由實入虛，韻味從有入無，得言外之意於眼前之景。「斷猿古木」、「日暮橫舟」，長時段的恒久亙古與短時間倏忽即逝，都無人跡，空靈冥默。「南風赤棗」，「細雨清芝」，「花香吹雨」，調動觸覺，催化思緒，意會情婉。

（二）文體隱喻的孝悌建構

　　眞賞道—學二重身份的建構採用文體修辭來完成。文徵明採用銘來褒揚華夏的學養氣象，豐坊用賦序考辯華夏的豐富收藏，鋪陳家族德行，傳記個人行誼，用詼諧之語舉逍遙境界。銘與禮密切相關，用於稱頌先祖美德，傳之後代，《禮記·祭統》曰：「夫鼎有銘，銘者，自名也。自名以稱揚其先祖之美，而明著之後世者也。」〔註68〕劉勰總括銘之要義云：「銘兼褒贊，故體貴弘潤，其取事也必核以辨，其摛文也必簡而深。」〔註69〕弘潤即體格宏大溫潤。眞賞齋儲藏大量名貴書畫，晉唐書跡，如「鍾太傅薦季直表、王右軍袁生帖、虞永興汝南公主墓銘起草、王方慶通天進帖、顏魯公劉中使帖」，名家畫卷如「右丞輞川圖，恕先雪江卷」，「閻次平積雪圖」，「松年九老」，「馬麟四梅」，「左圖右書」，堪比「石渠閣」。以玉為軸、泥金題寫（金題玉躞），象牙書簽（牙籤），錦緞包裹（錦標），「煊璧琳璆」，和穆高華，文質彬彬如：「（趙松雪）諸圖鼓盛唐之風」，「元鎮惠山春霽」，「篤古嗜文，雋味道腴」，寓含精義，意味深長。

〔註67〕轉引自吳剛毅《沈周山水繪畫的風格與題材之研究》，2002年中央美院博士論文，第138～139頁。

〔註68〕王雲五編《禮記今注今譯》，新世界出版社，2011年，第431頁。

〔註69〕黃霖編《文心雕龍匯評》卷二，上海古籍出版社，2005年，第46頁。

　　「取事核以辨」即徵引事例謹嚴，辨析詳明。如指出重要題跋人，如「鍾元常季直表，貞觀之所珍藏也。王右軍袁生帖，祐（祐）陵之所眷題也」，流傳有序，名人經手，是眞蹟。還描述藏品面貌，徵引歷史，案查文獻，考辯人物的生卒年，用印規則以及變更原因，以確定藏品的歸屬，輯錄異文，以候博雅君子。如對虞永興汝南公主墓銘起草，徐季海絹書道經、步虛詞、康樂贊的考訂，錄原文如下：

　　　　永興汝南，季海道德，楷法矜於海嶽，子山步虛，康樂二贊，草聖擬於季眞（此卷東明九芝蓋，北闕臨丹水二詩，乃庾信步虛辭。後連謝靈運王子晉贊，岩下一老翁四五少年贊。有宣和鉗縫諸印及內府圖書之印。世有石本，末云：謝靈運書，二譜所載古詩帖是也。然考南北二史，靈運以晉孝武太元十三年生，宋文帝元嘉十年遇害。庾信則生於梁武之世，而卒於隋文開皇之初。其距靈運之沒將八十年，豈有謝乃豫寫庾詩之理？或疑唐太宗書，亦非也。按徐堅初學記載二詩連二贊，與此卷正合。其書則開元中，堅暨韋述等奉詔撰述，其去貞觀又將百年，豈有文皇豫錄記中語乎？但記中棗花帖作棘花，上元應送酒，來枉蔡經家！帖作應送上元酒，同來訪蔡家。北闈臨玄水，帖作北闕臨丹水，坐絳雲作生絳雲，玉策石本同，而帖作玉簡，天火練眞文，帖作大火練眞文，難以之百年。帖作難之以萬年，登雲天作上登天，愛清淨作復清曠，冀見作既見，繽翻作紛翻，岩下一老翁五少年贊帖，五上有四字，以鍛語工拙較之，帖為優。蓋木刻傳寫訛耳，竊詳是帖行筆，如從空擲下，俊逸流暢，煥乎天光，若非人力所為，剩有慶稚恭王子敬之遺趣，唐人如歐孫旭素，皆不及此。唯賀知章千文孝經及敬和上日等帖，氣勢彷彿。知章以草得名，李白溫庭筠詩皆稱之，其棄官入道，又在天寶，疑其見初學記而輒錄之也。然東沙子謂卷有神龍等印甚多，今皆刮滅，昔古帖多前後無空紙，乃是剪去官印以應募也。今人收貞觀印縫帖若是粘著字者，不復再入開元御府，蓋貞觀武后時，朝廷無紀綱，駙馬貴戚丐請得之。開元購時，剪印不去者，不敢以出也。開元經安氏之亂，內府散蕩，乃敢不去開元印跋再入御府也。其次貴公家或是賂入，便須除減前人印記，所以前後紙鏗也。今書更無一軸貞觀開元同用印者，但有建中與開元大中弘文印同用者，皆此意也。米又云：陳賢草帖，奇逸如日本書，亦有唐氏雜跡字印，與此卷正

同。意其實六朝人書，余按陳代庾信在周，南北為敵，未嘗通也，
其石刻自子晉贊後截去十九行，僅於謝靈運王而止，因讀王為書，
字又偽作，沈傅師跋於後，傅師以行草鳴於時，豈不識王書二字耶？
又元章及黃長睿皆嘗云：秘閣所收唯務富博，真贋相混，然則書譜
所記，可盡信歟。抑以唐初諸印證之，則余又未敢必其為賀書矣，
俟博雅者定之。〔註70〕

　　以德行史建構家族文獻史是豐坊之賦的重要內容。前序以名人撰寫的墓
誌銘為依據，歷數華夏先祖德行，將行誼轉化為文獻，其格式為先姓字行誼，
再傳者，終旌表。如華之先晉孝子，國史有傳，齊建元中表其閭。將仕公克
振其家，趙文敏表墓，為鄉聞人。鉉，黃志，昭表其門。幼武，俞貞木為墓
銘，有黃楊集。悰鞾，有慮得集，趙友同傳。烈婦鄒氏得程敏政、趙友同等
表彰，孝子得李文正、喬宇、呂逕野，鄒東郭等名公表彰。文徵明三為誌銘，
以表先人之德。華夏遊學王陽明、喬宇；友于邵寶、文待詔、鄒東郭等名流，
總之，德行因文獻而表彰，文獻由德行而蘊道。

　　語言上，寓儒家理語於莊騷諧語中，達到典實莊重、嘯傲恢宏的效果。
如「蓋遊藝以依仁，寧玩物而徇欲，飲沆瀣兮吸朝霞，沐咸池兮浴暘谷，乘
野馬兮遊泰初，班由夷兮謁荼皓。量古今於一瞬，攬宇宙於圭竇，心澹澹兮
坐忘，行踽踽兮背俗。聊棲遲以容與，每遇意而自足，所謂嚼然蟬蛻浮遊塵
埃之外，離人而立於獨者非耶。」「沆瀣朝霞」、「野馬太初」，「踽踽獨立」，
浮遊塵外，心通萬物，嘯傲自適，撫順古今，時空渾融。又能言理明事，將
宏大氣象與淡泊心理結合，塑造高華莊重的人格蘊味和精神氣象。

　　孝悌的形式化是禮寓志。對於大家族來說，孝悌是由幾代人的一系列行
孝組成，也是文化書寫的重要內容。《白洛原草堂圖》中詩賦以敘事為主，歷
敘白家遷徙發達歷史，其中《洛原之什》採用四言詩，模仿國風，格調莊重
恢弘。「有嵩有氓，有洛有河，有圖有書，」「山則有木，展維根矣。川則有
水，展維源矣。維根孔堅，維源孔淵。載衍厥慶，載發厥祥。」〔註71〕木有
堅根，水有淵深，暗示河洛有深厚的根據，可以淵深流遠。河洛圖書是中國
文明的發源地，伊洛道學是中國道學的重鎮，既有鄉邦文獻，又有道學先賢，

〔註70〕豐坊序，《書畫題跋記》，第658頁。
〔註71〕《白洛原草堂圖》許宗魯題，故宮博物院編《欽定石渠寶笈三編》，海南出版
　　　　社，2001年，第2806頁。

當然可以澤披後世。「瞻彼」、「維」、「徂」、「續」「載」,「昌」,「爾始」,「嗣」,
既強調河洛與晉陵的親緣關係,又迴響光大先業的艱巨性。借用國風《生民》
中的詞彙,將后稷創業的洪荒語調引入白氏家族的重建,在擬仿中達到莊嚴
神聖的藝術效果。

沈天民是布衣,家世不顯,《澔溪草堂圖》題跋多採用江南水鄉意象,以
回憶的語調、碎片的體驗,緬懷消失的家園。

> 虎畊溪上舊吾鄉。百年魚鳥常關念,一曲風煙疑自藏。南望帆
> 檣依樹轉,西來墟落帶山長。最憐出郭紅塵遠,春水還堪著野航。(文
> 徵明)

> 城居雖已費經營,水木難忘故里名。隴樹遙瞻連井邑,關河常
> 念繞柴荊。荒煙野店簾飛影,落日漁舟笛弄聲。一展畫圖欣自慰,
> 宛然豐沛獨留情。(顧蘭)

> 憶昔攸芋舊草堂,塵蹤遙寄水雲鄉。渺茫澤國聞漁唱,蕭索輪
> 困護隱藏。贏得閒身隨地寓,獨遺遐思與天長。煙波回首終千古,
> 漫自扶衰上野航。(張裕)

「舊吾鄉」,「故里名」,「舊草堂」,「百年魚鳥」,盡力拉長時間,說明吾
家已經逝去,奠定回憶的基調。「南望」,「西來」,「遙瞻」,「常念」,所見,
所想是整體的故鄉風貌,暗示詩人與故鄉的距離。「疑自藏」,「最憐」,「獨留
情」,「蕭索輪困」,「煙波回首」,「荒煙野店」,將詩人從客觀的觀看拉回到瞬
間的體驗,緬懷之情,消失之感融合,雋永深長。

消逝、距離、身臨,三重體驗都是詩意的,虛化的,均是德行表彰的助
推力。正是特別的情感價值和不復存在現實遺憾將孝親志意轉化為紙上記
憶,儲存著豐厚而彌遠的情感力量,激勵著子孫踐行孝親的高尚道德。

(三)直抒胸臆的風骨空間

唐寅的個人遭遇投射到草堂空間上,以典型的意象營造貧困昂藏,逍遙
自適的高士生活空間。如唐寅爲丁君潛德賦並畫《西山草堂圖》云:「厚苫芒
葛柱棕櫚,欲比南陽舊草廬;頹壁破憑蘿月補,乳梁低與燕分居。烏皮淨拭
窗中几,朱版齊裝架上書;笑殺汗衣車馬客,勞勞奔走欲何如!」(註72)氈、
葛、棕櫚、破壁、直接點出經濟上困窘,蘿、低梁燕、朱版書,說明了主人

〔註72〕唐寅《西山草堂圖‧草堂詩爲丁君潛德賦》,周道振、張月尊輯校《唐伯虎全
集》,中國美術學院出版社,2002 年,第 385 頁。

高雅的文化取向和安貧樂適的生活體驗，正是安貧樂道高士的象徵。因此，唐寅的草堂圖像最接近高士，圍繞窮困而道高來刻畫高士居住環境，弘揚以道自任的高尚氣節。下文以《毅庵圖》爲例。

其題跋摘錄如下：

> 健哉強哉，弗怠以肆。署之庵楣，朝夕斯眎。（盧襄）

> 秉志屬堅強，前驅未遑息。元仗日操持，太素於此得。卓哉古先風，矯矯方努力。王守

> 沖沖抱貞一，過目徒紛然。至老而不化，勁氣充兩間。雅宜子王寵書

> 圖書秩然。於時探索，於時盤旋。豈徒採譽，要以心傳。義當勇爲，疾如奔川。茍不順適，百璧可捐。終始有常，吉哉無愆。文徵明

> 聖賢爲的，果確在心。奮然獨往，保此令名。黃魯曾〔註73〕

此組題跋均是吳中人，多與唐寅友好，對毅庵努力讀書，肆力弘道大加讚賞，更流露出鼓勵毅庵求道的意圖。這與唐寅標榜要「以道養高」的企圖相合。題跋語體嚴正，說理迫切，火力集中，近乎道學語錄。

唐寅對「以道養高」「以理養心」的詮釋更具修辭效果，層次豐富。以《漫興》十首爲例稍作解析。

> 滿榻亂書塵漠漠，數聲羌笛月蒼蒼；
> 不才贏得腰堪把，病對緋桃檢藥方。
> 此生甘分老吳閶，萬卷圖書一草堂。
> 自怨迂疏更自憐，焚香掃榻枕書眠。
> 一身憔悴挂衣襟，半壁藤蘿覆釜鬵。
> 短夢風煙千里蝶，多情絃索一牀塵。
> 老後思量應不悔，衲衣乞食院門前。
> 二頃未謀田負郭，一餐隨分欲依僧。
> 盡嘗世味猶存舌，茶薺隨緣敢愛憎？
> 香鐙不起維摩病，櫻筍難消穀雨春。〔註74〕

〔註73〕《明唐寅毅庵小照》一卷題跋，張照《石渠寶笈》卷十五，《文淵閣四庫全書》第824冊，第445～446頁。
〔註74〕《漫興十首》，《唐伯虎全集》，第81～83頁。

　　唐寅少年豪俠，「烹狗殺雞」，「眠花臥柳」，但是內心卻俊雅雋永，思理深沉，以情語呼出，震撼人心。他筆下的高士草堂體現豐富的人格內涵。如疏簡而好道，以斯文自任。草堂、灰塵、榻等組成疏簡的空間，亂書、萬卷，枕書眠，則說明勤勉讀書，剛毅弘道的精神，又如氣度剛硬，既亢憤又灑脫的風韻。又如老病憔悴，「緋桃檢藥方」，卻「藤蘿覆釜鬲」，琴瑟情多，清俊雅逸。盡嘗世味，卻愛恨分明，猶存憤世之舌。田畝不耕，卻訪僧求飯，毫不在意。總之，意象精練，刻畫真實，無修飾卻直逼肺腑，蕩人心魄。善於採用偏正結構排比意象，有意製造視覺的流動感，又將生活的反思寓含在流動的意象中，深沉濃烈，情、理、氣、格融為一爐，極為傳神。

（四）文之空間化，文之境界

　　王獻臣受到中傷，「甫及強仕即解官家處」，享有田園之樂二十年，可謂名副其實。文徵明稱王獻臣以岳自比，志在「抹殺斯世而優游餘年。」〔註75〕所以，拙政園以獨樂園的空間修辭和陸蒙的人格節操為雙緯，營造了退居城市的山林佳構。根據園記可知，園林的空間布置原則是：先屋宇，再園圃；由城市到山林。園林格調是名士之清園與官宦之雅園的結合。〔註76〕既有清幽的自然環境，如志清處、意遠臺、斜陽、庭柯、竹影，又有玉泉、瑤圃、名花、假山等世家經營。既有霜梅、虹霓、蒼山等清貞嘯遠的意象，又含淑氣，薰香，紫鮮丹豔，清陰世澤長的儒雅雍容氣象。此節結合魯安東的地圖配置示意圖〔註77〕和文徵明記序詩來分析其空間修辭。

　　拙政園的空間由園記和詩前小序介紹，遵循先中心空間，再局部空間，最後四角的原則。以若墅堂和夢隱樓為中心的建築群處於園林的兩重中心：固定南北東西方位中心，確定園門與園後之景物之中心。在敘事順序上以水為橫向線索，串聯東西園林景物。西邊以小飛虹為出發點，以夢隱樓為歸宿，意遠臺、釣磯、淨深亭等清景形成一個大致方形的文化景觀。東邊以來禽圃為出發點，以得真亭為中心，形成東北空間，以瑤圃為中心，形成東南空間。

〔註75〕《衡山書拙政園記並詩卷》，汪砢玉《珊瑚網》卷十五，第 229～230 頁。

〔註76〕文徵明云：「園為唐陸魯望故宅。雖在城市而有山林深寂之趣。」（同上）

〔註77〕Andong Lu, "Deciphering the reclusive landscape: a study of Wen Zheng-Ming's 1533 album of the Garden of the Unsuccessful Politician," *Studies in the History of Gardens & Designed Landscapes: An International Quarterly*, Volume 31, Issue 1, （2011）：40～59.

園之西南（待霜亭），東南（瑤圃）、東北（得眞亭）又以八卦方位指明景物。既保證了中軸線建築的重要性，又自然輻射到四方，突出園林主人的孤貞高潔。

園記主要採用南北地域空間，介紹園林的總體空間，又簡單勾勒景點配置組成的文化空間。如小飛虹到志清處，「軒（倚玉軒）北直夢隱，絕水爲梁，曰小飛虹。踰小飛虹而北，循水西行，岸多木芙蓉，曰芙蓉隈。又西，中流爲榭，曰小滄浪亭。亭之南，翳似修竹。經竹而西，出於水滋，有石可坐，可俯而濯，曰志清處。」詩前小序以具體的景物統籌文化小空間。如若墅堂空間由繁香塢、倚玉軒、怡顏處組成，竹子如玉，庭柯暮光，香花作圃，表達了近圃有遠情、無鄰即山林的清曠之境。滄浪亭空間以夢隱樓爲起點，遠離官場，進入山林。聽松風處在夢隱樓北，小飛虹橫絕滄浪池中，意遠臺在滄浪池北，釣碧在意遠臺下。濯足、聽風、登高、垂釣，製造清嘯高遠氣氛。〔註78〕詩前小序中的八卦方位，封閉了園林東南（瑤圃）、西南（待霜亭）、東北（得眞亭），加上若墅堂的近圃絕鄰布置，拙政園變成了高潔君子笑傲林下的文化空間。

詩前小序還側重空間的文化內涵營造。景物的名稱依傍名人、名句、名勝，獲得文化同構和歷史感。如：

> 若墅堂：在拙政園之中，園爲唐陸魯望故宅。
>
> 繁香塢：孟宗獻詩云從君小築繁香塢
>
> 夢隱樓：此地爲戴顒陸魯望故宅，因築樓以識。
>
> 小滄浪亭：昔子美自汴都徙吳，君亦還自北都蹤跡相似，故襲其名。
>
> 怡顏處：怡顏處取陶詞，盼庭柯以怡顏。
>
> 來禽圃：右軍的黃橘帖。
>
> 爾耳軒：語云未能免俗，聊復爾耳。(《世說新語》)
>
> 玉泉：京師香山有玉泉。
>
> 嘉實亭：取山谷古風江梅有嘉實之句。
>
> 深淨亭：面水花池，修竹環匝，境極幽窅，取杜詩云。

〔註78〕這個空間集中了以「處」命名的小景點，被魯安東歸爲第三類景點，是精神交流的場所。我將這個空間與象徵主人品格和處境的空間結合，以顯示三個文化空間的特點，暫時不分類。

　　詩前小序與詩歌結合說明主人高尚品德。如爾耳軒前疊石，又「特於盆盎置水石上，植菖蒲水冬青以適興」，取假山流泉意思。詩歌云：「言敞東軒，睨彼叢棘。君子於何，惟宴以適。青青者蒲，被於崇丘。……豈不有營，我心則勞。載欣載邀，以永逍遙。」君子看荊棘，姑且適興。菖蒲置於崇丘，簡便不費心，徘徊其下，逍遙歌詠。正是阮咸安貧守道的象徵與園主取為同調的行動。又如嘉實亭得名於山谷之句，小序說明，詩歌點出品德。詩云：「高人夙尚志，脫冠謝名場。……人生貴適志，何必身岩廊。不見山木災，犧罇漫青黃。所以鼎中實，不愛時世嘗。惻惻不忍置，悠悠心自傷。」（嘉實亭）梅花本是瑤圃仙真，卻謝廟堂，傲雪山林，以存「貞白」志向。梅子本應和鼎天朝，卻不遇於朝廷。

　　詩歌還側重園林景物的空間韻味的抒寫。園主退居城市，心中依然有廟堂高情。繁香塢：「雜植名花傍草堂，紫蕤丹豔漫成行。春光爛熳千機錦，淑氣薰蒸百和香。……高情已在繁華外，靜看遊蜂上下狂。」名花、紫蕤丹艷，千機錦，百和香，名貴的花草，爭奇鬥豔的色彩，多次出現在官宦園林，也是官宦品味的代表，而能於「靜處參看」，更顯示了主人的儒家學養。

　　不過，身居城市，享受清景才是拙政園的主要目的。園中清景有怡顏處、聽松風處、志清處、意遠臺、釣磯、深淨亭。大致可以分為兩組：

以時光為主題：

　　　　斜光下喬木，睇此白日遲。嬾人不可即，暮景聊自怡。青春在玄鬢，莫待秋風吹。（怡顏處）

斜光下，白日遲，青春玄鬢，秋風吹，表現遲暮自適。

　　　　疏林潄寒泉，山風滿清聽。空谷度涼雲，悠然落虛影。紅塵不到眼，白日相與永。彼美松間人，何似陶弘景。（聽松風處）

寒泉，涼雲，虛影，清聽，表現山中晝永。

以清為主題：

竹之清影：

　　　　愛此曲池清，時來弄寒玉。俯窺鑒鬚眉，脫屨濯雙足。落日下回塘，倒影寫修竹。微風一以搖，青天散□漾。（志清處）

秋之清曠：

　　　　閒登萬里臺，曠然心目清。木落秋更遠，長江天際明。白雲渡水去，日暮山縱橫（意遠臺）

野水之清淨：

> 白石淨無塵，平臨野水津。坐看絲嫋嫋，靜愛玉粼粼。（釣碧。）

茶之清煙：

> 綠雲荷萬柄，翠雨竹千頭。清景堪消夏，涼聲獨佔秋。不聞車
> 馬過，時有野人留。睡起龍團熟，青煙一縷浮。（深淨亭）

橋之清嘯：

> 蝤蛑連蜷飲洪河，落日倒影翻晴波。江山沉沉時未雪，何事青
> 龍忽騰驀。知君小試濟川才，橫絕寒流引飛渡。朱欄光炯搖碧落，
> 傑閣參差隱層霧。我來彷彿踏金鼇，願揮塵世從琴高。月明悠悠天
> 萬里，手把芙蓉照秋水。（小飛虹）

清景以身體感受、瞬間場景為主，意義模糊，參以圖像和書法，可以撲
捉其氣骨。其中深淨亭採用行書，勁峭靈動，圖中兩人袒腹閒談，大有魏晉
風度。荷花盛開，竹篁茂密，水流潺潺，雖然有茶的清煙，卻給人生氣勃勃
的感覺。《小飛虹》長橋橫跨滄浪池，高臺敞屋，樹木蒼茂，真有金鼇治浪的
效果。《意遠臺》採用清秀的篆體，圖像高臺厚實，遠山一抹，一人望遠而立，
傳達出主人的穩健氣韻。《釣磯》、《聽松風處》中，畫家將人物放在遠方，而
端莊危坐的風儀依然傳達出主人的儒雅氣質。所以，結合圖文詩，可以肯定，
山林清景是適興林泉的自由表現，嚴謹剛健的高尚氣節是園主的根本精神，
正是獨樂園之憂樂統一的儒家情懷。

（五）象—事—理涵融

吳中草堂是天人相輔相成的草堂，主要體現「以藝潤身」的志趣，在表
達志意上有兩種方式，或以詩言志，直抒胸臆；或景與志合一，在境中體悟
志意。

王寵認為草堂是人格的象徵，採用直抒胸臆的方式表達志意。茲錄其草
堂歌詠詩歌，可見一斑：

> 棟樑天下任，鶯鶴野人心。獨插南峰秀，平臨北斗侵。吾生嚴
> 邶慕，灑酒一披襟。

> 蘿帶還初服，山樽落草堂。獻書長不達，招隱得相將。勒字芙
> 蓉壁，繙經紫翠房。百年何自苦，裘劍欲摧藏。〔註79〕

〔註79〕《新築石湖草堂二首》，《王寵集》，第156～157頁。

久拚江漢支離臥，莫訝蛟龍窟宅尊。〔註80〕

只同康樂披雲臥，時許侯芭問字來。南極客星浮禹穴，中宵海日見徂徠。山林鍾鼎渾何礙，白石長歌空自哀〔註81〕

錦軸牙籤春燦爛，青藜玄草夜精修。江湖已識風雲器，壁上龍光看佩鉤。〔註82〕

詩歌涉及三位草堂主人：蔡羽，王寵和袁表。〔註83〕王寵將自己和同儕比喻為「棟樑，鸞鶴野人，南峰，北斗，裘劍，蛟龍，南極客星，山林鍾鼎，風雲器，壁上佩鉤」，莊重嚴肅。對園居生活的描繪也非常正式，「還初服，招隱，勒字，翻經，雲臥，問字，錦軸」，看不出隱居田園的閒適。何良俊云「雅宜不喜作鄉語，每發口必官話。所談皆前輩舊事，歷歷如貫珠，議論英發，音吐如鐘，儀狀標舉，神候鮮令。」〔註84〕可見，王寵時時以讀書立業的士子要求自己。他以功名為本位，採用比喻手法，定位主人的身份和人格，莊重務實，是詩言志的體現。

吳中草堂大多依山水而建，主人借山川興發志意，以靜觀為主。〔註85〕蔡羽主張在景中悟道，以個人的山川體驗轉化草堂景觀，使之成為志意的表現。蔡羽採用方位聚焦來說明石湖草堂的位置，「左帶平湖右繞群巒，負以茶磨，拱以楞伽，前蔭修竹，後擁泉石，映以嘉木，絡以薜蘿，翛然群翠之表，於是文先生徵仲題曰石湖草堂。」但是，由於身份特別（王寵、文彭等人的老師），他僅以道理提醒諸子要管領山水，體悟景與志合。他的《碧筠精舍記》說明了悟道的過程。「天王寺之南洲為精舍，竹二畝，池倍之，閣十尋，軒五，竹之。一客之造南洲，先於軒，次竹，次池，次閣，還休於軒。古器像充焉。

〔註80〕 王寵《新葺草堂簡二三鄰曲》卷六，第182頁。

〔註81〕 王寵《蔡師西山草堂》卷六，第189頁。

〔註82〕 王寵《寄題袁邦正白蓮草堂》，《雅宜山人集》卷六，第200頁。

〔註83〕 《袁氏六俊小傳》云：「陶齋公諱表字邦正，由太學生授西城兵馬司指揮改南京中城升臨江通判。為人和易不設崖岸而內實耿介不可犯。長於歌詩，下筆輒滾滾不停，數與昆弟及文先生徵仲王子履吉輩相倡和，所著有《江南春》集行於世。」（汪琬撰《堯峰文鈔》卷三十五，《四部叢刊》本。）

〔註84〕 何良俊《四友齋叢說》，中華書局，1959年版，第132頁。

〔註85〕 陳從周在《說園》中提到：園有靜觀和動觀之分，小園應以靜觀為主，動觀為輔。相對於大型園林精心設置的景點和遊覽路線來說，吳中主人大多在草堂中活動，通過借景將山川納入草堂，或通過林下活動創造心靈空間，當他們要欣賞草堂周圍的山水，才去遊覽山川，所以基本上是靜觀為主。（《惟有園林》，百花文藝出版社，1997年，第1頁。）

暑之月池於濯，竹於巾，窗於書，席於琴，於奕，閣於風，酒食之會則於軒。其霽也，池明，竹明，窗明，席明，軒明，而閣又極明。城中之臺榭，城外之雲山，皆在閣前。其晦也，池暝，竹暝，窗暝，而閣亦暝。聞萍藻之聲，竹之韻而已。」〔註86〕草堂與志意的合一經過了兩個步驟。一是草堂與自然合一。蔡羽採用白描手法介紹精舍的布置，竹、池、閣、軒，均是自然景物，簡練明瞭。其總括的敘述語言迴響著池上篇的格調，草堂與山川的天然合一，營造了人在山川的獨特環境。一是草堂之物結合為事件，創造心靈空間，實現了事與心的合一。竹、窗與巾、書等相聯繫，變成了具有意義的事件，如窗前讀書，席上彈琴，形成特定的詩意空間，從而滌蕩心胸，所謂「洞心澄覽則得之池焉，灑襟臆颼毛髮則得之竹焉。」但是，「當壬午六月」，「彌月居得已多，使終身居之得又何如也？書以為《碧筠精舍記》」，點明這是回憶性的反思，第三人稱當場敘述轉化為第一人稱回憶性言說，層層提點，再申志意的主體是心靈，志意的感發在草堂事件，草堂表志的主客二維在敘述進程中彰顯。

王寵將草堂作為人格的象徵，草堂的空間屬性是隱喻的。蔡羽將草堂看作陶養志意的場所，草堂是象徵的。總之，草堂不僅僅是具有確定空間屬性的客體，更是涵養精神的象徵。

四、圖像修辭：象徵、比喻、圖—文合體

草堂圖像與文字修辭結合密切，但是圖像的特殊表現手法也有助於發揮草堂的文化內涵。

沈周的圖像主要突出人物的閒適情態，達到圖—文合一的效果。如《有竹鄰居圖》採用寫意手法，左密右疏，高閣、籬笆，田壟、蘆葦，漁舟，點到為止。圖像選擇了最具包蘊的瞬間，寓動於靜，解放人物的視覺，為想像力的馳騁提供門闌。人物在高閣上，恰好可以遠近、上下觀看有竹居的景物。文圖恰好成為一個整體，在隱喻上實現了圖像的操作特性。《東原圖》恰好相反，人物處於正中，景物向人物靠攏，《青園圖》人物背對山水，專心讀書，都將重心放在人物身上，以突出閒適安樂的修養德行情景。文徵明的《滸溪草堂圖》也通過圖像呼應著文章。圖像起點處主人正與客人交談，門外來訪，

〔註86〕蔡羽《碧筠精舍記》，錢穀《吳都文粹續集》卷三十，《景印文淵閣四庫全書》第 1386 冊，臺灣商務印書館，1986 年，第 50 頁。

樹木點葉，並淡淡渲染，線條柔和曲折，再現高雅的交流瞬間。背後褐黃陂陀，淡淡綠意，漁人撒網，農人荷鋤，橋上行旅，水邊高閣，一派江南氣息。表面上，兩個空間井然有序，互不干擾。實際上，主人的視線輻射著遠近的角落，向前伸向來訪者，對岸水閣、漁舟，向後伸向橋上行人。漁舟又是荷鋤、捕魚等農耕小空間的歸宿點。主次分明，將主人讀書在城市，懷念澠溪鄉下生活的意義充分傳達。

文徵明的圖像以象徵意象暗示人物品格，以翩翩身姿表達人物儒雅風儀。如《洛原草堂圖》茂松敞屋，紅衣人物翩翩其間。《眞賞齋圖》湖石捲曲瘦峭，高松粗勁偃臥，地面遠山淡施石青，分外蒼勁。《可菊堂圖》分三個層次，畫卷兩端白雲峰谷、中部可菊堂周圍菊花盛開，高松虬立，蒼柏竹篁，共同暗示隱居環境以及主人的高尚品格。

唐寅的草堂圖以比喻突出主人風骨。如《雙鑒行窩圖》門前兩個巨石邊緣尖峭靈動，陰處長披麻皴、方折砍筆、淡墨渲染結合，增添秩序。石上小樹曲折多骨，橙紅夾葉，突出君子絢爛剛毅氣象。《毅庵圖》中人物執浮塵危坐，窗欞上原木骨節清晰，或曲折或筆直，屋頂上幾片瓦，或大或小，排列在屋脊上，似乎編鐘在奏樂。門外古松老鱗斑駁，松針嫋嫋，均有飛動氣勢。處處隱喻主人清貧好道，安樂浩瀚的胸襟。

第三節　審美化全景園林圖

審美化全景園林圖展示了明代後期園林的風貌。這些園林的營造與圖像表現都受到文人審美趣味的影響，主要是以王世貞爲主導，形成了側重聲色美感的園林營構思想，園林的主人也主要是財力雄厚的官宦或商人家族，如官吏王世貞、王世懋、秦耀、吳亮，處士安紹芳、張鳳翼、鹽商汪廷訥。目前留下的園林圖主要有冊頁和長卷兩種形式。受到園林主人的身份和園居觀念的影響，園林畫的主題和布局有不同。文徵明及其嫡傳弟子繪製的圖像大多直接表現園林景物，要麼是吳中草堂，要麼是市區的簡單家園，如《求志園圖》。園中景物安排都是眼前景象，如草堂、樹木、花卉、小池等。園林的風光更多與自然同體，甚至納自然風光爲園林景象。王世貞等官宦建造的園林則不同，他們對園林做了一個去自然和文化化的過程。園林均放置在依山面水的環境中，園林景點多敷衍文化典故，園林主旨也非常清晰，大多爲了

表現主人志向。園林風光更是人造的產物，如假山、湖石、大型長廊、樓閣、魚磯、洞天等，園林布局力圖拓展文化空間，借助寺廟，稻田，長河等意象，不出門即可納山川於壺底。園林內部空間起伏跌宕，高下對比，收放自如，目的在於獲得觀賞效果。這些內容被吳派畫家轉入冊頁園林畫，促進園林畫的富貴氣息的形成。畫家大多採用吳派技法表現主人的園林景象，刻意追求視覺愉悅，如止園的繁茂昌盛，寄暢園的古雅秀麗，小祇園的整飭壯麗。當然，隨時代風尚的發展，吳派弟子開始綜合吳中風格與官宦園林理想，創立綜合的圖像，如《環翠堂園景圖》以高士清課展示園林風光，反映了鹽商士大夫的鄉居風貌。

一、園林圖式

（一）冊頁

園林冊頁以《西林》、《寄暢園》、《止園》爲主，大多殘缺不全，不過可以根據園林的表現原則和景物特性勾勒園林風貌，解析觀看邏輯。園林畫的總體表現原則「循題構局，異境迭開，是園林山水而得界畫遺。」〔註87〕園林景物都是人文景觀，大多通過文化事件凝固爲簡單的意象，比如臥雪的文化意象基本上固定爲雪、茅屋、高士，所以，對於有一定文化素養的人，園林景觀的闡釋可以依賴文化前件，直接想像園林的景物，界畫又將想像的景物再現爲眞實的客觀物象，所以，園林畫中所看到的意象是經過加工的文化意象，是觀念的純粹視覺化，代表了主人的園居觀念。「循題構局」即園林順著園主的文化思路，組織人文景觀，「異境迭開」即按照自然的空間來製造宛如天然的山水韻味並給人以震煉，宛如處於藝術口中，實現由人文到天然的融合。再加上一篇完整的園記，就可以推想園林的全域。

「循題構局」，「異境迭開」說明了園林圖像空間的開放性和局部獨立性。並且，脫離園林整體後，圖像空間的局部獨立性反而會收到強調的效果，突出園林的空間感。如園林圖像中的倒影橋，可將重簷丹甍、山川秀色倒影在湖水中，站在橋上，就可以確實體驗光影交匯，縮造化於壺中的絕妙經歷。園林繪畫除了全景圖，還有部分景點用來總結園林景物，一般情況下，由於線路的引導，可能會直接帶過。但是如果只剩下總結性圖像，我們不僅可以通過這個據點擬想其包含的景物，而且可以感受到空間的本體存在，此刻空

〔註87〕顧文彬等撰，《過雲樓書畫記》，上海古籍出版社，2011 年，第 152 頁。

間的隱喻本性通過視覺進入心靈，因景物成為主體，有意識的空間被遭遇，也被表徵，同時，界畫遺意也保證圖像的謹嚴和眞實性，防止畫家的過分創造，園林主人的思想可以客觀的表達，也頗為「眞實」。

《西林三十二景圖》（圖4-7局部）表現的是安紹芳〔註88〕的園林。西林園始創於安國，安紹芳萬曆初年開始改建，並「釐而為景者三十又二景，各有詩，茂長〔註89〕之為體九，而懋卿之為體僅一」〔註90〕，請張復〔註91〕繪《西林三十二景》，王世貞為記。現僅存16開，據王世貞的園記和西園32景詩羅列出園林景物，以擬想全貌。園景有濺濺泉、蘭岩、石道、遁谷、晨光塢、層盤、花津、寒星漱、鶴徑、鳧嶼、一葦渡、上島、中洲、蒸渚、息磯、素波亭、虛籟閣、景榭、空香閣、夕霽亭、蕭閣、回梁、爽臺、榮木軒、雪舲、風弦障、松步、椒亭、沃丘、鏡潭、疏峰館、醉石。按照山、水、屋的布局來看，西林地處高山之下以借山林雲煙，園中多水木亭閣以顯園林樂趣，主人安居山傍以獲清靜蕭穆的山林品格。王世貞將圖像分為山景，水景，山水並麗之景，可以窺探局部勝概。山景即園林借山林景色而增勝，如《遁谷》描繪雲山繚繞，谷中逸民可以仰視山雲。《石道》描繪淙淙泉水，兩人趺坐石道聽泉，山頂一亭，可以遠眺。《層磬》表現一人策杖繞過秀松，走向高亭。《風弦障》表現茂松雲間，仙鶴孤鳴，對岸一水閣。山事色調濃重青蒼，詩意朦朧，頗能搖盪性情。水事主要是因水而成的風景，《雪舲》表現行舟在鏡潭，中間曲桂通向松屋，寒氣泠泠。《上島》表現水中松屋，花津、深渚表現繁茂的花開時節，或依山，或對柳亭，色調明快，格局典雅，給人溫婉的青春氣息。《息磯》表現釣魚，《素波亭》表現看鷗鷺，《爽臺》表現兩人高臺閒談，三圖色調更加清淡，有小青綠山水遺意，展示了清朗而閒適的文人生活。兼麗者，如《椒庭》表現橫巒下，房屋軒敞，門前三碧桐林立。《鶴徑》表現上三鶴交鳴，玲瓏石橫臥。《榮木軒》表現一人走向軒，門前柏樹和槐樹鱗節突出，枝繞祥雲。門側蕉石玲瓏。三幅圖或面對橫山，或背靠橫山，於一隅中展示主人的蕭穆冷靜，恰似智者如山。

〔註88〕安紹芳字茂卿，求學於皇甫汸。「居無錫之膠山，山有滌硯亭，因自號硯亭居士。……枕漱百家六籍中，過目成誦。」參見姜紹書著，印曉峰點校，《無聲詩史》卷四，華東師範大學出版社，2009年，第854頁。

〔註89〕葉之芳，字茂長，無錫人，有《雪樵集》。

〔註90〕王世貞《安氏西林記》，《弇州山人四部續稿》卷六十，第781～783頁。

〔註91〕張復字元春，太倉人，山水初以石田為宗，錢穀高足。參見《畫史會要》卷四，第551頁。

　　《寄暢園圖》（圖 4-8）表現秦燿的園林。秦燿〔註92〕罷官後心中鬱悶，以草堂寄託志意，根據王羲之詩意「取歡仁智樂，寄暢山水陰」，改建園林，命名為「寄暢園」，自賦題詠二十首，請王穉登、屠隆、車大任作記，宋懋晉〔註93〕繪製《寄暢園圖》。寄暢園將陶淵明隱居和白居易池上樂趣作為園林的主題，是晚明官宦園林的代表。寄暢園規模非常大，分五十景點。局部完整性和圖像技法特徵明顯，可以先分景點以見精粹。《寄暢園圖》以樓閣勝，但是樓閣鑲嵌在自然山川中，園林重點在房屋，亮點在借山川之勝。如霞蔚是長廊盡頭的書齋，前面平臺臨水，池邊種桃花，屋中碧綠的玲瓏石，對著白雲纏繞，高松圍抱的山中寺廟。不僅感受紅、藍、白三種跨度頗大的顏色，還有鐘聲送來，可謂視聽共鳴。花源是長廊上一人隔著竹林遠眺山上的雙塔，廊下桃花繁茂。鶴巢也是松亭下兩人談話，牆外又是雲山中兩疊樓閣，一在平地，一在半山腰。小憩亭面對青綠山石和枯槎枝椏，牆外一脈橫阜伸向牆角。夕佳、薔薇幕借助山上雙塔製造意境。

　　《寄暢園圖》以簡約的詩意勝，其景物大多疏朗簡單，既注重景物之間的空間組合，又特寫以起興。如石丈表現長石和長松並立。藤蘿石表現月下秀藤繞石，旁邊雲煙遮住樹頂。盤恒表現一低矮石頭與一長松並立，一人撫松而立。魚磯上秀石花樹並存，雲岫即云繞玲瓏石。匯芳則石頭與花架並列。綠蘿徑則是芭蕉與湖石並立。這些景物多採用青綠色，疏秀高古，打破黃色調的謹嚴穩重。

　　寄暢園每一幅圖像都有一個人物。或以景物為中心，或以人物為中心。後者主要是結合典故敷衍成一定類型的圖像，突出人物的活動。如清籟：高士軒中閒談看柳。雁渚：長廊看雁。知魚檻：兩人廊上看魚。先月榭：兩人水中看月。箕踞室：軒中看高松。含貞齋：兩人屋中閒談，門外松石映雪。棲雲堂：雲山松軒，高士閒談。爽臺：高士閒談。懸淙：亭中聽泉。曲澗：高士徜徉流水間。穿過玲瓏石，可以在涵碧亭中看飛泉，或許正是桃源洞流出的桃花水。此一組高士活動先天然外景，頗多春陽氣息，再室內漠漠靜處，突出高士靜穆品格，最後模仿桃花源，製造遊覽出桃花源的整體錯覺。此線

〔註92〕秦燿字道明，號舜峰，隆慶辛未登張元忭榜進士。改翰林院庶起士，累遷都察院右僉都御史，巡撫南贛，辛卯解職歸無錫，在先人園林的基礎上建寄暢園。

〔註93〕宋懋晉字明之，松江人。畫法趙千里、吳仲圭、黃子久，而筆墨秀潤，丘壑蓇深，同時以畫名世者如董宗伯思白，鄒學憲彥吉於明之之畫多所推轂，畫品可與趙文度抗衡。參看姜紹書撰，印曉峰點校《無聲詩史》卷四，第 86 頁。

索也是園林主題布局，點出了園林主旨。由此反觀園林借景和特寫景物，就可以明白，作者將陶淵明品格作為立身根據，將無錫山川作為南山，時時眺望，以悟玄義。將清秀古雅的藤蘿秀石和飄渺的海上雲岫搬入園林，營造官宦士大夫園居氛圍，或許可以將之比為王銑的西園。

　　總之，寄暢園圖像可以總結為詩性典故空間，佛性山林空間，擬作陶淵明的桃源空間。前半段由長廊軒室組合，主要看水中景物，後半段是由寺廟、莊子、陶淵明、仙鶴、雲氣，飛泉等意象組成貞逸主題的遊覽景點。最後環翠樓和遠景圖，正是回顧的一瞬，有幾分看慣江山的灑脫。

　　張宏〔註94〕《止園圖》（圖4-9）是表現吳亮〔註95〕的園林。《止園圖》是張宏1627年創作，共21開，第一開是園林全貌，其他分段表現園林景物，某種程度上改變了一景一圖，人物活動獨領風騷的表現方式，畫家回到園內，表現本色景物，注重景物之間映帶關係，力圖展示園林整體空間。畫筆也側重園中繁茂的景物，甚至多景也採用碎小茂密的筆觸表現樹木，顯出園林生機勃勃的整體氣息。圖分東中西三區描繪景點。東區主要是軒室、樓閣、水潭、假山和廳堂組成的人文環境，表達主人歸來向佛的文化素養。從第三開開始，進門竹叢中一茅屋，穿過鶴梁和宛在橋來到水波鄰鄰的懷歸別墅，別墅前有鴨灘，後有飛雲峰假山。飛雲峰之後即水周堂，堂前蓮池，堂後鴻磬軒，一高士坐其中。鴻磬軒後是大悲閣，軒前是青羊石。大悲閣前有獅子座山臺，一人策杖過橋前往。中區分為南北兩部分，主要有梅花、芍藥、凌波亭，桃花塢，梨雲樓組成。花樹繁茂，或紅或白，青竹淋漓，或鮮或蒼，水波澹澹，視覺效果極其震撼。西區既是生活空間，也是主人人格的正式表述。由華滋館、真止堂、坐止堂和清止堂組成，暗示人生的終點是了悟人生當止。第十九開：止園北門。第二十開：園外東望華滋館、竹香庵。暗示遊玩的回眸一瞥。總之，止園三部分非常清晰，第一部分是回歸田園的序幕，第二部分是田園的行吟自適，第三部分是思空間，點出了主人人格的理想。

〔註94〕張宏字君度，號鶴澗，吳縣人，寫山水筆力峭拔，位置淵深，品在能妙間。參見姜紹書撰，印曉峰點校，《無聲詩史》卷四，第95頁。

〔註95〕吳亮字采于，號嚴所，萬曆二十九年進士，官大理寺少卿。由於黨爭劇烈，吳亮歸隱，於1610年在武進青門山外建造止園。止園圖是張宏1627年創作，共21開，第一開是園林全貌，其他分段表現園林景物，某種程度上改變了一景一圖，人物活動獨領風騷的表現方式，似乎在於喚起整體空間感。

（二）長卷

園林長卷主要有文嘉、陸治等合作《藥草山房圖》、錢穀的《小祇園圖》和《求志園圖》。《求志園》表現張鳳翼〔註96〕的園林。張鳳翼和張獻翼（弟）曾求學於文徵明，經常與文派傳人詩酒酬唱，家有求志園，錢穀爲圖，張獻翼作賦，王世貞作序。〔註97〕求志園是典型吳派園林，既包含孝感、梅德的儒家精神，又有文人尚古、遊目的山林樂趣。錢穀的圖像繼承文徵明的部分意象，簡化文氏圖式中反覆轉折的空間，更清朗樸實。《求志園》表現門廳內，高松柏樹竹篁，三間正房，用薔薇徑圍住，兩人徘徊在徑下。屋後石砌水池，池中游鴉，沿池垂柳枯槎，空地上花圃，一童子正在灌園，最後是高閣。

　　錢穀《小祇園圖》表現王世貞的園林。王世貞是明代園林的積極營造者。他的第一個園林離薋園，地處闤井，不能遠塵囂。最後築弇山園，「始有山水觀」。〔註98〕弇山園前面是小祇園和弇山堂，中間是水，水中聳立東西中三山，名勝鑲嵌其中，因勝建閣。弇園早期儲藏佛經，晚期是道家場地。《弇山園記》詳細介紹了這些名勝，以及觀感心得，顯示了王世貞系統的園林思想。錢穀創作的《小祇園圖》是冊頁之一，卻將園林的整體面貌反映出來，類似長卷。大致可以分爲小祇園和弇山堂兩區。進門即小祇園之竹垣，蔓紅，白薔薇，荼蘼，月季，丁香傍，名爲惹香徑。垣之左種橘名楚頌，右養鶴名清音柵。竹林中建一閣，曰小祇林。後面過梵生橋，有清涼界石碑立於橋頭，後面藏經閣，壁上尤求畫佛境宗風。開窗中弇和西弇可見。閣下左邊會心處，右邊鹿室。後面波光粼粼的水池，最後是寬敞的軒室，叢篁茂樹圍繞。弇山堂區也是從門口進入，到知津橋向西，籬笆繞弇山堂，前爲含桃塢，後爲芙蓉池。後瓊瑤島，桃李梅花植其上，其下磬折溝，對岸是飽山亭，西山風景了然入目。萃勝橋通向西弇山。西弇山上大觀臺，飄渺樓盡覽中弇山與小祇園之盛。小祇園的主導思想是佛教聖地。景物基本上圍繞佛教典故布置（如生公說法，清涼界），西弇山假山怪石更與佛教有密切關係，如獅子、虬龍。小祇園的不

〔註96〕張鳳翼字伯起，吳郡人，中鄉試，不上公車。行徑似陳公甫，風流蘊藉掩映一時。著有《處實堂集》數十卷，又以豪俠之氣寄諸傳奇。行草純用偏鋒，嚴整古淡，自爲一體。參見朱謀垔《續書史會要》，《中國書畫全書》第4冊，上海書畫出版社，1992年，第490頁。

〔註97〕《求志園圖》藏北京故宮博物院。刊於許忠陵《吳門繪畫》，《故宮博物院藏文物珍品大系》，上海科學技術出版社，2007年，圖87，第174～175頁。

〔註98〕王世貞《山園雜著小序》，《弇州山人四部續稿》卷五十，第653頁。

同在於，雖然《弇山園記》中不斷提示客人遊覽路徑，甚至還在一些地方，與遊客藏迷藏（如誤遊處）製造恍惚迷離境界，但是其間繁複而華麗的名稱和典故暗示理解西弇山的華麗石頭洞府，需要的是想像力和學問，圖像僅僅描繪了園林的大致輪廓，以體現它的壯麗氣勢，而不是如其他園林一一介紹景點，以傳達主人的觀念。這或許是佛教園林不立文字的一個隱喻，只給出了一個園林骨架，而審美的內容卻需要有心人一一填充。

園林清課也是園林長卷愛好的主題。文徵明、唐寅和仇英均繪製過司馬光的獨樂園，分段表現園林樂事。圖像都突出人物清雅氣質。萬曆年間的園林清課圖出現了不同的內涵，清課被放在山水中，人物的每一活動都物化為景物，人物到這裡即是展演這一清課，如萬曆年間錢貢〔註99〕為汪廷訥〔註100〕創作的《環翠堂園景圖》局部一、二、三、四、五（圖4-10）。環翠堂是坐隱園的正堂。錢貢創作了《環翠堂園景圖》，顧起元、朱日藩、陳所聞等為他撰寫園景詩。這幅圖像細緻刻畫了坐隱先生的林下清課和坐隱園周圍的田園生活，是吳門畫派的高士形象與世俗鄉紳生活結合的反映，別開生面，頗有趣味。圖分三層，表現官宦的林下清課，展示園林景物和鄉間風貌。畫家採用官輿、策馬迎接，高士里、大夫第、鞍馬栓在高陽館外、轎子停在大夫第門口、僕童門外等候，布置廳堂（名重天下堂，坐隱園）來展示主人歸家的一系列行動，交代主人的士夫身份。進門後，開始遊覽園林，煙道、雲區、獨立泉、水月廊、滄州趣、六橋、洞靈廟、天花壇一一攝入眼簾。飲酒作樂是重點，主人乘坐畫舫飲酒江海上，萬頃波濤，海鷗長嘯，釣竿閒放，頗有蓬萊神仙之感。歸來後，蘭亭流觴，竹林宴飲，頗得地主之義。最後進入清虛世界，或徘徊五老峰下，或趺坐朗悟臺上，或瓊蕊房中遇神仙，或大慈室裏禮觀音，或玄津橋賞荷花，或無無居里寫黃庭，或滄浪亭中看黃鵝，充分顯示了坐隱先生的林下品位。人物活動穿插在豐富的園林景物中。畫家著意刻畫園林環境，樓閣層次分明，飛簷雕飾一一表出，盆栽異卉，五老奇峰，恰如山陰道上。假山如芙蓉仙屏，雲根蜿蜒繚繞，如九連環抱，下開洞府，真乃海上奇境。芭蕉撫石，牡丹圍欄，俗似清虛境裏散天花。樓閣輔以文字說明，憑藉

〔註99〕錢貢字禹方，號滄洲，善畫山水，而人物尤其所長。余嘗見其仿唐伯虎大幅
　　　　咄咄逼真，而他畫亦往往出入文徵仲太史。參見姜紹書撰，印曉峰點校《無
　　　　聲詩史》卷三，第71頁。

〔註100〕汪廷訥字去泰，又字昌朝，號無如，坐隱先生，徽州（今黃山市）休寧人。
　　　　好詩詞散曲，善戲曲，與當時文士頗有交往。

閣、嘉樹堂、環翠閣上蝌蚪雄文，鳥篆奕奕，顯示了坐隱先生化人工爲天然的園林思想。鄉宦園林又放置在更爲廣袤的農耕風貌中。鄉里屋宇軒敞，雞黍閒庭，鄉人搗衣、耕種、荷鋤、負薪，儼然桃源世界。高士或徜徉在碑亭、寺廟間，或策杖、過訪清虛世界，安樂無窮。廣莫山和松蘿、白嶽，纏繞在雲水間，綿延幾萬里，恰好封住園林，增加空間的抒情韻味。

二、園林觀念：綜合人格，山林之慰，聲色現無生，頌讚彰風流

關於園林的觀念實際上是園居觀念。嘉靖以來，文人積極參與造園，整理園林文獻資料，說明園居的文化內涵。總體來看，園居觀念與主人身份、社會處境有密切關係，不管是吳派隱士，還是歸來的官宦，園林都寄託了他們特殊的情懷。

（一）士、仙、釋、隱融合的吳派人格

張鳳翼雖然與文徵明相交，但是園林誌意有一些變化。不僅僅是保持獨立人格，涵養身心，還將山林意象轉爲廟堂氣象，人格也更加多樣，仙、釋、隱融合趨向明顯。

王世貞《求志園記》轉述張鳳翼的言志：

> 至於旦而旭，夕而月，風於春，雪於冬，諸甲第名園所不能獨擅而長秘，而吾得竊其餘。吾它無所求，求之吾志而已。且不見夫都將相貴重用事於長安東者耶？彼其於志若無所不之，然往往人得挾其遇以屈吾志。吾外若伸而中則屈，甚或發其次，且慨歎於所見，而輻輳沃麗之地，等之於荊榛鳥雀之區，聞歌以爲哭，見樂以爲憂，而不悟其所自。吾無所求伸於外，然吾求之千百禩之前而若吾俟，求之八荒之際而若吾應，求之千百禩之下而若吾爲之符節者，此豈可與豪舉跡賞者道哉？〔註101〕

求志園只有朝陽、夕月、風雪等自然界存在的物象，名貴的花木泉石一無所有，而張鳳翼卻可以不因貴賤而放棄志意，不因羈旅而詠于歸。保持自我的獨立，求知己於千載之上，萬世之下，八荒之表。這既延續了吳派因自適而安貧樂道的獨立精神，又顯示張鳳翼以心爲本，從跡上求通的新趨向。

〔註101〕王世貞《求志園記》，《弇州四部稿》卷七十五，第3580頁。

他《題公瑕城南別業》云：

> 亦知塵境有林泉，重見吳中葛稚川。魚鳥自親蓮社客，熊羆已
> 卜渭濱年。招緣桂燕元同隱，人好樓居亦是仙。更喜赤城鸞樹近，
> 不須遙羨鹿門煙。〔註102〕

公瑕即周天球，文徵明弟子，書法得文徵明賞識，與王世貞、張鳳翼兄弟友善，經常出遊唱和。張鳳翼的出發點是山林與城市之別，但是卻將地點與人格調和起來，讚揚城南別業有林泉高致。隱士也因參與宴會而相聚，神仙也樂意住在樓閣，赤城之松就在門前，不必羨慕遙遠的鹿門煙霞。總之，宴會、住樓閣、飲酒既是世俗的，也是隱士的，關鍵看是否有高隱之心。隱士也可以和大夫一起穿著野服用漉巾釀酒，官員只要寬解朝服，依然可以享受山林的天真樂趣。「素封何必千頭橘，已是人間萬戶侯」〔註103〕，隱士即使自封也是人間萬戶侯，而不用像屈原背井離鄉，作橘頌明心跡。所謂「塵境有山林」也。《和趙少宰賦靈洞山房十二景》〔註104〕是張鳳翼為趙少宰所作，進一步調和世俗與山林的合一。山房十二景有道教的古洞、天池、三山，隱士的漁樵，陶柳，松泉、雲石，釋家的寺廟，可見主人三家合一的旨趣。張鳳翼將山林意象與廟廊意象對比組合，使山林物象轉化為廟廊氣象。如紫宸／煙霞，彩筆／翠微，紅日／白雲，琳琅／石床，洗耳／含香，朔輔／弘景，彭澤柳／上林鳥，素淨清幽中包含絢麗高華氣象。所以，在張鳳翼的園林思想中，保持獨立人格的表徵已經發生了很大變化，文徵明時代的安貧樂道，自適田園的隱士表徵已經轉化為宴飲、樓居、琳琅、朔輔等高華的上層社會活動，參與人可以是官吏，也可以是居住城南的布衣，其共同的旨趣是他們都推崇隱逸的品格，王世貞的自白「市居不勝囂，而壑居不勝寂，則莫若託於園」〔註105〕，清晰表達了他們的旨趣。

王世貞是吳派園林的總結者，他在《越溪莊圖記》中詳細介紹了自己訪問王子玄石湖草堂的體驗：

> 主人戴華陽巾輕紗裾出，肅客焚香瀹新茗已，大為酒酒我，果

〔註102〕張鳳翼《題公瑕城南別業》，《處實堂集》續集卷七庚辛稿，《四庫存目叢書‧集部》第137冊，第549頁。

〔註103〕張鳳翼《園居漫興》，《處實堂集》卷四，第331頁。

〔註104〕張鳳翼《和趙少宰賦靈洞山房十二景》，《處實堂集》續集卷五戊已稿，第510～511頁。

〔註105〕王世貞《古今名園墅編序》，《弇州山人四部續稿》卷四十六，第602頁。

取之樹，筍取之竹，蔬取之畦，茭蒲取之渚，而細鱗長鬣之腴取之湖。醉於亭，金波煜然而苦，碎夢於室，玉聲鏗然而時警。晨起而浴，浴竟而飯，相與要之後圃。散步竹木間，雛雉粥粥如喚，二練雀雪潔鮮俊可念，往來透人眉睫。稍上大堤，凝眺久之，則平湖之為鏡，諸溪之為練。近而寶積、茶磨以及楞伽儼在吾几案，蒼翠可仰。掇遠而穹窿峉崿茹茹鄧尉之屬，亦時與雲氣相出沒矣。〔註106〕

王世貞將自適解釋為娛樂耳目，更加關注園林的所視和所聽，將石湖美景「彩繪」出來，這是新園林觀念的表現。他認為園林的充足供應有一定的距離限制，「且以吾吳之勝，地非不足，而其邇者迫於市囂之屬耳，而市人子之接跡其勝。而遠者車馬怠而供張易竭，能離而又能兼之者獨有茲湖而已。」（同上）石湖遠人跡，足供應，不僅是地理位置的優越，也是主人心靈閒適的象徵。其實，與吳派的園林合居住和文藝活動場為一的園林空間不同，世貞的園林並未住人，而是客人很多，也說明園林的景觀趨向。這一點，在後文詳細討論。

（二）宦海的山林之慰

官宦建造的私家園林也以抒發志意為主，主要表達從宦海中，急流勇退，在園林獲得快樂和自由。

寄暢園經過三代人的經營，恰好反映了官場與山林對園林的不同看法，也呈現出園林的旨趣因身份而發生的轉變。秦瀚〔註107〕建鳳山書屋，邵寶喻之「儒者之宮」，將秦瀚比為潛龍在淵，施遠跡博，惠及後代。「鳳之德，猶龍之德，然龍以潛為隱，以飛為顯，而鳳也則異於是，隱也以翔，見也以下，其為用不同，而繫乎時者一也，故君子施遠而博跡，近而光輝，其為澤如龍，為瑞如鳳，而龍德大矣。」讚揚秦瀚的後代多鳳凰出山，發揚龍德之大者，「翔於千仞者，覽德而下，鳴岡棲梧則付之其子，且將有群雛出焉，殊形而一德，隨時而為用，誠無愧於鳳矣。」〔註108〕邵寶之記為秦金所作，代表了官員對居室的看法，延續了草堂寓志傳統。其實，秦瀚自賦廣池上篇，與白居易一樣，過著自適的高士生活。

〔註106〕王世貞《越溪莊圖記》，《弇州山人四部續稿》卷六十，第781頁。
〔註107〕秦瀚字叔度，號從川，邑廩生。轉引自《錫山秦氏寄暢園文獻資料長編》，第21頁。
〔註108〕邵寶《鳳山書屋記》，《容春堂別集》卷六，《文淵閣四庫全書》第1258冊，第752～753頁。

《池上篇》：

> 十畝之宅，五畝之園。有水一池，有竹千竿。勿謂土狹，勿謂地偏。足以容膝，足以息肩。有堂有亭，有橋有船。有書有酒，有歌有弦。有叟在中，白鬚飄然。識分知足，外無求焉。如鳥擇木，姑務巢安。如龜居坎，不知海寬。靈鶴怪石，紫菱白蓮。皆吾所好，盡在我前。時引一杯，或吟一篇。妻孥熙熙，雞犬閒閒。優哉游哉，吾將終老乎其間。

《廣池上篇》：

> 百仞之山，數畝之園。有泉有池，有竹千竿。有繁古木，青陰盤旋。勿謂土狹，勿謂地偏。足以容膝，足以息肩。有堂有室，有橋有船。有閣煥若，有亭翼然。菜畦花徑，曲澗平川。有書有酒，有歌有弦。有叟在山，白髮飄然。識分知足，外無求焉。如鳥擇木，姑取巢安。如魚居坎，不知海寬。動與物遊，矯若飛仙。靜與道契，寂如枯禪。靈鶴怪石，紫菱白蓮。皆我所好，盡在目前。攜筐摘果，舉網得鮮。約我生計，斯亦足焉。時飲一杯，或吟一篇。老懷熙熙，雞犬閒閒。天地一瞬，吾忘吾年。日居月諸，莫如其然。優哉悠哉，吾將終老乎其間。〔註109〕

　　對比二文，白居易儼然葛稚川，過著簡樸的田園生活。秦瀚顯然是鄉間紳士，園林規模擴大，園林經營自足，園林主人動靜居處帶有玄味，園林環境與主人品格同質，頗具文化特色。這種合二為一的自適既是對白居易的傚仿，也是將白居易文化化的產物，是明代園林仿傚前人，又加入自我意識的表現。

　　秦耀將山莊改為寄暢園，意義深刻。「寄暢」取自王羲之《答許掾》：「取歡仁智樂，寄暢山水陰。清泠澗下瀨，歷落松竹林。」〔註110〕王羲之少於癲癇中得之，醒來自詫「癲何預盛德事」。〔註111〕羲之負有將才，不被重用，寄暢山林，得仁智之樂。秦耀此時年富春秋，暫時歸隱，車大任云：「師自壯入朝，揚歷中外，而富貴一毫不以芥蒂於其心。今茲返初服矣，雖掃軌絕客，

〔註109〕秦瀚《廣池上篇》，《錫山秦氏寄暢園文獻資料長編》，第 22 頁。

〔註110〕王羲之《答許掾》，轉引自《錫山秦氏寄暢園文獻資料長編》，第 30 頁。

〔註111〕李贄：《初潭集》卷十三《師友·為文》，張建業編：《李贄全集注》第 12 冊，社會科學文獻出版社，2010 年，第 377 頁。

而時事關心，春秋又甚富也。且東山安石，洛社司馬，深繫夫四海蒼生之望。四海皆以其出處卜安危，公固今之安石、司馬哉。而遽能忍然斯世乎，行且睹安車蒲輪之詔，貢相望於錫山之濱，茲園信不得久留公矣。則雖謂之寄，非眞也，亦奚不宜。」〔註112〕秦耀改爲寄暢園，與王羲之有同感，與謝傳歸臥東山、司馬光建築獨樂園同調。又屠隆云：「夫豪傑心靈必有所寄，進而龍驤則寄之於民社經營，退而豹隱則寄之於山林位置。」〔註113〕道出了秦耀的眞實心靈。寄暢園建成後，秦耀賦詩 22 首，並請宋懋晉繪《寄暢園》。宋懋晉〔註114〕的圖像側重主人對陶淵明人格的模仿，詩歌則關注耳目所見，心靈所感，如嘉樹堂：「嘉木圍清流，草堂置其上。周遭林樾深，倒影池中漾。」清響齋：「繞屋皆篔簹，高齋自幽敞。時和寒泉鳴，泠泠滴清響。」錦匯漪：「灼灼夭桃花，漣漪互相向。水底爛朱霞，林端日初上。」〔註115〕這說明秦耀的園林只是官場勞碌的暫時休憩地，渴望獲得更多視聽愉悅。正如屠隆云：「園在惠麓下，山之晴光雨景，朝霞暮靄，時時呈奇獻態於窗楹前。每烹茶煮釀，行庖炊煙與翠微之嵐氣往往和合成景。茲其園之最勝者哉。」〔註116〕

　　吳亮感慨於閹黨當道，修理舊居，名之止園，以當市隱。「余性復好水，凡園中有隙地可藝蔬，沃土可種秫者，悉棄之以爲洿池，故茲園獨以水勝。」〔註117〕吳亮援引孔子出處說與陶淵明的淡宕之美爲自己的隱居立論，「大道無停轍，宣尼豈不仕。當其適去時，可以止則止。陶公澹蕩人，亦覺止爲美。」〔註118〕其實，他似乎對閹黨的迫害心有餘悸，害怕捲入其中，失去自由，「乘軒豈不榮，但憂天網張。何如華池邊，照影雙翶翔。」〔註119〕「豈謂波相及，應知陸漸沉。」〔註120〕爲了保持名節，他以清議爲重，認識到「千秋清議重，

〔註112〕車大任《寄暢園詠序》，《錫山秦氏寄暢園文獻資料長編》，第 40 頁。
〔註113〕屠隆《秦大中丞寄暢園記》，《錫山秦氏寄暢園文獻資料長編》，第 37 頁。
〔註114〕圖像受到陶淵明、王維思想影響頗深，但是青綠山水的清絢格調依然可以滿足秦耀的要求。宋懋晉作爲他者，展示了秦耀的地位和人格。秦耀作爲主人渴望實現山林之思，二者的錯位恰好塑造了一個社會的官員形象，這與館閣高人的園林雅集有異曲同工之妙。
〔註115〕秦耀《寄暢園二十詠》，《錫山秦氏寄暢園文獻資料長編》，第 30～31 頁。
〔註116〕屠隆《秦大中丞寄暢園記》，《錫山秦氏寄暢園文獻資料長編》，第 37 頁。
〔註117〕因止園詩和文均藏在國家圖書館，作者未見，引文出自《不朽的林泉》的附錄《止園記》，第 48 頁。
〔註118〕《題止園》，第 52 頁。
〔註119〕《由鶴梁之曲徑》，第 52 頁。
〔註120〕《懷歸別墅》之一，第 52 頁。

一夕主恩虛」〔註121〕，毅然離開了官場。《眞止堂》詩再現了他從迷誤到達觀的退隱過程：

> 行止千萬端，衰榮無定在。大象轉四時，達人解其會。誤落塵網中，茬苒經十載。山澤久見招，瞻望藐難逮。懷此頗有年，聞君當先邁。深谷久應蕪，良辰詎可待。謂人最靈智，鼎鼎百年内。雷同共譽毀，詩書復何罪。靜念園林好，高莽眇無界。茅茨已就治，紫芝誰復採。從此一止去，今日復何悔。〔註122〕

> 少無適俗韻，我實幽居士。暫與田園疏，久在樊籠裏。稟氣寡所諧，志意多所恥。心念山澤居，竟此歲月駛。即日棄其官，行行至斯里。欲留不得住，一往便當已。聊爲隴畝民，且當從黃綺。寢跡衡門下，素心正如此。吾生行歸休，今朝眞止矣。〔註123〕

歸隱之後，吳亮以魏晉名流爲同調，模仿他們的行爲，「時而安神閨房，寓目圖史，味老氏之止足，希莊叟之逍遙，而閒居如潘岳則慈顏和，獨步如袁粲則幽情暢，昌言如仲長統則凌霄漢，高臥如陶靖節則傲羲皇。」〔註124〕顯然與陶淵明的樸素的園居絮說有差距，回到了吳中隱士的自適，如云：「定省之暇，水泛陸涉，郊坰之外，朝出暮還，撫孤松而浩歌，聆眾籟以舒嘯，荊扉常掩，俗軌不至，良朋間集，濁醪自傾，而又摘紫房，掛赤鯉以佐之。」〔註125〕

總之，秦耀和吳亮表達的園林觀念分爲顯隱兩面。秦耀是暫時的隱居，目的在於開豁心目，更是東山高臥，待時而飛的象徵；吳亮追逐名士生活，關注內心的自由，其深沉原因是懼怕政治迫害，以隱保全自我人格。然而，相對於吳人對隱居生活的眞切體驗和關注，官員似乎只帶著五官回到了園林，那種娓娓道來的閒適卻慢慢消失了。相對於吳人自律地保持自我人格，官員的操守是他律的結果，所以，他們與自然的融合程度也有別，吳人以山川爲屋宇，自然與人合一。官員納入山林爲景觀，明顯走向人工，有主客對立，我造山川的傾向。

〔註121〕《懷歸別墅》之二，第52頁。
〔註122〕《眞止堂》之一，第55頁。
〔註123〕《眞止堂》之二，第55頁。
〔註124〕《止園記》，第51頁。
〔註125〕《止園記》，第51頁。

（三）聲色現無生

王世貞雖是明代的官吏，但是他的園林脫去了「歸去來」與「臥東山」的政治隱喻，追求審美韻味，這要歸於他對園林的認識。王世貞對園林的看法也頗系統，分類標準精細。首先他從自然與人工的角度比較園林優劣，認為山水勝於人工。「雖然凡辭之在山水者多不能勝山水，而在園墅者多不能勝辭，亡他，人巧易工而天巧難措也。」〔註126〕並將園林分為三大類，概括了當時流行的三種園林風格。第一種是吳中園林的晚期代表，因借自然而通供應，素樸與自然融合，如王玄靜的石湖草堂。第二種是官家園林，朱閣飛棟，以廟廊勝也。第三種是士大夫園林，山水人工兼勝，「峻陟淹徒御，臥遊藉人工」〔註127〕，其集大成者是弇山園。弇山園分為東中西三部分，各有特色，「大抵中弇以石勝而東弇以目境勝，東弇之石不能當中弇十二而目境乃逴之。中弇盡人巧而東弇時見天趣，人巧皆中攟，而天趣多外拓。」〔註128〕

其次，不喜歡隱士愛好的古木寒流、柴門歸鴉，直接呼喚「何如只向人間住，與客攜壺踏落花。」〔註129〕只要心地清虛，即使「門外軒車若水流」，也能「要地結清幽。」〔註130〕「宛轉天疑隔，棲遲境自玄。」〔註131〕最典型的清虛要地是小祇園。小祇園本是奉佛經的地方，後又貯藏道書，布置道場，繪製佛道人物，園林介於城市與山林之間，是士大夫的精神家園，也薈萃珍奇異玩於一區。張鳳翼對吳中園林材料的概括可見一斑，「諸材求之蜀、楚，石求之洞庭、武康，英靈璧、卉木求之百粵、日南、安石、交州，鳥求之隴若閩、廣。」〔註132〕

園林的作用也隨之改變，「暢目而怡性」成為主要功能。「計必先園而後居第，以為居第足以適吾體，而不能適吾耳目。」〔註133〕當然，適要因真，「無營」。「水石有真色，桑榆信所植。好雨東南來，百卉欣自媚。時禽宛宛鳴，

〔註126〕王世貞《古今名園墅編序》，《弇州四部續稿》卷四十六，《文淵閣四庫全書》第 1282 冊，第 602 頁。
〔註127〕王世貞《春日於西園望雲門山有述》，《弇州四部稿》卷十一，第 941 頁。
〔註128〕《弇山園記》，《弇州四部續稿》卷五十九，第 776 頁。
〔註129〕《題溪山深隱畫》，《弇州四部續稿》卷二十二，第 293 頁。
〔註130〕《過吳太學新園賞菊卜夜作》，《弇州四部續稿》卷十八，《文淵閣四庫全書》第 1282 冊，第 229 頁。
〔註131〕《題項子曲池草堂用原韻》，《弇州四部稿》卷二十八，第 1625 頁。
〔註132〕陳書錄等選《明清八大家：王世貞文選》，蘇州大學出版社，2001 年，第 66 頁。
〔註133〕《太倉諸園小記》，《弇州四部續稿》卷六十，第 784～785 頁。

儵魚悠然逝……有待終愧煩，無營乃爲貴。」〔註134〕園林風景對耳目愉悅非常具體，大多用自然界存在的景物展示園林的聲色效果，「躧履向閒除，移床就繁條。景風徐將拂，池荷乍與交。綠竹吐新勁，黃鳥展餘驕。詩書安其所，尊酒自爲招。」〔註135〕可見，王世貞的適與吳人的自適區別很大，吳人是自然與人文相因相成，世貞是因景而成人之愉悅。後者更接近審美愉悅，前者是閒適之樂。

適的根據是三教合一，無情，坐忘。小祇園修建目的最能反映王世貞三教合一的思想。《題弇山園》云：

> 惟古弇州西，國以君子稱。其人皆胡耉，少者亦鏗鏗。中有五色鳥，仰吭向天鳴。金母餞周滿，琬琰鐫令名。海上吐三山，儼若芙蓉城。雲根秀特出，風岩類削成。遊者詫天工，焉知人所營。轉徙一畝宮，其寬不容肱。徇情豈不怡，余適乃忘情。長生豈不佳，余學在無生。〔註136〕

王世貞把自己想像爲五色鳥，遨遊在君子國，琬琰鄉。又把三弇山比作海上三山，營造仙氣繚繞的境界，最後指出這一切都是人造的環境，自己的目的並不是長生，而是在於忘情無生。弇山園似乎是王世貞一生的隱喻，以儒者進入道教，歸於佛教。《藏經閣》中又將老釋互訪的根據歸結爲悟空，去文字，「會得參同兩漸和，莊生昨夜訪維摩。若教更會眞空意，萬卷函經一字多。」〔註137〕王世貞還通過描寫園林佛教氛圍和絢麗色相來解釋捨棄言詮的悟空思想，「蒼松雲彌瀫，修竹風琮琤。層閣臨廣除，回流激清泠。闍婆陳天樂，龍藏鬱飛騰。中有慈悲相，悅發妙音聲。玉笈啓緗縹，流紈染翰青。彷彿貝葉端，自然蓮花生。如日懸中天，萬象借光明。稽首兩足尊，發此希有誠。破除諸疑網，摧伏群魔兵。前因獲心通，後果希勝增。願以一切智，回施一切情。……執離文字間，猶爲道所憎。曹溪倘吾許，筌蹄詎堪徵。」〔註138〕

可見，王世貞的園林是士大夫的精神家園，以愉悅耳目爲表象，以回歸無生爲根據。所以，他對園林的感受絢爛和細膩，卻不爲聲色所掩。耳目愉

〔註134〕《凌大夫且適園》，《弇州四部續稿》卷五，第 60 頁。
〔註135〕《初夏西園偶成》，《弇州四部稿》卷十一，第 941～942 頁。
〔註136〕《題弇山園》，《弇州四部續稿》卷五，第 61 頁。
〔註137〕《藏金閣》，《弇州四部續稿》卷二十四，第 320 頁。
〔註138〕《奉釋典諸部經於小祇園藏經閣中有述》，《弇州四部稿》，《文淵閣四庫全書》 1279 冊，第 144 頁。

悅畢竟是一個方便法門，後來的畫家均力圖再現園林的風景，客觀推動了園林畫風格的變化，不能不說是王世貞提倡的結果。

（四）頌讚彰風流

汪廷訥是徽商兼官員，園林生活將高隱待詔，林下疏狂，香山眞率合爲一體，是山林隱逸與官員眞率結合的產物，也是「假曼倩之玩世爲市朝之大隱」的市隱理想的實現。

汪廷訥請名士歌詠坐隱園，以增強園林的名聲。

朱之蕃曰：

> 家在松蘿第幾峰，山光回合秀芙蓉。開軒玉振碁聲響，繞徑金拖柳影重。緗帙朝看藏二酉，青藜夜步照三冬。年來已有雄文薦，一壑何能久臥龍。〔註139〕

陳所聞作南北曲，茲錄三條：

> 南呂〔梁州賀新郎·汪去泰開園范羅山下題贈〕
>
> 林藏丘壑，天開蓬島，卜築堪供奇討。范羅山下，風光獨占東皋。宛是闢疆深竹，習郁方池，石墨平泉巧。華堂星影動，聚賢豪，結客人瞻北海標。（合）園日涉，塵難到，會心林水閒舒嘯。希放達，任逍遙。

> 南呂〔梁州賀新郎·題贈新安無無居士昌公湖，湖在松蘿山下以昌朝得名〕
>
> 天開圖畫，地形獨占新都。你最怕是市朝喧雜，陸海浮沉，因此上選勝把菟裘築。門前車馬謝，一塵無，雅稱陶潛賦卜居。

> （又）飛虹峻嶺，撐雲嘉樹，西爽邀來堂廡。峰巒突兀，九仙五老形殊。任你向茂林修竹，怪石長蘿，做個煙霞主。憑闌無障礙，接天衢，莊叟逍遙樂有餘。〔註140〕

坐隱先生的自述：

> 蜿蜒山疊翠，林木護吾廬。市遠比鄰少，村深逕路迂。桑麻□高壟，楊柳覆前渠。既與丘壑昵，應與塵世疏。妻孥閒蒔藝，童僕

〔註139〕朱之蕃題，第635頁。
〔註140〕陳所聞輯《新鐫古今大雅南宮詞紀》，《續修四庫全書》第1741冊，上海古籍出版社，2002年，第710～711頁。

慣樵漁。久已偕麋鹿，亦復馴禽魚。落葉隨聚散，浮雲任卷舒。自愛幽房好，欣欣局戲餘。〔註141〕

詩人描繪園林的重點在山光、秀峰，綠柳、明鏡，將厚望寄託在出山濟時蒼生上，代表正統的出處觀，典雅穩重。散曲和詞的描寫側重逍遙林下，名士風流的一面。深竹，方池、平泉、華堂，怪石長蘿均是園林清課；希放達，任逍遙，一塵無，陶潛賦卜居，接天衢，莊叟逍遙樂有餘，做個煙霞主，勾畫出主人清逸的莊叟生活，逍遙自在。汪廷訥的自述更加突出閒適的園居生活，質樸通俗，這一點也表現在園林清課的選擇中。如清景中「蟬噪夕陽」，「清福」中「海內升平」，「官私無負」，「骨肉無故」，「田賦」。這也是他接受白居易池上樂趣的表現。〔註142〕

汪廷訥注重學行、道德，力圖匯通三教。在《坐隱先生全集》中，採用一系列自我解說的論文和 270 則題跋，解說坐隱志向。

汪廷訥自我描繪為「恬淡寡默」，「恂恂似不能言」，混跡人間，「超然有出世之想」，心隱金門的「戴髮之僧」。身在官場，卻「以天地為屋宇，川嶽為枕席」，自詡為「大抵巨壑之縱鱗，空冥之矯翼，惟意所適，人不得以世法繩之。」〔註143〕做人磊磊落落，寐寐惺惺。坐隱於棋，百念盡屏，萬事皆捐。結交「山林野叟」，「藝苑賢豪」。樂在「閒與靜並」〔註144〕，安貞守素。

汪廷訥愛好對弈，坐隱即隱於弈。《坐隱先生全集序》解釋坐隱云：「且以坐之義釋之。夫一土二人。二人者非二人對弈之謂乎。即本身不動而嬰兒出神之義也。土者非習靜之謂乎，即蓬萊方壺與天地共不朽之義也。以一隱言之，入定一隱，隱為養陰，出定一隱，隱為養陽。對弈為動，動為純陽，端坐為靜，靜為純陰。一陰一陽相禪於奕中，正全一守真之大道也。」〔註145〕將對弈不動解釋為養陰，出招解釋為出神。「君不見石室兩童、橘中二叟乎，以彼之日月在手，造化生心者，方以奕為黜聰去智之具。」〔註146〕對

〔註141〕汪廷訥《吾廬》，《坐隱先生全集》，《四庫存目叢書・集部》第 188 冊，齊魯書社，1997 年，第 719 頁。
〔註142〕汪廷訥也寫過一個「有 x 有 x」結構的四言詩，概括園林景物與生活，與池上篇頗類似。參看《坐隱先生全集》中《坐隱清賞》，第 800 頁。
〔註143〕汪廷訥，第 697 頁。
〔註144〕同上，第 698 頁。
〔註145〕汪廷訥，佚題，第 516 頁。
〔註146〕汪廷訥，《釋問》，第 712 頁。

弈則造化在心，運籌指掌。忘卻時空，陰陽相禪，與天地同永恆，歸於全一守眞的仙道。三教會於全一，「一者即佛氏之所謂眞如，老氏之所謂玄牝，仲尼之所謂未發之中也。一生兩儀，兩儀生四象，極之而千變萬化，種種色色，不可狀述，皆一之所貫也。」此過程以對弈明示，「楸枰空設，一著未安，人心各有全奕而毫無他念，非所謂一乎，頃之而黑白相角，舞智鬥捷，百態具備，及結局而復歸於空，非全一之證乎。推之而無處非奕，則奕無處非一也，一之爲道不以隱顯變塞，不以困享殊懷，不以繁簡分念，不以順逆異節，有之則工，而非一也。故一之處坦夷易簡，一之體渾淪混沌，一之用圓融透脫，求全此一者，情慾不以昏之。」〔註147〕全一即空，對弈是空設，相角也是空，由空到空，變化無窮，「天下之術數皆盡於此也。」〔註148〕汪廷訥將三教之空解釋爲空幻，將易之陰陽解釋爲對弈之動靜對待，立足道教，襲取老子、易學，實際上是爲了消滅機心，其三教融合的根本是道教的全一守眞。

參與題跋的人中李贄、耿定力、袁黃、祝世祿均是道學名流，宣導三教融合。李贄從「著空」和心無的辯證關係指出對弈通於未分之前，庶幾未發之中。「著著本來空，心著盡一切……黑白未分前，一著在何處。」這與汪廷訥盡力闡發對弈的空幻本性一致，但並不是未發之中的生生之意，而是釋家之空無。耿定力以汪廷訥的氣象爲主，從實證實悟出發，指出汪廷訥「學會三家，旨融一貫，悟泛實際，修備行門。見其人雍容閒雅，淵秀之士也。按其行力行孝悌，篤實之儒也。讀其著作，磨礪風俗，抑揚美善，經世之言也。」〔註149〕沈鳳翔針對世人對弈無補於事的詰責，指出汪廷訥隱於金門，是「身顯心隱」的大隱，堪比曼倩。大隱在於「融三教而會百途，於玄之齊物，佛之等心，吾家之處一」〔註150〕全部貫通，顯即隱，隱即顯，即「心隱雖泥蟠天飛，皆足以葆其素」〔註151〕，不受地域限制。所以，會通有無，表爲氣象是坐隱的核心意圖。

〔註147〕汪廷訥《全一說》，第 712 頁。
〔註148〕汪廷訥《全一說》，第 712 頁。
〔註149〕耿定力《坐隱訂譜解》，第 594 頁。
〔註150〕沈鳳翔《坐隱訂譜釋問》，第 602 頁。
〔註151〕顧起元《坐隱先生解》，第 594 頁。

三、園林文學修辭：命名寓志、典故與引用、以辭模象、多重視角中時空敘事

　　園林是人爲建造的文化景觀，其標準「雖由人造，宛如天工」，說明了園林與自然的源流關係。園林圖像和園林文學的任務是解釋園林空間及園景的文化含義，使之成爲一個有組織的可感知的藝術整體。人文景觀是文化符號，必須經過組織才會形成一定的空間。園記通過景點位置介紹完成了園林的空間敘述。景點命名，詩歌意象，典故引用均發掘文化含義，表達志意。

（一）命名寓志

　　園林作爲文化景觀，景點命名是表達主人志意的重要手段。如王世貞《求志園記》云，「名其軒曰怡曠，示所遊目」，「名之曰風木堂，示感也，示有尊」，「名之曰尙友，友古」，「名其廊曰香雪，言梅德。」〔註152〕可知，主人頗好山水遊覽，好讀書，篤孝父母，高隱山林，有梅花的品德。

　　《環翠堂園景圖》中的景物名稱清晰指向作者的志向，如「無如書舍」，「朗悟臺」，「劍門」，「觀空洞」，「東壁」，「瓊蕊房」都與作者的事蹟相對應，很能表徵主人的志向。某些景物甚至透露了因得志而炫耀的欲望，如「昌公湖」，「大夫第」，均是自我功業的表述，透露商人的沽名傾向。〔註153〕

　　可見，隨著時代風尙的變化，景點命名也從注重德行轉向個人聲譽的炫耀，風格上也從古樸典雅轉爲奢華動宕，內心的寧靜漸漸被物質的紛擾打亂。

（二）典故與引用陳辭以塑造綜合人格

　　與古人同調，以古人自擬是園林主人表達志意的重要手段。

　　張鳳翼云：

> 四時對酒群峰入，三徑邀賓二仲來。
>
> 最喜北窗堪寄傲，不妨幽夢到羲皇。
>
> 從知五畝投閒足，何必都門十上書。
>
> 魚鳥自親蓮社客，熊羆已卜渭濱年。

〔註152〕王世貞《求志園記》，《弇州四部稿》卷七十五，第3580頁。

〔註153〕沽名還表現在請名人題詠園林景物上。1607年朱日藩爲慶祝坐隱園落成，賦詩100首詠坐隱園景物，顧起元和朱氏韻，並增加兩景，成112詠。112詠並不是遊覽坐隱園後即興創作的詩歌，而是根據朱日藩的園景詩和坐隱園圖坐杏花書屋一日半得之。篇幅短小，大多根據景點名稱，依託典故，敷衍而成，類似圖解。暫不分析。（顧起元《題坐隱園景》，汪廷訥《坐隱先生全集》，第677～678頁。）

　　北窗寄傲是指陶淵明高臥，五畝閒田指白居易池上志趣，蓮社客即慧遠邀請陶淵明等名流訪白蓮社，渭濱即姜尚釣魚渭濱的典故。這些典故透露出閒適、高傲、玄虛、安命等特徵，恰恰組成張鳳翼所期望的人格。

　　典故大多是事典，又切合眼前，是人格的「行爲藝術」，成爲固定的文人清課。張鳳翼歷數的園林清課〔註154〕，「濯纓吾已得滄浪，散髮長歌雲水鄉。習氣未除書學好，閒心欲與釣竿忘。藥苗次第供新病，花事差池減舊狂。」〔註155〕滄浪濯纓，散髮長歌，種藥藝花，既有歷史感，上通古人，又是當下文化趣味，代表清雅的身份。

　　吳亮懼讒而歸，日徘徊於園林中，也對照魏晉名流，塑造綜合的人格，展示閒適的園居生活，如「閒居如潘岳則慈顏和，獨步如袁粲則幽情暢，昌言如仲長統則凌霄漢，高臥如陶靖節則傲羲皇。」〔註156〕

　　吳亮還引用典故、陳辭以言志。

　　　　寧作階下禽，三徑猶徜徉。《由鶴梁至曲徑》

　　　　味老氏之止足，希莊叟之逍遙。《止園記》

　　　　行止千萬端，衰榮無定在。大象轉四時，達人解其會。（眞止堂）

　　　　無事此靜坐，一止止眾止。乃有坐馳者，山林亦朝市。（坐止堂）

　　　　負郭茅堂一水周，亦知吾道在滄州。避人只合親魚鳥，對客何妨應馬牛。滿地江湖堪寄傲，連天灩澦不關愁。倘逢漁夫遙相問，肯作湘累澤畔遊。（水周堂）

　　老子止足，莊子逍遙，馬牛，是知足常樂，與世無爭的人生態度。達人，坐馳即與造化同遊，心遠地自偏。三徑、滄州，魚鳥，漁夫，寄傲均是隱居山林，逍遙江湖的閒適生活的象徵，無灩澦風波，無湘江幽憤，自由自在。

（三）以辭模象

　　王世貞的園林命名以實景爲基礎，「全引成辭」，又是當下景物，如「惹

〔註154〕費元祿《清課》兩卷，更詳細列舉了一年清課的內容，闡明清課與人格的關係，「余謂學卿疏懶似嵇中散，恬澹似陶栗里，雄放似蘇子瞻，多感慨似白香山，口不臧否人物似阮嗣宗，而恂恂孝友，被服道德，求之古人其閔冉之儔歟。」參看費元祿《甓采館清課》，《四庫存目叢書・子部》第118冊，第108頁。

〔註155〕張鳳翼《池上作》，《處實堂集》卷三，第305頁。

〔註156〕吳亮《止園記》，第51頁。

香徑」，即徑旁全栽花木，陳嘉州語。「楚頌」即桔園，蘇子瞻語。「此君」即竹林，取王子猷語。知還橋，取陶彭澤語。

弇山園中石頭和峰巒很多，先模擬物象，再引成辭以點醒，如「點頭石」，即一峰與藏經閣相對，似乎俯首聽經，因取支公傳語而得名。阤牙來自高唐賦，即「洞中石傾嵃崚隕如相角者。」蟹鰲峰取自晉畢吏部，「一峰最崇而兩尖相向」，形似蟹螯。

或象形、擬化而名，如簪雲，伏獅，侍兒，射的，如「一峰獨尊，突兀雲表名之曰簪雲，其首類獅微頗，又曰伏獅，右一峰稍亞若從者曰侍兒，又右一峰更壯而頷中穿若的曰射的。」〔註157〕如碧皺峰即「一峰斜睨若貧姥頰」，百衲峰是「一高峰文理皺皺若裂」〔註158〕者。如壺公樓前「饒峰石」，姿態紛呈，「稍出水則甚奇，有若雙舉肘者曰擁袖，若昂首而飲者曰渴猊，有若尾渴猊而小者曰猊兒，有若飄舉者曰凌波，若憔悴將溺者曰憫相，餘故不辦枚舉也。」〔註159〕

王世貞云：「古之為辭者，理苞塞不喻，叚之辭」〔註160〕。園林是物質化的山水詩，山石花木即活生生的意象，名稱也如詩辭，寓含空間之理。「知津橋」橫跨小祇園，是通往園林的橋，也是通往佛國的橋樑。「萃勝度」合溪水，覽眾山，取佛閣花竹，得文漪堂之勝。「指迷」峰是山洞門口之峰巒，正在指點迷津。「清音欄」是養鶴之地，以「清音」得鶴性，理含詞中，不待贅言。

（四）聲色之悅

王世貞酷好園林，撰寫整理了大量遊園記，又以八篇園記和大量詩歌表記弇山園寄託吾適、愉悅耳目的環境。在《園記》一中詳細解釋了弇山的出處和命名的巧合機緣，恰似其精神變化的寫照。但是，王世貞不再僅僅依賴固定的文化聯繫解說志意，而是採用華麗的詞章鋪敘園林的聲色之美：「中有五色鳥，仰吭向天鳴。……海上吐三山，儼若芙蓉城。雲根秀特出，風岩類削成。」五色鳥高亢的鳴叫將絢麗的色彩與嘯冷的聲音結合，頗為蕭爽。海上三山如芙蓉城一樣金碧輝煌，雲氣纏繞。風蝕的岩石秀潤尖峭，秀逸飄渺。一冷一溫，一實一虛，韻味無窮，真是古典版的視覺盛宴。

〔註157〕《弇山園記》之四，第770頁。
〔註158〕《弇山園記》之六，第774頁。
〔註159〕《弇山園記》之五，第773頁。
〔註160〕《贈李于鱗序》，《弇州四部稿》卷五十九，第2808頁。

寄暢園園景命名上也特別注重聲色之悅，如「清響」即門內全種箽簹，根據孟襄陽詩『竹露滴清響』而命名。嘉樹堂清幽澄澈：「嘉木圍清流，草堂置其上。周遭林樾深，倒影池中漾。」錦匯漪絢爛如燃：「灼灼夭桃花，漣漪互相向。水底爛朱霞，林端日初上。」清響齋清泠幽渺：「繞屋皆箽簹，高齋自幽敞。時和寒泉鳴，泠泠滴清響。」清籟則幽冷清脆：「竹光冷到地，幪卷湘雲綠。隔塢清風來，聲聲戞寒玉。」〔註161〕

（五）多重視角中時空敘事

Barbara tversky 在《敘述：空間，時間和生活》中，提出將固定的空間轉化為線性的結構，就是用視角體驗空間。並認為，概念化的空間環境可以將空間描述串聯為一個整體，並將空間線性化。關於視角，他提出三種類型：路徑視角（route perspective），外參造固定視角（survey perspective），凝視視角（gaze perspective）。一般而言，路徑視角是採用參與人的敘述視角，以行蹤介紹空間，典型的方位詞是左、右、前、後，關聯於時間。外參造固定視角是一種固定的視角，處於空間之外，最典型的方位名詞是北、南、東、西，關聯於空間。凝視視角是單一不變的雜交視角，具有路徑視角的內化方位和外參照視角的持續不變性，場景可以在一個位置看見。關於線性化的時空關聯，他提出「弱敘述」，即「在時間順序中表徵兩個以上的對象，並在持續的，普遍的多模式感知彈幕中保持對時空細節的意識。」〔註162〕即時間秩序引入空間敘述，並作為空間敘述的結構。空間的獨立性又保持一些細膩的感知體驗，攜帶一定的觀念、情感。其實園林作為文化景觀，是對一個空間的認識和體驗，也正是這樣的時空並存體。園林的全景物理空間、局部文化空間、時空順序分別對應著遊覽路線、局部多感空間、遊覽視角。對應的文獻即園記。園記是一個描述多空間的文本，並通過一定的遊覽路徑將空間時間化，串聯為一個合乎觀念的整體。當遊客深入其中，必須直面空間的陳述和體驗。身體作為一個物理的，情感的、觀念的存在，必然調動各種視角，化知覺為視覺，變想像為真實。

園林中的時間秩序多以長廊、房廊來實現，因為這些長廊、房廊往往依次安排景點，將分散的經典組織成合理的遊覽空間，預設遊覽的時間秩序，所

〔註161〕秦耀《寄暢園圖二十詠詠》「清籟」，第 30～31 頁。
〔註162〕BARBARA TVERSKY, Narratives of Space, Time, and Life, Mind & Language, Vol. 19 No. 4 September 2004, pp. 380～392. Blackwell Publishing Ltd. 2004.

以，其位置很關鍵，是園林結構的重要組成部分，如「或余屋之前後，漸通林許。躡山腰，落水面，任高低曲折，自然斷續蜿蜒，園林中不可少斯一斷境界。」〔註163〕其周圍多設立景點。然後借助「虛擬觀者」的眼睛，以遊覽動作爲標誌，如求志園「入門而香發，則雜荼蘼、玫瑰屏焉」〔註164〕；徐氏園「入門花屏透迤，中圍小山，山嶙峋多奇石襟樹，松檜森焉若眞」，〔註165〕來完成線性大空間的建構。凝視視角帶有總結性，是借景手法在園記中的表現。根據位置的不同，作用不一樣，如在眾多景點中，「自橋北望，重屋聳矗，飛甍入池，儼如倒景。」〔註166〕這就是仰借的功效。在園林的全景處，就可以整合園林空間，給出園林的具體位置，「登斯樓也，左城右山，應接不暇，而虎丘當北窗，秀色可摘，若登獻花巖，顧瞻牛首山。然俯而視之則平疇水村、疎林遠浦、風帆漁火，荒原樵牧，日夕異狀，命之曰寰勝。」〔註167〕外參造固定視角是採用東西南北等方位名詞來表現園林空間，人物顯然已經處在園林之上，如徐氏的禪房「堂西有小齋，齋外有橋，橋西復有齋，齋後植蕉，咸可憩焉、談焉、藏焉、修焉，委乎禪房之奧也。」〔註168〕還有一些隱去方位，明顯也有外參造空間，如「池通大池，大池之上有堂臨之。堂居園之中央，命之曰水木清華，觴酌恒於斯矣。」〔註169〕人物始終處於空間中，時時調動視覺、知覺，局部空間和景物的魅力在選詞中流露出來，傳達超越物理空間的情感性存在和體驗，進入一種反思性判斷，賦予空間觀念內涵。比如奇石、松森焉若眞，直接傳達遊者的驚奇、讚歎之情，「咸可憩焉、談焉、藏焉、修焉，委乎禪房之奧」，賦予禪房清雅的文化格調，形成體驗性的空間認知，進而凝固爲文化風尙。

對於簡單的單線園林來說，視角和長廊交互使用，可以將空間完整得呈現，而對於規模巨大的園林來說，單緯空間往往不能窮盡園林之美。這一點在王世貞的《弇園記》中體現得非常明顯。弇山園規模太大，往往將多個景物和空間組合成一組景觀空間，多維多元是其主要特色。並且，弇

〔註163〕張家驥《園冶全釋》，山西人民出版社，1993年，第210頁。
〔註164〕王世貞《求志園記》，《弇州四部稿》卷七十五，第3580頁。
〔註165〕張鳳翼《徐氏園亭圖記》，《處實堂集》卷六，第382頁。
〔註166〕張鳳翼《徐氏園亭圖記》，《處實堂集》卷六，第382頁。
〔註167〕張鳳翼《徐氏園亭圖記》，《處實堂集》卷六，第382頁。
〔註168〕張鳳翼《徐氏園亭圖記》，《處實堂集》卷六，第382頁。
〔註169〕張鳳翼《徐氏園亭圖記》，《處實堂集》卷六，第382頁。

山園注重園林中聲音、色彩、形態的搭配，審美愉悅的追求對園林感知提出了更高的要求。凝視視角既有內化視角，又有一定的持續性，是代入式體驗空間，屬於第一人稱抒情視角，文采豐富，飽含情感。外參造固定視角是全知全能的第三人稱敘述視角，多補足不能臨近的景點，詳略得當，顯示景物主次關係和園林觀覽的章法。恰好可以滿足審美化園林的「多媒體」觀賞體驗。

　　外參造固定視角有八個方位，預設了多維空間結構。以景物為節點，以多維空間為歸宿，就可以畫出三維空間。弇山園有很多迴環往復的空間，縱橫跌宕。園記特別注重空間布局，追求圖畫效果。比如嘉樹亭和九龍嶺，「亭北枕池而南臨澗，又藉樹蔭，雖小致足戀耳。傍亭一峰，遙望之若蓮花，近不盡然，故名之曰似蓮。自嘉樹亭折而東，一石樑正碧色曰玢碧。梁東上三級復西北轉，逶邐而上，得一嶺若案，稍北一嶺若馳脊，前後九括子松環之最茂，每日出如膏沐，青熒玲瓏，往往撲人眉睫，松實香美可咀曰九龍嶺。」〔註170〕以嘉樹亭為參造，南北東西四個方位分別安置澗、池、梁、脊，松，從低到高，空間層次婉轉而豐富，松澗同奏，可飽耳福；松日同絢，可娛目力。簡直一幅嘉亭觀松圖。

　　流杯處和娛暉灘綜合外參造固定視角與凝視視角，視覺愉悅與空間往復結合，更有特色。

> 其臺鑿石為芙蓉屏，石西面修可五尺餘，廣倍之曰雲根嶂。得水則杯汎汎由嶂下竇穿芙蓉度，客爭取之，至濕衣屢不顧也。石芙蓉之水東注一峰下，瀉於池，怒激狂舞儼然小棲賢也，名之曰飛練峽。……流觴所十餘級而下始為大灘，迴顧一峰北嚮，若首肯灘景狀，曰把清峰。灘勢直下往往不能收。足第最寬廣，狠石四列，垂柳緋梅蜀棠交陰，憩之，則池與南榮畫棟，兩崦嵐壑，昏旦晦明之趣盡入阿堵。讀康樂清暉娛人語，真足忘歸也，因目之曰娛暉灘。左望一石甚麗，曰錦雲屏。已從東南探逐竇側足而上，為雲根障之背，雙井肩並有轆轤，蓋汲水以流杯處，俯瞰沉沉，若虎丘劍池。〔註171〕

　　從南北方向來看，流杯處為高處橫平面，娛暉潭是低處橫平面，中間飛練峽為連結，把清峰承前啟後，海棠花造小鏡，層次恰如寫意畫布景，處處

<hr />

〔註170〕《弇山園記》之六，第 775 頁。
〔註171〕《弇山園記》之六，第 775 頁。

映帶，筆筆傳神。又逆筆寫取水處滄健深沉，迴環往復，頗得七言收尾之妙，「奔騰洶湧驅突而來者，須一截便住，勿留有餘。」〔註172〕再從內部空間的風格看，流杯處由芙蓉屏，雲根嶂，寶，芙蓉度組成。芙蓉屏即粉紅石屏，色如芙蓉花。雲根是五嶽之雲觸石出者，極高渺。水流過嶂匯入芙蓉度，又從山峰噴出，仙雲繚繞，流泉淙淙，宛然仙境，庶幾宋代仙畫。娛暉潭更是色彩盛宴，綠柳、紅梅、海棠交相輝映。垂柳婆娑，海棠嬌豔，紅梅傲骨，既饒色相，又含風骨，真實美哉！〔註173〕二者合看，或桃源門徑，或海上瑤島，倚情而擬，言詮不盡。王世貞自謙不能如張復〔註174〕一般貌山水之神，而此景此境，大概石田也要讚歎不已。不過，王世貞又宕開一筆，點出流杯取水處沉沉深碧，如虎丘劍池，老健滄桑，真乃空空色也。

　　凝視視角既依賴於外參造固定視角的聯繫性，來延伸空間；又帶入線路視角，以某物為中心，總收空間。

　　　　啟北窗（藏經閣）則中島及西山巒色峰勢森然競出，飛舞挐攫，遠者窮目迴，邇者撲眉睫。閣之下亦寬敞。四壁令尤老以水墨貌佛境宗風，列榻其間，隨意偃息，軒後植數碧梧。（《弇山園記》之二，第769頁。）

　　　　循青虹復西而下入洞屋，其上則縹緲樓也。南壁皆巧石堆擁，絕類飛來峰。下有小懸崖，適得舊刻石米元章所題畫布袋和尚像，嚴其中名之曰契此巖。契此和尚名也。（《弇山園記》之四，第771頁。）

　　　　堂（文漪堂）俯清流湘簾朱欄倒景相媚，微颸徐來，縠文熨皺。正值中島之壺公樓，夜分燈火相暎帶，小語猶聞，何但絲竹。吾不知於西湖景何如。彼或以遠勝耳。堂有三壁間取文選詩句稍暢麗者，乞周公瑕斆窠書是生平得意筆。左壁平湖右壁雪嶺，則皆錢叔寶為之，而雪嶺尤壯。〔註175〕

〔註172〕《藝苑卮言一》「歌行條」，《弇州四部稿》卷一百四十四，第6606頁。

〔註173〕蜀棠即垂絲海棠，原產西南、中南、華東，尤以四川為多。見《百度百科》「海棠」。

〔註174〕張復元春者，於荊關范郭馬夏黃倪無所不有，而能自運其生趣於蹊徑之外。復畫貌山水得其神，余詩貌復畫僅得其肖似更輸一籌也。（參見王世貞《題張復畫二十景》，《弇州四部續稿》卷一百七十，《文淵閣四庫全書》第1284冊，第457頁。）

〔註175〕王世貞《弇山園記》之七，第776頁。

藏經閣、飄渺樓均借助崢嶸山勢，變幻雲氣，以突出龍象境界。文漪堂借助擘窠大書，平湖雪嶺以擬山川氣勢，正能調動耳目。偃臥碧桐，夜觀燈火，飛書絕壁，在一隅中展開閒適人生，成壯美體驗。

弇山園還以絢麗見聲色，澄澈淘歲月：

> 凡三楹，其前則為石壁。壁色蒼黑最古似英，又似靈壁，□
> 〔註176〕砧研攪饒，種種變態而不露堆疊跡。……壁之頂皆栽括子松，高不過六尺，而大可把，翠色殷紅殊麗。啓北窗呀然忽一人間世矣，漣漪泆浻與天下上，朱棋鱗，比文窗，綺樓極目無際，東弇西崦以朝夕鬬勝，顏之曰壺公，謂所入狹而得境廣也。〔註177〕

青蒼的紫陽壁和殷紅的括子松，色彩相對，分外絢麗。漣漪蕩朱樓，醒目而澄澈，似乎正洗石壁／紅松之崢嶸歲月。朝陽晚靄，朦朧溫潤，得天地之清，吾人何言哉！

> 此樓（縹緲樓）是三弇最高處，毋論收一園鏡中，啓東戶則萬井鱗次，碧瓦雕甍，纖悉莫遁。啓西戶更上三級得臺，下木上石環以朱欄。西望婁水如練，馬鞍山三十里而遙，木落自露北望虞山百里而近。天日晴美一抹弄碧，名之曰大觀臺。〔註178〕

飄渺樓總括藝苑外景，意筆閒勾，定弇山之位置，畫寰宇之風雲。

審美依賴感官，遊覽體驗更加突出。與一般園記不同，弇山記中多次出現遊客和主人，如會心處設華屋三楹，「以竢遊客過者」。「誤遊磴」設置謎團以製造錯覺。率然洞，「澗傍穿不過數尺而乍使靈威丈人探之，當必有縮足不前者」。但據語氣可知，王世貞並沒有當面介紹，而設置了「隱含園主」和「假想遊客」兩個角色，先將自己熟悉的園林景物娓娓道來，再以告知的口吻，時時提醒，並在局部帶入自己的觀感，以渲染耳目之適。實際上，王世貞的園林理論與七言歌行理論非常類似。他在歌行中非常注重章法、音響，而在園林詩歌中一一表現出來，如《十五夜於小祇園坐月作》云：「感此牟尼珠，揚光濯清泠。梵天白銀橋，悅若焰摩升。清溪相環帶，空水互晶熒。飛觴無遺憩，流霞湛然盈。順風奏絲桐，嬝嬝發奇聲。」〔註179〕珠光，白銀橋，清溪，流霞，絲桐，繪聲繪色，極盡耳目之娛。又如《度萃勝橋入山沿澗嶺至

〔註176〕此字左邊「石」，右邊「含」。
〔註177〕王世貞《弇山園記》之五，第773～774頁。
〔註178〕王世貞《弇山園記》之四，第772頁。
〔註179〕王世貞《十五夜於小祇園坐月作》卷十一，第966頁。

縹緲樓》：「茲橋縮群流，並割三山半。舉頭一峰尊，翼者亦簪漢。下有突星瀬，怪石鳥獸竄。宵行或見怵，燕坐出深玩。窈窕徑復通，蜿蜒勢中斷。白石紆清流，信意可枕盥。稍南穴其背，忽得天地觀。卻顧所入山，依依在几案。念此迴環機。欣然一笑粲。」〔註180〕「縮群流」，「穴其背」，「顧」指示觀看視角，說明布景的玄機，迴環往復，深情款款。山峰似「簪漢」、怪石如「鳥獸」，描摹形象，動態橫生，氣勢奔湧。山徑「窈窕」而「婉轉」，山迴路轉，韻味無窮。「見怵，信意，依依，欣然」，表達感受，會心處不待言詮。這些均可以與七言歌行的章法一一對應。充分說明王世貞的歌行理論對美的形式有充分的自覺。園林成為詩歌理論的物質化，園林詩歌又是理論的語言化生成，所以，正如王世貞感慨歷史上園林迅速消亡，希望通過詞彙來使之傳為久遠，弇山園也消亡了，但是他對聲色、時空的紙上敘述卻達到了目的。

　　園記關注整體空間，將人文景觀言說為物之整體，賦予客觀特性。詩歌關注局部空間，是文化原子的淺酌低唱，進入美的遐思。所以，園記如繪畫的框架，劃定範圍，指出「這是一座園林」。詩歌局部特寫園林景物，發掘其風韻，如「洞雲深護鄡侯書」，「冰崖飛霰鎖璃枝」表現雲煙飄渺的氛圍；「翠微寒潤激琳琅，笙簧隔水奏松風」表現寒潤松水相激的韻味，「當庭玉樹照人妍，日照叢林白鳳毛」表現日光照耀樹木的光輝。這些細膩的體驗必然帶來專注的深情，忘我的情懷，由無累而體驗到愉悅之本。積累空間的情感強度，超越其物理屬性，編織心靈的維度。所以，雖然是物質化的存在，卻不是世俗生活之在，因為，即使在園主的心中，園也是一個另在，只有淘洗渣滓，才會與心同在。園在地上，更在心上，惟有語言可以勾起塵封的記憶，喚回往日的風采。

四、園林繪畫修辭：文化空間，流動的詩性意境，典故中綜合人格身份的意識形態

　　畫家大多來自吳門畫派，利用改造過的文人畫筆法客觀再現景物，園林繪畫的修辭多與造園理論相通。又受到審美園林的影響，整體風格相對統一。綜合兩者，圖像呈現以下面貌：求志園和小祇園風格清麗，寄暢園以借景為主，雅麗精工，西林受到詩人寫意影響大，抒情性明顯。止園則受到東莊圖的影響，力圖表現繁茂的園林鏡象。繪畫修辭也專注於文化空間的營造和意象刻畫。

〔註180〕王世貞《度萃勝橋入山沿澗嶺至縹緲樓》，《弇州四部續稿》卷五，第62頁。

（一）文化空間

1、由寓志的心靈空間到慰藉心靈的人文景觀

園林作爲作爲一個另類存在，是一種整體空間，在呈現上，顯示了主人對空間認知的不斷變化。求志園中人與園林和諧一體，園林的物理位置模糊，空間是人的志意的反映。圖像表現爲開門見山直接導入園林，表現園林的整體面貌。前半段以房屋爲主，採用持續後推的空間布局，有界畫遺意，突出吳中文人古雅嚴謹的人格。後半斷採用寫意手法，方池籬笆，古梅高柳，逸筆草草，頗有生意。最後高樓引人入勝，推入園外風光。表面看，求志園是物理空間，但是錢穀虛實結合的手法，恰恰定位了求志園的文化氛圍。房屋採用界畫筆法，而屋前的桐陰、茂松則相當寫意，文魚館所面對的大池也是樂天遺意，與後半段的古梅高柳結合爲一個整體空間，這與石湖草堂在山水間安置茅屋屬於同一思路，只是石湖草堂是開放的自然山水，而求志園將它們圍在園林中，製造「城市山林」，張鳳翼也自詡園林得清風明月爲志，與自然相輔相成而自適。黃姬水云：「吳市棲仙地，幽居隔市喧。人標顧彥望，興寄仲長園。」〔註181〕既點出了園林的位置，又說明了主人的山林意志，可謂善志園林。

後期園林圖像內外空間分離，外部空間著重表現園林的周邊空間環境，往往通過一個據點，採用外部固定的視角，眼觀八方，瞭解自己在寰宇中的位置，既說明園林是遠離世俗的空間，也暗示了園林主人與空間的分離。園林周邊空間的基本格調是背山臨水，王穉登讚歎寄暢園云：「大要茲園之勝，在背山臨流。」〔註182〕王世貞敘述園之輔勝也云：「前橫清溪甚狹，而夾岸皆植垂柳，蔭枝樛互，如一本。」〔註183〕寄暢園全景圖中門外的柳樹，背後的雙塔，將寄暢園夾在山水間，正好印證這一總體布局。《止園圖》第一開長柳夾堤，蘆葦茂盛，園門洞開，突出了臨水效果。《環翠堂園景圖》重沓往復地表現了白嶽、松蘿、廣莫山，以營造與世隔絕的境界。園林周邊空間還包括寺廟、田疇、古蹟。王世貞云：「弄窮稍折而南復西不及弄之半爲隆福寺，其前有方池延袤二十畝左右，舊圃夾之池，渺渺受煙月，令人有苕雪間想。……

〔註181〕黃姬水題《求志園圖》，藏北京故宮博物院。刊於許忠陵《吳門繪畫》，《故宮博物院藏文物珍品大系》，上海科學技術出版社，2007年，圖87，第174～175頁。

〔註182〕王穉登《寄暢園記》，第35頁。

〔註183〕王世貞《弇園記》一，第767頁。

溪南張氏腴田數畝，至麥寒禾暖之日，黃雲鋪野，時時作餅餌，香令人有炊宜城飯想。園之西爲宗氏墓，古松柏十餘株，其又西則漢壽亭侯廟，碧瓦雕甍，嶙峋雲表。」〔註184〕《環翠堂園景圖》首尾均爲抒情空間，起手雲水纏繞白嶽山，松蘿山下寺廟亭塔，引出坐隱園之位置。結尾廣莫山和飛怖山飄蕩在雲水間，橫亙萬里，一開一合，營造了理想園林。寺廟、古蹟、田畝都是人文景觀，代表了富饒而高雅的園居生活，象徵園主的在野地位，園主潛意識依然是官本位。這也正說明後期園林代表一種文化氛圍，倚靠遊覽解脫痛苦，山林之志是被動的選擇，也是分裂之後的彌合，意味著短暫與消亡。

2、池上變奏

回到池上是明代園林文化空間的另一形式。穿池的靈感來源於白居易的池上篇。早期池繼承樂天遺意，借助池的空靈清澈傳達某種意蘊，更突出池本身的審美性。如《求志園圖》方池中紅鱗斑斑，鴛鴦戲水，池上秋桐紅樹，氛圍靜謐雅致。《小祇園》的池上更是水光瀲瀲，涵三弇雲巒，送佛海潮音，平添幾分玄意。《環翠堂園景圖》中池上宴樂，襯以中流砥柱和鼇頭閒釣，雖在人間，近乎海上神境。晚期池主要作爲一種媒介，成爲涵納文化意象的場所。以長廊架在池上，各種文化意象借助池得以呈現。文人由長廊親近文化意象，展演文化事件，建構清雅風尚。寄暢園、止園和西林正是池與長廊結合展演文化事件的佳例。寄暢園倚靠長廊將先月榭，知魚檻，清響，霞蔚，依次排列，恰如山陰道上。止園中懷歸別墅，水周堂，碧浪榜，凌波亭，霞蔚欄均因池塘而建，借池水收山川秀色。西林的上島、花津、空香閣、沃丘、風弦障均通過長廊將景點設置在山水盡頭，將難到之景送入眼簾，再現筆斷意連的視覺效果。池之純淨將色彩、聲音、意象、韻味、行動、情感涵納其中，不斷調和，創造古雅的行爲藝術。可見，早期主人在池上尋求具體的情感體驗，意象更加自然、單一，突出心靈的閒適。晚期主人尋求聲、色、意、情的綜合，意象豐富多樣，文化意義明確，賞玩有距離的文化成爲心理訴求，追求古雅的風格成爲文化表徵，他們依然是園林的遊客。

3、借景之局部神韻

借助寺廟、山巒也是園林文化空間的重要部分。借景是園林的重要手法，計成歸納爲「遠借、鄰借、仰借、俯借，應時而借。」〔註185〕借景空間是園

〔註184〕同上。
〔註185〕張家驥《園治全釋》，山西人民出版社，1993年，第326頁。

林綜合藝術的「舞臺」，其神韻只有徘徊其中，才可以全然領略。園林畫爲了充分傳達園林神韻，也側重借景表現。其中寄暢園和止園的借景豐富。止園主要是內部景物之間的鄰借、仰借。水周堂仰借飛雲峰和大慈悲閣，於繁茂蒼翠中見飛雲峰崢嶸氣勢，聽大慈悲閣朗朗清音，聲色既現又冥，可謂悟道良機。來青門是中砥第一門，湖光竹色撲面而來，也是鄰借的佳例。內景互借也是組織園林空間，再現園林整體的一種方法。止園正是通過景物之間的互見，在冊頁中表現園林整體的特例。寄暢園背靠無錫山脈，大多借助寺廟、雙塔和坡巒等外景，再現了園林周邊空間，製造局部境界。如《花源》在長廊一角借助嶺上雙塔，《霞慰》在書齋借寺廟，二者均以竹篁、雲氣相隔，塔鈴、寺鐘穿透朦朧的雲氣，點醒桃花的灼灼氣勢。《鶴巢》透過雲氣仰借山寺，以增清曠。《小憩》背靠橫巒，如龍脈橫亙，分外精神。

（二）流動的詩性意境

「氣之動物，物之感人，搖盪性情，行諸歌詠」，中國詩歌的情感機制也是中國園林繪畫的抒情機制之一。詩歌通過情感的時間流動，形成美的意象和氛圍。圖像是流動的加工廠，展覽、刻畫意象的動態，形成情感式樣。然後採用高空俯視視角，將形象收歸眼底，喚起共鳴。

雲、松、鶴在詩歌和繪畫中都充滿詩意。圖像利用意象的多義性和表現風格的豐富性再現情感。《西林‧遁谷》表現狹長的遁谷裏人家錯落，山崖上白雲纏繞，真乃「山中何所有，嶺上多白雲。只可自怡悅，不堪持寄君。」〔註 186〕《西林‧風弦障》表現喬松排列形成屏障，虬枝拂雲，風動則浩蕩不已，仙鶴水邊嘯戾更助清曠。《西林‧鶴徑》《西林‧榮木軒》將老槐與游絲般的仙雲配合，喬松、仙鶴與湖石爲先導，風木之思宛如嬰兒，高華之祝恰似南山。

石丈、藤蘿、秀松、雲氣也是非常美的意象群。《寄暢園》中石丈和虬松並立而起，嫋娜的弧線勾勒松石秀逸挺立的丰姿。藤蘿纏繞瘦石，雲氣折斷叢木，月光瀉在河干一角，疏、漏、透的賞石神韻盡在筆端。魚磯直立、石脈婉轉，花樹倚側，不辨桃源。綠蕉迎風嫋嫋，瘦石質陋骨勁，虛實相彰，剛柔合濟。

〔註186〕陶弘景《詔問山中何所有賦詩以答》，《華陽陶隱居集》卷上，江蘇古籍出版
　　　　社，1988 年，第 18 頁。

　　《西林》和《寄暢園》的意象色彩濃重，以青綠為主，精緻雅麗，有富貴氣質。止園意象和色調更加自然、朦朧，盡顯水鄉清雅。止園圖之《園門》表現長堤柳岸，蘆葦嫋嫋，一舟泊岸，園門居上。淺赭黃配青蒼綠，柳樹用筆細密，製造朦朧的煙巒浮動感。混合蘆葦，柳樹的文化底蘊，以高空俯視定焦，悠遠恬淡，自然興之不已。止園圖之《懷歸別墅》以懷歸別墅為中心，前方遠處數鴨灘，左側鶴梁，背後假山，右側碧浪榜。數鴨灘知春江冷暖，鶴梁添雪地清峭，碧浪榜春情嫋嫋，飛雲峰卷舒自如，水池既開豁心胸，又涵融色相，正是一幅起興圖。

（三）典故的綜合人格

　　園林均有表達志意的建築物或景點，圖像中表現為圖繪某個典故。典故的行為性使得圖像成為主人與歷史的橋樑。所繪之人無疑等同於主人，所為之事是園主對古人的模仿。古人所具有的品格自然傳遞給主人，如《止園圖》的坐止、清止、真止堂，取陶淵明知止而樂的恬淡人格。寄暢園的含貞齋取陶淵明孤貞高潔的氣質，箕踞室擬莊子放蕩不羈的情懷。《求志園》之文魚館，《西林》中的知魚欄，息磯均有濠上之想。這樣，既完成了主人的人格塑造，又增加了空間的歷史分量和情感濃度，超越現實，古今合一。

（四）身份的意識形態

　　園林是另一種精神生活的象徵，大部分園主掩蓋了自己的真實身份，而《環翠堂園景圖》透露了圖像敘事的身份意識形態。區域性文化區分是中國意識形態的特點，隱士與朝臣是區域意識形態的主角，在園林圖像中有清晰的表現，如《杏園雅集圖》中園林採用仙鶴、石屏等權力象徵型景物傳達肅穆的環境，代表園林的官方趣味。《魏園雅集圖》採用雲林亭和礬石高岡表現清雅的環境，人物則便服策杖、跌坐閒談，山林的面貌活脫而出。《環翠堂園景圖》通過人物形象展示園林主人和交往群體的身份，調和了區域對立。此圖大部分場景中園林主人都是以官服出場，比如歸家、遊園、洗研，甚至在無無居里談玄論道也是官服，處處明確定義主人的官員身份。主人的社交活動也特意顯示交遊群體的身份。主人歸來時，一個戴四方巾的儒生和戴隱士冠老者正在路上張望，繼而進入園林參與林下活動，比如君子林和湖心亭兩場宴飲，人物分別戴隱士冠，四方巾，唐巾和烏紗帽，分別代表隱士、儒生、鄉紳和官員。四種身份的並置既勾勒交友群體的社會屬性，又在對比中凸顯

主人的官宦身份，說明主人衣錦還鄉、眞率林下的榮耀和樂趣。主人歸家的途中，有大量隱士徜徉在遠景山脈間，路上交織著桃源般農耕風貌，與前景路途上的主人形成對比，在更大社會對立中，反襯主人的官宦身份。當然，主人也有野服出場的情景，如背對龍伯祠濯足，曲水邊豪飲，長林石幾邊徜徉，但是人與景之間缺乏韻味和情感，似乎一個富有的主人——檢點著風雅財產。坐隱先生崇尚佛老，喜好清虛的環境，但園林風貌格調明朗，玄而不清，虛而不化。達生臺、白鶴樓軒敞明朗，九仙峰、斜谷、五老峰迴環盤旋，氣勢崢嶸，清虛境、半偈庵牡丹盛開，妍麗陽剛，畫筆又處處寫實，層層架構，清虛簡約理想頓時變爲熱鬧豐饒的物化園林。所以，主人強調自我身份的進程，正是園林脫離隱士趣味，走向自我標榜的表現，也說明主人企圖模糊士隱邊界，追求閒適富裕的園林生活，詮釋了「市隱」觀念的明末意義。

第四節　董其昌的草堂圖

　　董其昌的山水圖像很多，標明爲山房和園林的不多，但是他的圖像多與居住環境相關。考察題記，他好將摹古與現實環境結合起來，用古人筆法、布局，創立新圖像。摹古在明代繪畫中具有特別的含義，尤其對宋元文人畫家的模仿不僅是筆法問題，更是彰顯意趣。與吳門畫家人生與藝術統一不同，董其昌的模仿主要是形式化模仿，更加注重形式美感和韻味，高居翰認爲「董其昌的構圖是純美學性的結構，其與外在的物質結構和自然界現象之間，僅維持了一絲絲淡薄的關聯。」〔註187〕其實，這種關聯更是文化性的。自蘇東坡以來，文人畫經過元末和明中期的高士化發展，到晚明非常盛行，不僅是一種繪畫風格，更是文化優勢的象徵。董其昌提倡讀書涵養氣質，刻苦模擬南宗的技法，參悟南宗精髓，均是爲了提升繪畫的文化品格。高居翰云：「董其昌所創造的世界雖新，但卻又給人一種難以忘懷的熟悉感：古人原作的風格意象依稀猶存，足以與董其昌的改造創新之作交疊，並顯現出來。」〔註188〕所以，他的山水圖回到元末的草堂格局，重構草堂的視覺主體，承載著南宗復興的使命，也是走向文化綜合的精神家園。

〔註187〕高居翰：《氣勢撼人：十七世紀中國繪畫中的自然與風格》，北京三聯書店，2009年，第25頁。

〔註188〕高居翰：《氣勢撼人：十七世紀中國繪畫中的自然與風格》，第35頁。

一、兩種圖式：平遠渾柔的隱士草堂和雄渾跌宕的雲山仙居

董其昌的草堂圖主要有兩種形態：平遠渾柔的隱士草堂和雄渾跌宕的雲山仙居。隱士草堂大多採用董巨筆法表現土山的蔥蘢，以正面中景和遠景構圖突出草堂的寬敞明亮，儘量避免煽動情緒的詩意組合，追求一覽無遺的整體效果。圖像有立軸和長卷兩種形式。長卷首尾採用抒情山脈渲染遠離人世的野逸氛圍，中部集中展現寬敞的安居環境，隱約留有吳派的詩意特色。如《盤谷序圖》表現高樹敞屋，屋後橫橋流泉，橫巒雲山，一人撐舟來訪。《峰巒渾厚圖》表現高閣上一人遠眺，河中一人撐舟來訪，背後橫巒遠山。

橫軸大多採用水岸構圖，即闊遠法構圖，由黃子久提出，吳鎮發展，倪瓚定型為一河兩岸圖式。董其昌採用空闊的水岸，以抒情筆調營造疏朗高逸的園居環境。《婉孿草堂圖》是目前所見最早的草堂圖，前坡六棵樹是倪瓚家法，其中兩棵玲瓏剔透，狀如珊瑚，中部對著高崗長林，遠景是山崗敞屋。《林和靖詩意圖》（圖 4-11）中前坡樹木變老辣淋漓為溫婉尖峭，中部水域寬闊，有意拉大與前景的距離。房屋採用子久法，安放在雲山之下，渾柔蒼秀，暗示隱士的高潔人格。《高逸圖》中前坡三株樹曲折玲瓏，中部水域空闊左傾，恰好縮結在茅屋前。《佘山遊境圖》中（圖 4-12）前坡構圖略有變化，右側拳石上虬松淡如煙，左側高崗上直樹濃如霧，中部水域狹長，遠處亂山下敞屋幾間。《疏林遠岫圖》中前景陂陀秀松，遠景秀峰頑石，山崖上屋宇。橫軸圖像是董其昌筆法變化的重要體現，構圖上更加有意識減少詩意化組合，尖峭險峻的山巒成為重要的形式，水岸傾向平行四邊形構圖，有意製造流動的感覺，傳達山水遙遠不可居的特性。

董其昌還有一種圖像，房屋被壓在角落裏，畫外和畫內都沒有通向它們的暗示。山川尖峭，筆法凌厲，視角更加客觀化，大量扭動的圖像出現以營造雄健動盪的整體氣勢。如《巒容山色圖》大致由兩個倒立的三角形空間分割畫面。前景茂樹掩映水岸，中部左側尖峭的山峰和右側橫坡山巒組成倒三角形空間，後面橫巒一抹，表明山峰在河水間，打通前後水脈。《松溪幽勝圖》中遠景格外險峻，傾斜的房屋被屏石擋住，山坡尖峭呈 U 型，石壁陡立，似乎各種帶刺的線條互相張弛著。這種險怪的圖像與雲山結合，產生新主題，具有非常重要的意義。

董其昌的雲山圖像比較簡單，渲染雲山纏繞的整體氣勢，細化雲山的空間層次，目的在於強調畫家創作的自由。但是雲山作為元圖像出現在其他圖

像，比如《青弁圖》和《夏木垂陰圖》中，就成爲一個重要文化元素，與山巒一起構成了「積鐵」主題，表達仙居環境。《青弁圖》（圖4-13）前景水岸，左上側屋宇對著水潭。遠景是犬牙交錯的雲山，中部是扭曲盤旋的山崗，以折帶、解索皴山石，營造縱橫跌宕的氣勢。其實，董其昌將黃子久《天池石壁圖》的懸崖平臺放在《青弁圖》中，又將遠處的雲山清虛化和疏朗化，從而形成左上角渾融一體的雲山，打破了山體遼遠渾蒙的嚴肅感，通過敧側製造靈動效果。又將《天池石壁圖》中山峰與低谷理性的錯落排列轉化爲糾纏動盪的高低起伏，山崖的兀立陡起和點樹的低回詠歎，打破了黃圖沿主線向後延伸的理性邏輯，體現了亂石穿空，溝壑縱橫的險怪氣勢，似乎經歷千年打磨才展示如此無法捉摸的震驚之美。《夏木垂陰圖》直接聚焦雲山下，展示雲端安居的閒適生活。前景拳石松柏，中部由山麓陂陀過渡到折帶形層岩，繼而山崖陡起，山崖下安置人家，最後雲氣纏繞在 v 形山脈間，與右端流泉相通，流泉繞過白屋雲山，轉折流入前景，境界開朗，宛然「人家在仙掌」。

二、文字題跋：文化母題和場域的建立

董其昌的題跋一般由兩部分組成：交代創作情境、師法關係的題記和點明畫意的詩句。但是董其昌題寫的詩文大多不是董氏創作的詩歌，而是截取唐宋佳句、名篇，通過裁剪組合獲得新的含義。董其昌的題跋也不是吳派的三絕意識主導下，以興寄或表達志向爲目的的餘興之作，而是服務於南北宗理論的詩文，也是圖像抽象化的必然表意手段。題記與詩文的關係更不是隨意的，而是頗有關聯的整體。題記的功用之一是指明形式的源泉，將圖像放入鑒賞體系中理解，在圖像與文字兩方面建立南宗體系。董其昌的大部分圖像極其簡單，繪畫語言的獨立性很強，直接指向前輩畫家的筆法，詩文沿著圖像的形式意指，取捨文句，達到飽滿的圖文交融境界。如「海風吹不斷，江月照還空」。（李白《望廬山瀑布》）「飛水千尋瀑，驚浪回高天」（楊炯《廣溪峽》）。「楚岸帆開雲樹映，吳門月上水煙清。」（劉滄《送友人下第歸吳》）「城隅綠水明秋月，海上青山接暮雲」。（李白《別中都明府兄》）「芙蓉一朵插天表，勢壓天下群仙雄。」〔註189〕通過詩文，借助想像力，圖像的形象更加豐滿，意味濃厚。但是，單一境界畢竟不能保持圖像的持續韻味，也沒有一定的文化厚度，這些詩文大多題寫在實驗性小冊上，正說明這一點。

〔註189〕王世貞《弇山堂別集》，中華書局，1985年，第481頁。

　　董其昌還選用具有普遍文化含義的母題，如漁舟鷗鷺、隱士草堂、雲山青弁來確立新圖式，製造藝術的歷時韻味。詩文則明確指出圖像的文化範疇，給出圖像的意象聚合群落，形成一個意義生產場。圖像再闡發詩文的意義，鬆動詩文的固有意義，從新的節點產生新含義。

　　吳派的漁翁表徵放下功名，欣賞自然山水的快樂，董其昌的漁翁是自由的象徵，如《西岩汲曉圖》化用柳宗元《漁翁》，表現青綠絢爛的晨光和濛濛風動的蘆葦漁舟，暗示著漁翁由燦爛的朝陽喚醒。《贈陳仲醇徵君東佘山居詩三十首》中讚揚陳繼儒是「煙波狎主」，終日與「沙鷗上下」，可謂自由自在。〔註190〕但是，董其昌的漁舟總有一絲危機，象徵「少風波」、「無蹤跡」。如《故宮書畫館》第四編《山水冊之七》題崔唐臣《書刺末》云：「集賢仙客問生涯，買得漁舟度歲華。案有黃庭尊有酒，少風波處便爲家。」〔註191〕《丙申閏秋，舟行池州江中，題陳徵君仲醇小崑山舟中讀書圖》云：「葦花平岸變霜容，總是窗前書帶叢。何時棹向朱涇去，船子元無半字蹤。」〔註192〕如「黃蘆岸，白蘋渡口，綠楊堤，紅蓼灘頭。雖無刎交，頗有忘機友。點秋江，白鷺沙鷗，傲殺人間萬戶侯。我是不識字，煙波釣叟。」〔註193〕漁舟、蘆葦、鷗鷺是忘機的重要意象，可是，刎頸交也湧動著畫家內心的血氣方剛。所以，漁舟更多指向退避，走向無人的環境，卻很少體驗江南水景的閒適自由，似乎暗示現實社會風險大，透露畫家急切逃離的衝動。

　　「逃離」還表現在「草堂移居」中，共同隱喻著畫家對理想家園的追尋。隱士草堂是董其昌描繪較多的主題，以林和靖與陳繼儒爲代表，以卜築、移居爲主題，再現遠離塵囂，玄遠明朗的理想居住環境。移居是王蒙和倪瓚都樂意表現的主題，王蒙的《葛川移居圖》側重表現移居場景，雲林草堂圖訴說深居的韻味，但倪瓚的「移情式」觀照，側重所看之景的玄遠，「玄遠」本身的立足點是自然。董其昌的草堂圖筆法上合參倪黃，格調來自倪瓚，而超

〔註190〕此詩三十首頗能反映陳繼儒的隱居生活面貌，爲節約篇幅，僅僅取兩個關鍵字說明問題。董其昌《贈陳仲醇徵君東佘山居詩三十首》，《容臺詩集》，邵海清點校《容臺集》，第84～91頁。

〔註191〕圖29，故宮博物院《故宮書畫館》第四編，紫禁城出版社，2008年，第98頁。

〔註192〕董其昌《丙申閏秋，舟行池州江中，題陳徵君仲醇小崑山舟中讀書圖》，《容臺詩集》，邵海清點校《容臺集》，第11～12頁。

〔註193〕《明董文敏秋興八景畫冊》之三，孔廣陶撰、柳向春校《岳雪樓書畫錄》卷四，第489頁。

出倪瓚的地方在於「玄遠」的視覺表達，其暗示的含義是草堂相對於社會而
玄遠。所以，董其昌特別注重移居地環境的刻畫，林和靖《孤山隱居書壁》
詩意被他多次摹寫，草堂被放在遠處，位置頗高，前有林泉作屏障，面對開
闊景色，伴有特色植物，如青林、長松、虬枝等，清幽豁朗，恰如桃源洞天，
突出玄朗韻味。〔註194〕他還多次流露移居的願望，希望居住在千峰外，無人
處。如「石磴盤紆山木稠，林泉如此足清幽。若為飛屟千峰外，卜築誅茅最
上頭。」〔註195〕「雖有柴門長不關，片雲喬木共身閒。猶嫌住久人知處，見
欲移居更上山。」〔註196〕草亭也要曲折婉轉，飛泉蒼壁相伴，茂樹遮陰，以
突出寒泠泠的韻味，如：「溪迴路自轉，幽澗何泠泠。此中如有屋，便是草玄
亭。」〔註197〕「山郭幽居正向陽，喬林古樹鬱蒼蒼。剡藤百幅誰能置，為寫
虬枝蔽日光。」〔註198〕草堂主人也是心胸浩蕩，遠離官場的名士。如「岡巒
屈曲徑交加，新作茅堂窄亦佳。手種松杉皆老大，經年不踏縣門街。」〔註199〕
「何處江山好定居，卜鄰真擬傍專諸。騷人已落滋蘭事，濠叟猶傳說劍書。」
〔註200〕縣衙門、騷人、說劍，說明了名士心中靈雲動盪。董其昌也圖寫白居
易的池上篇風韻，「十畝之宅，五畝之園，有水一池，有竹千竿，勿謂土狹，
勿謂地偏。足以容膝，足以息肩。……優哉游哉，吾將終老乎其間」〔註201〕，
說明名士閒適安樂的池上生活。而《送李愿歸盤古序圖》表現「窮居而野處，
升高而望遠，坐茂樹以終日，濯清泉以自潔。採於山，美可茹，釣於水，鮮
可食，起居無時，惟適之安。」〔註202〕但是，窮居野處似乎暗示長久的尋找，

〔註194〕如上海書畫出版社1989年出版的《董其昌畫集》中圖71和圖79都是寫和靖
　　　　詩意的圖像。
〔註195〕《文敏為陳眉公寫東佘山居圖卷》，陸心源《穰梨館過眼續錄》卷八，《中國
　　　　歷代書畫藝術論著叢編》第39冊，第404〜405頁。
〔註196〕《董文敏書騷詩畫荊關倪米卷》，《吳越所見書畫錄》卷五，《歷代書畫錄輯刊》
　　　　第7冊，第779頁。
〔註197〕《明董文敏書畫冊》之八，孔廣陶撰、柳向春校《岳雪樓書畫錄》卷四，第
　　　　501頁。
〔註198〕《董文敏山郭幽居圖》，方濬頤《夢園書畫錄》卷十三，《中國書畫全書》第
　　　　12冊，上海書畫出版社，第282頁。
〔註199〕同上，第280頁。
〔註200〕董其昌《題畫贈眉公》，邵海清點校《容臺集》，第136頁。
〔註201〕曹寅校刊：《欽定全唐詩》，《文淵閣四庫全書》，第5250頁。
〔註202〕韓愈《送李愿歸盤古序圖》，馬其旭校注《韓昌黎文集校注》，上海古籍出版
　　　　社，1986年，第243頁。

才發現一個豁然開朗的境界，眞有點桃花源的無奈。所以，董其昌專注移居，追求幽僻的環境，刻畫心胸浩蕩的高士，顯然說明草堂不是一個寧靜的居所，而是涵納風雲，待時而鳴的據點。

雲山主題是董其昌的最愛，終其一生，創作了很多雲山畫。雲山本是畫家表現山雲纏繞的朦朧景象，自從二米父子創立以來，一直受到追捧，是文人畫家創作達到天然境界的表徵，與職業畫家謹細刻板相對立的範疇。雲山作爲一種文化現象，也經歷了漫長的發展過程。元明以來的雲山詩大多著眼於雲氣變化莫測的自然效果，通過詩人奇特的想像來寫雲山景物。〔註203〕董其昌的雲山側重於閒適的高士風骨，頗含理趣。他云：「米元暉自題《瀟湘圖》，有詩云：『山中宰相有仙骨，坐愛嶺頭生白雲。壁張此畫定驚倒，先請倩人扶著君。』朱晦翁又題云：『閒雲無四時，散漫此山谷。幸乏霖雨姿，何妨媚幽獨。』余每有當其語畫成，即以題之。」〔註204〕將題畫詩中「被看」和「被想」的雲山轉化爲高士陶醉在雲山中，韻味有餘，不待言詮。雲山還是實證實悟畫學眞知的天然場景。「畫家以古人爲師，已是上乘，進此當以天地爲師。每朝起看雲氣變幻，絕近畫中山。」〔註205〕雲山也是道教靜寂的表徵。董文敏《奇峰白雲圖》云：「悠悠白雲裏，獨住青山客。林下晝焚香，桂花同寂寂。」（劉禹錫《寄龍山道士許法棱》）他還說：「畫之道，所謂宇宙在乎手者，眼前無非生機。以畫爲寄，以畫爲樂者也。」〔註206〕在玄理的體認中，在審美心胸的敞開下，畫家天放自得，以畫爲寄的樂趣，讓「雲山」藝術語言走入形而上的精神之境。

雲山作爲一個重要的形式元素，與草堂周邊的山崗結合，形成「青弁—積鐵」主題，力圖將仙道生活安排在鴻蒙洪荒的永恆境界中。如「開此鴻濛荒，眞成羽人宅。洪崖居可移，天姥夢亦得。」〔註207〕「積鐵千尋屆紫虛，雲端雞犬見村墟。秋光何處堪消日，流澗聲中把道書。」〔註208〕「悅石上兮

<hr>

〔註203〕黨懷英《題春雲出谷圖》頗有代表性。詩云：「山吞雲吐變明晦，半與岩谷生朝晡。輕林蕭蕭暗溪樹，餘影漠漠開樵居。舟人艤棹並沙尾，坐看縹緲搖空虛。」《題畫詩》卷1，《文淵閣四庫全書》第1435冊，第16頁。
〔註204〕董其昌《容臺別集》卷四，邵海清點校《容臺集》，第712～713頁。
〔註205〕《明董其昌山川出雲圖一卷》，《石渠寶笈》卷六，《文淵閣四庫全書》第824冊，第196頁。
〔註206〕《董玄宰論畫》，《書畫題跋記續》卷十二，《文淵閣四庫全書》第816冊，第958頁。
〔註207〕董其昌《題畫十七首》之一，《容臺詩集》，邵海清點校《容臺集》，第57頁。
〔註208〕董其昌《題仿黃子久畫》，《容臺詩集》，邵海清點校《容臺集》，第146頁。

流泉，與松間兮草屋。入雲中兮養雞，上山頭兮抱犢。」〔註209〕積鐵、雲中、道書都是道家用語，強調超越時空的永恆境界，雞犬、雲中又象徵董其昌嚮往的封閉而玄朗的仙居生活。

董其昌往往淡化詩歌的整體環境，僅僅採取最具詩意的部分，冷卻情感的同時，也預設了恬淡自然的心境，強調自由、天放、自然、玄朗的居住環境。漁舟、草堂移居表面是詩意的生活，更透露逃避社會，無處可居的惶恐。詩文又是多重歷史交織的場所，多來自唐宋，經過元人的題寫或圖繪，如林和靖詩意就是從倪瓚改造而來，《青弁圖》也是從王蒙入手，然後回溯到杜甫，捨棄王蒙的躁動力量和杜甫的感傷情節，將青弁的永恆歷史時空用險怪的積鐵表達出來，一切來自天然，又飽含豐富的人文內涵。詩文也是話語闡釋和參悟迷津的指導者。題記中大量的歸宗提示和印證參悟的結果正是畫家樹立新傳統的努力。雲山是其中最重要的一種意象，不僅預示自然天放的自由，還是悟道的直接證據。董其昌的詩文選擇大多平和嫻靜，而圖像則非常險峻玄朗，二者之間的張力，也迫使觀畫人有一種心境平和的從容和戰勝苦難的戲擬快感，可能是參得正果的體驗。

三、圖像修辭：內外視角、開合結構

題詩與題記的修辭作用是宏觀闡釋，主要在於為圖像劃定文化範疇。詩歌的抒情特性賦予圖像某種韻味，其中說理成分形成一些有待呈現的觀念。圖像是真正的創作主體，圖像的修辭正是觀念呈現的手段，再闡釋畫家之意。

根據圖像表現主題的不同，圖像的修辭呈現為正反兩面的複雜體系。一方面既採用畫內視角特寫隱士對草堂的控制，又採用畫外視角建構待觀看的草堂環境，但匆匆逃逸的痕跡顯示畫家與隱士的距離。一方面採用閉合結構渲染亘古永恆的洪荒境界，又採用玄朗的格調強調別有洞天的閒居自由。

董其昌的漁舟主題中出現分離視角。如《集賢圖》採用右對角線平行構圖，水流和小船都向右下方流動。畫家的視角似乎在畫外某處，或許在對角延長線上。畫家主動與畫面人物分離，處於觀看的位置上，由此，畫家喪失了模擬性體驗，也打破了主客同一的觀看模式，成為畫外視角主體。《西山汲曉圖》側重「看到」的內容，漁舟安在蘆葦間，山崖直上，岩石色調層次豐富，線條流動感強。一靜一動，主人的夢幻與冉冉升起的太陽取得相通的視

〔註209〕此詩見王維撰、陳鐵民校《王維集校注》，中華書局，1997年，第387頁。

覺效果，似乎採用蒙太奇來展示無意識夢幻。畫外視角在《秋興八景·黃蘆岸》中也體現明顯。表面上看，畫面中部樹林處既可以仰視遠山，也可以俯視蘆葦，顯得頗爲合理。實際上，在中部樹叢所見的景色是另一個視角綜合的結果，即右上角畫外視角。因爲畫面上下水域明顯處於同一個傾斜面，且高於叢林和遠山，叢林和遠山的位置顯得生硬，形象也失眞，可以推想水域的延伸視角在畫外，叢林和遠山是畫外視角受到水光反照的影響，重新組織景物的結果。視角分離說明了畫家採取理性的態度有意識壓抑繪畫的召喚性體驗，將繪畫變成有距離觀看的對象，畫中清醒的知性判斷和逃離現場的痕跡揭示了繪畫的視覺本性，也促進畫家從甜俗中解脫出來，更趨向形式化的努力。

　　隱士草堂圖中視角分離更加複雜，畫內視角和畫外視角在圖像中相遇，畫家建立空間隱喻的意識更加明顯。隱士草堂圖一般有嘉樹、敞屋、橫山三段，構圖上大致有深遠和平遠兩種。平遠圖像保留了吳派空間的痕跡，構圖採用「一段一主題」的模式，如《峰巒渾厚圖》中樓閣遠眺，泛舟湖上。《岡巒圖》中茂松亭閣對橫巒。《送李愿歸盤古序圖》中江中釣艇，橫橋流泉。不過，董其昌又將片段整合在整體空間中。一般採用趙孟頫《水村圖》的平遠水域將明朗的草堂特寫在中景，又與延伸的山脈處於相同的長聚焦視線中，淡化起興作用，製造全景錯覺，所以，還是畫外視角左右觀看的結果。在深遠構圖中，以陳繼儒、林和靖、蔣山人的草堂爲主，創作了多幅類似的圖像，建立草堂隱喻。圖像先採用倪瓚的水岸構圖結構全篇，筆法上參用黃子久、倪瓚、荊、關，渾柔悠遠，蕭疏秀逸。房屋位置悠遠，說明主人遠離塵囂的生活環境，即「經年不踏縣門衙」；安置在寬敞明亮的山腳，與前景處於同一水平線，又可以遠控遙岑，說明主人對居住環境的掌控，顯露了強烈的主體意識。若假定一個主人的視角，此類圖像可以解讀爲：主人越過水域看到前景玲瓏的樹木，又站在門廳仰望遙山。但「主人」住得「太遠」，俯仰掌控山水，顯得有些力不從心，暗示了其他視線的介入。假定以畫家視線來觀看，前景樹木尺寸頗大，刻畫玲瓏剔透，似乎就是當面景物，中部水域稍高，均有向下流動的趨勢，暗示了畫家可能就在水的下方。遠景房屋尺寸極小，更像是隔岸所見，遠山稍帶仰視，但是，還要注意，這類圖像與漁舟圖像的分離視角不同，因爲房屋都頗爲清晰，明顯暗示主人的存在。可以作一個設想：隱士掌控遙山，與畫家相遇在中部水域，畫家掌控隱士的「門廳」（前坡樹木），

卻必然離開。正是在交流與分管中，畫家與隱士確定各自的位置。〔註210〕

　　董其昌的雲山主題象徵著天放自由的藝術境界。米氏雲山主要表現雲山繚繞的境界，畫面大量渲染留白。如沈周的雲山全無勾線，山脈如雲中仙島，飄渺蘊藉。又如陳淳的潑墨雲山氣勢混莽，筆墨老辣，頗得動盪之氣勢。以上雲山圖均將房屋置於雲山中，或僅露屋角，以顯示渾蒙的狀態。董其昌雲山圖將渾蒙境界的層次細化，採取類似《水村圖》由中部到兩邊的平遠構圖。如舟泊升山途中創作的《山水圖》有意交代樹木、池塘、山脈的位置，雖然雲蒸霞蔚，卻清晰明朗。《瀟湘白雲圖》中雲山在房屋後呈帶狀分布，與山脈咬合密切，搭配天然，軒敞房屋排列在山坳，左右兩側陂陀茂樹也渲染了屋宇的環境。細化空間層次和安置寬敞的屋宇是董其昌將感覺混融於視覺的整體雲山轉化為清晰自然的證悟雲山。雲山是董其昌參悟畫道的重要過程，董其昌云：「米老居京口，嘗以清曉登北固，眺望煙雲之變，曰：『此最似瀟湘』。虎兒《楚山清曉圖》進道君，大都寫瀟湘奇境也。余嘗謂畫家須以古人為師，久之則以天地為師，所謂天廄萬馬皆吾粉本也。虎兒有長圖自題曰：『夜雨初霽，曉煙未泮』，則其狀有類於此，余亦時仿之。」〔註211〕以「古人為師」即取法乎上，參第一義。董其昌認為如果畫家囿於形似，一味模仿大師的作品，反而落入蹊徑，不得要領，所以，他讚賞倪瓚、黃子久「各個不同，有自家面目」的模仿。有自家面目才可以回到創作原境，參悟古人之「意」，即「可知矮樹是枇杷」〔註212〕，進而與古人對話，「棄骨還肉」，創作相似而新穎的圖像。「以天地為師」，即不落言筌，不用擬議，參天地、合造化。雲山是不畫之畫，由渲染與留白組成，是自然與工夫的統一，最高境界是「雲峰石跡，迥出天機，筆意縱橫，參乎造化」。潘公凱在《繪畫性抽象》中認為「它（現代抽象藝術）不是理性的幾何體，也不是全靠偶然性，而是基於感興的掌控，在於作品內部的結構關係，在於藝術家對形與色充滿感情的敏感和把玩，在於才情修養的自然流露，在於一筆和另一筆之間的空間張力，考驗的是藝術

〔註210〕隔岸觀看的模式在倪瓚、沈周、文徵明的圖像中也存在。雲林的空亭都放在畫面的下端，暗示主人看著隔岸遠山。文沈則在空亭加一個人物，將「假想的觀看」替換為「在場的眺望遠山」。

〔註211〕《明董其昌倣小米瀟湘奇境圖一卷》，《石渠寶笈》卷三十四，《文淵閣四庫全書》第 825 冊，第 408 頁。

〔註212〕董其昌《仿米元章筆意因題二絕》之一，《容臺詩集》，邵海清點校《容臺集》，第 146 頁。

家的主觀意志對畫面節奏的把握，對形的掌控。」〔註213〕潘先生充分說明了現代藝術中技與道的轉化關係，這個描述同樣適合雲山，雖然圖像的形態有別，但是「不畫而畫」的內在精神是一致的。不過，董其昌將這種境界解釋為「一超直入如來地。」所以，雲山實際上是參悟畫道的視覺隱喻，也體現著南宗對藝術自由精神的追求。

　　雲山是董其昌部分草堂圖像的重要元素，含有仙道的意味。董其昌對雲山意義的轉化頗為複雜。我將《夏木垂陰圖》和《青弁圖》歸納為積鐵主題，分析轉化的過程。董其昌有兩種《夏木垂陰圖》，一種仿黃子久，赭黃色山巒，多董北苑痕跡；一種淺色直皴頑石，仿北苑，多子久面貌。《夏木垂陰圖》（圖4.4.5）自題云：「始知黃子久出藍之自」〔註214〕，可知前者是黃子久仿北苑圖像而成，後者是董其昌參造北苑圖像，以黃子久筆法改動的圖像。《夏木垂陰圖》（仿黃子久）前景柏樹敞屋，遠景礬石山頭和雲繞寺廟。《夏木垂陰圖》（仿北苑）將中部改造為跌宕的直皴頑石，兩邊分別為流泉茅屋和屋下雲山，並在遠景加入子久布樹法。直皴法來自北苑，《平生壯觀》著錄王叔明《青弁圖》云：「師北苑長筆直皴，墨氣有淋漓之致，此公第一水墨畫也。董文敏題於邊綾云，『王叔明畫天下第一。』」〔註215〕王蒙《青弁圖》是董其昌的藏品，並仿製過此圖，中部也採用直皴法。董其昌還題《王叔明松山書屋圖》云：「黃鶴山樵畫以右丞為師，時出入巨然。雖用披麻皴，亦兼潑墨法。此《松山書屋圖》正其合作，與吾家《青弁圖》絕類。」〔註216〕可見，《青弁圖》、《夏木垂陰圖》在形式上屬於同一系統。董其昌《仿趙孟頫秋山圖》和《摩詰詩意》、《王維詩意》布局又與《夏木垂陰圖》頗為相似，似乎還說明《王維詩意》也是青弁系統的一員。再結合《青弁圖》的題文來看，《夏木垂陰圖》中流泉、雲繞山寺都回應著「秋光何處堪消日，流水聲中把道書」的韻味。《青弁圖》中盤曲的中部山石和遠處的雲山，更加突出了「積鐵千尋互紫墟，雲端雞犬見屯墟」的氣象。《摩詰詩意》、《王維詩意》也題寫：「人家在仙掌，雲氣欲生衣」，「悅石上兮流泉，與松間兮明月」〔註217〕，點出了雲端的閒適生活。《青

〔註213〕潘公凱：《繪畫性抽象》，《美術研究》，2013（1），第4～5頁。

〔註214〕見附圖《夏木垂陰圖》，題跋。

〔註215〕顧復《平生壯觀》影道光間蔣氏宋體精抄本，上海人民美術出版社，1962年，第108頁。

〔註216〕吳榮光撰、樂保群校《辛丑銷夏記》，浙江人民美術出版社，2012年，第279頁。

〔註217〕方濬頤《夢園書畫錄》，第279頁。

弁圖》還與杜甫的《鐵堂峽》中描繪的情形頗相似。所以，可以肯定董其昌的青弁系列是在形式與內容相結合情況下逐步綜合的結果。

《青弁圖》前景是幾棵樹木，中景即騰羅跌宕的山崖，右側茅屋背靠平湖，面對中部山巒。遠景是雲氣飄渺，秀峰尖峭，雲山下大概就是與平湖相通的湖邊汀渚。這樣的布局可以理解為積鐵既是房屋的屏障，又代表主人與天地同壽的亙古氣質，雲山則是「只堪自娛悅，不可贈與君」的個人理趣，前景谷中樹木暗示了這是一個深谷，如桃源洞天，拒絕了被看和被訪。所以，主人的自娛自樂是閉合的，排他的。董其昌《題仿水墨大癡畫》云：「雪浪雲堆勢可呼，移將點綴草堂圖。誰知王宰剪江手，卻是初平叱石符。」〔註218〕初平叱石是道家典故，將王維作畫與初平叱石等同，說明王維和雲山都具有道家本色。積鐵來自杜甫《鐵堂峽》，詩云「硤形藏堂隍，壁色立積鐵。徑摩穹蒼蟠，石與厚地裂。修纖無垠竹，嵌空太始雪。」〔註219〕杜甫本要說明山勢險峻，上可蟠天，下則地裂，房屋處於峽間以突出行旅艱難。董其昌取地勢險峻來說明山谷的雄壯。太始雪即形之初的雪，《列子》云：「泰始者，形之始也」，說明年代久遠。青竹暗示千年古山的青春活力和高潔品格。所以，中部山脈洋溢著亙古彌新的洪荒氣息。由此，《青弁圖》將主人的永恆夢想通過空間永恆化，將觀看雲山變成了領悟宇宙亙古精神的實踐，頗具哲學味道。《夏木垂陰圖》直接聚焦雲山下，展示雲端安居的閒適生活。前端柏樹疏朗秀潤，中部磐石變得頗具裝飾韻味，兩側人家或對雲山，或對流泉，似乎有讀書聲流向前方。圖像中間閉合，兩側開放，境界開朗，宛然「人家在仙掌」。兩圖合參，雲山圖像的修辭內涵有一個合乎邏輯的完整面貌：雲山是亙古洪荒中的仙道存在，它拒絕外界的介入，著重閒適的理趣。

所以，董其昌採用畫外視角窺探隱士的生活，又流露出遠離的傾向，與隱士保持著複雜的距離。採用開合結構營構雲山環境，既拒絕對外開放，又渴望疏朗閒適的雲端閒居，這樣一種矛盾的心境暗示了他的身份意識形態。米氏和王維都是南宗的代表，又恰恰都是官場人士，說明他將南宗的身份從元末到明中的隱士拉回到廟堂士大夫，顯然是明初杏園人的某種迴響，只是山水的清淡雅逸一直掩飾著這種濃烈的衝動，但是印章的強調依然可以從縫隙中看見閃爍的本質。〔註220〕

〔註218〕董其昌《題仿水墨大癡畫》，《容臺集》，第146頁。
〔註219〕杜甫撰、錢謙益箋注《錢注杜詩》，上海古籍出版社，1979年，第100頁。
〔註220〕董其昌的圖像多押宗伯學士，侍講等官銜印章。

　　總之，董其昌處於明末，社會動盪，又是朝廷高官，保持著極高的社會榮耀，隱居並不是合適的選擇。但是，他熱愛山水，力圖打起南宗正脈，反對吳門甜俗，選擇回歸元末的草堂格調是必然門徑。但他並沒有完全認同元末的隱士，而是以觀看的視角與他們相遇，在一定的距離外窺視他們，又匆匆逃離。並在不斷的文化疊合中，悄悄改變元末草堂與世隔絕的隱逸精神，力圖調和閒適與險怪之間的張力，塑造具有時代氣息草堂新貌。

結語：圖像中的明代士風

　　圖像發展到明代，主要的形式風格都已經被創造，明代藝術家的特色在於綜合藝術形式，賦予更加積極的文化內涵，讓以形式為主的圖像變得更富思想性和人文性。同時，明代藝術文獻的發展也為研究圖像的主題提供了資料，所以，明代以前的藝術或由於藝術資料匱乏，或由於表現內容的相對單一，表現形式的相對寫實，或文獻之間的關聯關係隱而未顯，闡釋空間較小，闡釋難度也較大，客觀性也較低。明代的藝術文獻非常豐富，尤其是大量題跋著錄文獻均被整理，明代藝術市場顯然也在擴大，對藝術品的需求增加，對藝術主題的需求也多樣化，這為圖像展示士風提供了很好的環境。另外，明代的精英文化依然在儒家文化範圍內，圖像主題的選擇集中在儒家文化中，儒家對於社會的最大貢獻在於人的培養，所以，圖像的主題就可以反映士風的各種形態。還有一點就是，明代藝術家文化水準高，美學品味相對高雅，他們對主題的表現不是簡單的圖解，更多包含自己的理解、體驗。這些內容也是他們日常文藝生活的部分再現，具有特殊的文化情懷。

　　明代的圖像以特殊的文化情懷展現特殊的文化主題，其中清玩鑒賞作為一條主線，發揮特殊作用。明代藝術家在清玩的鑒賞、使用體驗、文獻整理上貢獻很大。早期就有曹昭編寫，王佐增訂的《格古要論》十三卷，輯錄歷來所見古琴、帖碑、金石逸文、珍寶（玉器、古銅）、古硯、異石、古窯器、古漆器、古錦、文房，積極記錄清玩的物理特徵，考訂清玩的來歷，說明清玩的風格特徵，鑒定真偽，形成一套鑒賞知識體系，為金石業的發展做出了極大貢獻，成為後來鑒賞家的必備參考書。文徵明有二卷《格古論》，祝允明首次見到時，驚喜：「其中繪翰之事及珍玩之品，無不種種咸集。令觀者一寓

目間，無不洞如指掌；誠可作鑒賞者之至寶也。」並抄錄，以備博覽。〔註1〕
明中後期，清賞成為一種普遍的文化生活，範圍更加擴大，並融入到園林建
設中，《長物志》是將園林文化的幾大類元素歸納總結而成，規定清賞的審美
標準，揭示了明代士人文化生活的重要內容。

　　清玩雖然越來越向專業化發展，但隱含的道德取向依然是軒勉之才、岩
穴之士的高尚意趣。軒勉之才的志意側重意識形態象徵。開國初期，像贊、
行樂圖贊比較多，其中楊士奇為楊榮的題贊可見當時風貌：「濯濯其容色，肅
肅其儀度。闓爽而縝密，剛直而公恕。蘊潔靜精微之學，發瑰瑋奇贍之文，
奮騫翥於賢科，振芳華於詞垣。當泰和亨嘉之運，崇論思宥密之地，隆九重
之眷寵，極千載之遭際。玉堂金馬，人瞻其榮，忠君愛人，我識其誠。國之
貴重，清廟瑚璉，士之光華，斯文冠冕。」儀態、性格、義理、詞章、功業
均是清廟國器，更是斯文之典範。岩穴之士多以清玩為伴，顯示自我的高尚
志意。文徵明多次表現鑒賞家的風儀，在古器、碑帖收藏中建立道德譜系，
其中對華中甫收藏的整理、摹刻頗具有代表性。明末清初大量清玩高士也是
這種道德訴求的典型代表。得益於寫真技術的發展，此時的高士圖大多有寫
真像流傳，從圖中可以見到當時賞玩之風與士人氣象的結合情景。如曾鯨的
《沛然像》再現了明末高士讀書情景。沛然穿交領長袍坐在一個長方形矮榻
上讀書，背靠枯藤，榻上放著書卷、前面矮几上放著花形湯盆，背後雲山屏
上放著杯子、珊瑚枝，銹蝕的古器上放著白玉色小酒杯。色彩以粉白、褐色、
石綠為主。穿著打扮、隨身配置、色調安排都顯示明代清賞高士的文雅靜謐、
以古相期的高尚意趣。

　　同時，繪畫題跋興盛，專門的書畫收藏、著錄也興盛起來，如朱存理的
《鐵網珊瑚》記錄了宋元到明初文人畫題跋，汪砢玉的《珊瑚網》記錄宋元、
明代的藝術家的書畫題跋也非常詳備，是瞭解明代書畫藝術風貌的重要資
料。李日華《味水軒日記》、《六研齋三筆》以日記的形式記錄日常書畫鑒賞、
交易活動，頗能顯示明代鑒賞活動的面貌。這些文化工作為我們研究士風提
供了不可或缺的文獻和可能性。

一、圖像中的明代清玩士風

　　明代士大夫的文化生活非常豐富，尤其是金石鑒賞業在元代的基礎上更

〔註1〕周道振《文徵明年譜》，第328頁。

進一步推進，發展出了系列文化娛樂活動，被世人稱爲清玩文化。清玩文化在明代的繪畫發展歷程中一直扮演著非常重要的角色，或隱或現，支配著明代繪畫藝術的發展，也雅化著明代士大夫的娛樂生活，塑造著明代特有的美學文化。

圖像中的清玩之風主要體現在三個階段：一是明代早期，以官員，尤其是翰林爲中心的文人群體形成的鑒賞之風。這個群體不是專業的收藏大家，但是他們的活動，被奉爲楷模，在士大夫中流行。他們的突出貢獻還在於他們的儀範因畫家繪製而保存，爲後人留下值得敬仰的士之氣象。他們所從事的活動被後人不斷演繹，形成或明或暗的圖像主題，成爲明代風雅之風的首倡者。一是明代中期，以浙派爲主，出現了不少直接表現鑒賞活動的圖像，雖然資料有限，不能盡窺其貌，但是文化風骨在他們手中傳遞，以道養高的精神展示了明代處於邊緣的士人群體特有的傲霜之姿態。一是明代晚期，以陳洪綬爲主導的藝術家，在鼎革之際，抱著抱器而終的志願，將國家之厄與志士之勇結合，勇於擔起以器報國的重任，爲後人留下一股天下之治，匹夫有責的豪氣。他們的圖像中充滿了各種古式器物，圍繞著有氣節的高人形象，塑造了中華精神最後的輝煌。

清玩之風所蘊含的士之氣象和精神內涵也各有不同。早期主要輔助於鳴盛，體現爲大臣具體德行的頌揚，希望塑造國家官員的儀範。以三楊爲中心，主要討論的是娛樂與爲國盡力的關係，提出在兢兢業業的同時，可以適當娛樂，彰顯國家的聖治。爲此，他們通過自己的儀範展示於彬彬的風雅氣質，如楊士奇自贊《朝服像》云：「爾簪爾緌，爾琚爾珩，煌煌在躬，肅肅在庭。爾直爾清，爾忠爾貞，夙夜惟欽，無忝所生」，通過簪緌／玉佩的對比，說明宏大輝煌、嚴肅忠貞的外在氣象與溫潤、清貞的內在品格合一，也畫出了身居廟堂、學養深厚的官員形象，說明他們外肅穆瀟灑，內清淨含蓄的精神品格。中期主要在於以道養高，體現爲邊緣士人群體堅持讀書遊藝，養德潤身的品格，希望表達道在民間的氣節。以唐寅的系列貧士圖像爲主，主要討論貧而樂道的精神。其圖像中人物大多處於秋風蕭瑟的茅屋之中，氣象昂藏，居處潔淨，多以各種古式器物相伴，似乎正是他的內心以古爲期的反映，也顯示了他們傲骨嶙峋，力追古人的風骨。相對於早期的士人氣象，中期士人衣冠服飾以純素爲主，配飾很少，結合他們的神情姿態，稍微有些偏狹負氣之感，人物的性格更加疏狂外放，純以陽剛之氣盛。後期主要以器報國，體

現鼎革之際文人群體具有的忠孝情節。圖像以陳洪綬的系列高士形象爲主，人物大多存在空間模糊，盡情使用各種華美古式器物，顯示了文人日常文藝生活的情景。雖然賞玩古器是明代晚期流行的風尚，有學者已經指出這是消費性審美風尚的表現，但是陳洪綬將之賦予更爲宏大的內涵，形成了一種恢弘的氣勢，尤其是對人物形象的怪誕化處理，人物身軀巍峨偉岸，人物動態具有拙樸的程式之感，往往定格在某個瞬間，更加強化了人物嚴肅謹慎的儀式感，似乎正在傳承某種禮儀文化。正是彌漫於圖像整體中的這種文化氣韻，讓陳洪綬的系列高士超出清初大量的真人清玩像，與國家士氣緊密結合在一起。

二、圖像中的明代隱逸士風

明人普遍有一種歸隱意識，出處意趣是士人關注的焦點，在明代繪畫中主要表現爲隱居在山林或廟堂。應該指出的是，隱居在明代士人的心中首先是一種生活方式，然後是一種精神象徵，最後是一種追尋隱逸的文化之旅。與以往的隱士相比，明代的隱士基本上沒有躲入山林，以氣節名世，他們對隱居的理解是一種心態的認知，體現在對某種生活方式的踐行或嚮往。比如，明代早期的翰林們日日爲國事操勞，唯恐辜負皇恩，但是在他們的內心深處依然渴望著隱逸的生活，楊士奇就收有五清圖，退朝之後，喜歡書齋玩古、賞畫，胡儼更是對自己的讀書堂戀戀不忘，不能回去，只好請人繪圖日日觀想，彷彿家鄉山川清秀之氣正在眼前。相對於朝堂的熱烈肅穆，退居的清淨安閒恰是另一種生活的展示，尤其在眾人的意識中，這樣的文化活動有玩物喪志的嫌疑，需要遠離朝堂的山林環境才能實現。當這些情懷處於想像之境，或生活的次要位置的時候，另類的生活方式的意義得以彰顯。

如果朝堂之上的隱居是渴望而不可得的情懷，那麼那些生活在城市中，不以科舉爲業，或多次失利，放棄科舉的士人，因沒有治生的煩惱，賞玩品鑒，遊樂宴集成爲他們生活的重要組成部分，面對世人的詰問，他們必須解釋這種生活方式。這一群體主要是鑒賞家、畫家、文學家組成的新文藝群體，在沈周爲主導的時代，主要從事的活動有園藝，遊賞名勝，書畫鑒定，他們提倡城市幽居，塑造「新陶淵明」，力圖展現吳中文化生活與士人恬適的精神風貌。整體來看，比較注重活動的體驗感，更多是感性與理性結合的情緒感，韻味感。在文徵明主導的時代，文徵明致力於鑒賞文獻的整理收集，並爲之

賦予道德含義，提出以眞、孝、適、志爲主題，鉤沉金石學問，表彰高尚德行，力圖建構收藏鑒賞之文化大義。在文徵明主導，弟子參與的文化圈中，士人更多放情山水，以太湖風光爲精神伴侶，提倡養德講藝於山林，提倡心無塵埃，遊藝川上的鳶魚氣象，如蔡羽以「經綸獻納，周孔之實用」爲志，呼籲士人於山川養德潤身，塑造涵納天地的君子氣象。在唐寅的世界，則表現爲「以道養高」，「以理養心」，貧而樂道，狂中清剛的林下風骨。

到了晚明，隱居更多是一種精神象徵。所隱之人都與官場有密切的關係，目的在於抒發志意，堅守高潔之品。這裡要從文徵明爲王獻臣繪製的拙政園說起。王獻臣因官場不得意，隱居吳中，建拙政園。拙政園的畫冊與拙政園的眞實風光可能有一定差距，因爲文徵明有意識隱去了拙政園的眞實風光，主要用特殊的意象強調拙政園的文化韻味。比如對陶淵明系列活動的體驗式復現，強調一種靜默的與古人對話的情境。又如對果木花卉的表現，發掘其中的書法內涵，再現神話境界，突出對想像世界的觀感。拙政園成了主人文化軌跡的圖繪，文化精神的象徵。與之相反，王世貞的弇山園以絢爛、細膩的耳目愉悅爲表現重點，追求的是視覺美感，這是王世貞的遊園體驗的美學產物。這種視覺感在秦耀、吳亮的園林世界中得到繼承，但是，二人又將人物精神品格引入其中，比如寄暢園是秦耀開豁心目的場所，更是待時而飛的象徵；止園是吳亮懼怕政治迫害，保全自我，堅守內心自由的象徵。值得注意的是，文徵明對園林的定位在於身臨其境的與古人相知相遇，重點在於冥思式自得；秦耀等人對園林的定位在於與美景相遇，重點在於紓解鬱悶之情，園林變成了工具。

董其昌作爲朝廷大臣，在官之日少，在山水間尤其多，他雖然沒有明確提出隱居思想，但大部分時間與隱士共處，繪畫中彌漫著尋求隱逸之風的情懷。如果三楊受到技能的影響，隱居情懷的實現需要借助畫家，題材、境界都受到限制，那麼董其昌可謂手心相應，完滿地呈現了自己的理想。董其昌接過董巨、元四家的山水題材，將前人的山石竹木轉化爲主題豐富的圖像。比如他對林和靖詩意的表現採用「移居山林」的典故，將仙人移居的文化風韻轉入圖像，給人一個可以擬想的文化情境，觀賞者自然就身入其境了。而贈送官員的圖像也採取類似的圖像，將隱居的妙韻從山林轉入朝堂，頗有一股特殊的默契感。同時，在圖像的中，他採用白雲、跌宕險峻的山川，稚拙的流水，突兀的構圖，著力渲染亙古永恆的洪荒境界，強調別有洞天的閒居

自由，既有山中宰相的灑脫，又有披荊斬棘的豪邁，世與隱均在意象中，頗為高妙，又難以言傳。面對圖像，觀者似乎看到了士人創造了一番偉業之後，回歸山林，回歸宇宙之源的歷程，類似於陶淵明面對南山的情懷：「採菊東籬下，悠然現南山」。

三、圖像中的道德與氣節

明代圖像具有集大成的特徵，也是主題更加突出的圖像形態。藝術家往往會就前人的圖像進行內涵擴充，增強圖像的道德內涵。尤其是他們多次利用豐富的題跋文獻，將前代不太清晰的圖像內涵固定下來，其中比較容易成型的內涵主要體現在道德與氣節兩方面。當然，這種內涵主要通過隱喻來實現，藝術家往往選取通用的文化意象，經過自己的藝術發揮，形成獨特的道德內涵。這種現象比較突出地體現在吳中隱士高士圖與末世遺民高士圖中。沈周創作了大量崇尚道德的圖像，部分圖像以題跋的形式，完成道德言說。其中以圖文結合說明道德的圖像以《夜坐圖》和《廬山高》最為典型。二者都提倡涵養高士心胸，表達早期高士清雅醇正與骨力剛健的氣象。在《夜坐圖》中，沈周著力於內心的修養，提出靜觀物性，體悟動靜相能之理，才能以內在的剛健志意為主宰，「懷空」而「不割」，融洽心物，生生不息。圖像以修道場景為核心，表現回歸本心，萬物初舒的精神環境，隱喻得道高士眼中的物象具有心物合諧的氣韻。在《廬山高圖》中，沈周表彰陳繼堅守儒道，善養浩蕩之氣，視富貴如雲煙，與五老為朋，超邁高舉，獨立不倚的彬彬君子氣節。圖像以氣象為主，突出浩蕩剛健的風韻。唐寅和文徵明均標榜以古人相期，尚友進取。前者的高士具有以仁德為本、追求古雅文化和逍遙曠達、清泠沖淡的雙重特性，側重高士安貧樂道的風骨。圖像在素樸的環境與剛健的氣象之中孕育出簡單高尚的高士氣韻，令人崇尚潔淨質樸的陽剛之氣。後者提出高士的總體人格是仁、智、謙、健，要求修辭立誠，講德潤身，側重隱忍遒健的內在骨力。圖像在雅潔明淨的園居環境與高逸灑脫的人物中，傾訴儒雅蘊藉的文人氣質。陳洪綬的高士圖以德（忠孝）為本，堅持禮由情出，或進德修業，光大門楣，或出於真情，堅守德行，顯示末世遺民傳承華夏文明的文化擔當。圖像多以長物為意象，布置場景，人物處於禮儀性的演繹進程中，定格在某些瞬間，引人思量他們的精神世界，滑稽中透出莊嚴。

四、圖像中的審美之風尚

圖像表達審美風尚主要有兩種情況：一是由圖像風格展示的審美風格，一是圖像內容展示的社會美學追求。明代的圖像兼具這兩方面，以後者更加突出，前者是後者形成的一些重要策略。就第一方面來說，我們認為明代圖像的審美風格主要體現在審美思維的符號化與觀念化。符號化和觀念化是指明代藝術家將形象、表現語言均視為符號，賦予特殊的文化內涵。藝術家以線條、色彩塑造形象，第一美學標準應該是表現力和獨創性，比如明代以前形成的各種線描、皴法等，可是以此衡量明代的藝術，會發現此方面特色不足。明代藝術家將已經有的技法作為基礎，根據自己的需要，選取合適的形式表現胸臆。比如，沈周對倪瓚技法的借用，不僅僅是投合索畫者的個人喜好，而是用來表達追求清雅的審美取向，所以，他筆下的倪氏畫風就成為可以轉移的符號，具有雙重的含義。再比如，董其昌對倪瓚畫風的追求，也是通過符號化的解讀將其視為隱逸美學的象徵，尤其是代表了天真平淡的心理趨向，成為士大夫趣味高雅的表率。另一種符號化是建立在形象的基礎上，利用共同的文化心理將某些意象符號化，追索其文化內涵，形成文化象徵。比如，雅集中的三楊衣冠形象，賞玩物品，均超越審美娛樂，成為展示國家官員儀範的要素，他們的娛樂活動也通過題跋的強化，成為太平盛世的象徵。再比如文徵明喜歡使用松樹、泉水、竹木等象徵高士的節操，往往突出塑造這些形象的筆力與物象的風骨，形成整體的氣勢，心理上的共通感，達到審美上的感染力。再比如陳洪綬，他精心刻畫現實生活中的各種古式器物，非常逼真，但是隱去日常的文化環境，給人強烈的儀式感，達到再塑器物內涵的目的。再比如大量的園林景觀，都是根據立意，精心選擇的意象，形成連貫的意義表達人們的文化觀念。

圖像的審美風格還體現在藝術家使用了大量的修辭手段表現特定的觀念。圖像的修辭由兩部分組成。一部分存在於文中，一部分存在於圖像中。總體來說，文發揮著描述說明和闡述觀念的作用。比如雅集圖的序介紹雅集內容、雅集目的、雅集觀念和雅集背景，園記和園景詩介紹園林空間，景點，描摹整體園林環境。圖與詩在不同圖像類型中發揮的作用各不相同。

翰林雅集圖主要是人物活動圖，以敘事說理為主，敘事手法比較豐富，如直敘、意敘和鋪敘都存在於圖像中，直敘側重展示畫面的主要活動。意敘就是展示畫面的次要活動，由於它們可以在詩歌中得到描述，畫家採用簡單

的部分圖像代替，如前文所談到的用琴瑟代替彈琴歌詠。鋪敘就是對某些場面的敘述，往往輔助主要場景，表現一定的觀點，如翰林雅集圖中往往對金石器物的採用鋪敘，它們圍繞在主要活動周圍，形成一種強調說明的效果，顯示了人物的特殊情結。翰林雅集圖中的人物還是國家官員儀範的象徵，所以形象多採用象徵手法表現一定的文化意義。如人物的衣冠、位置均有明顯的象徵意義，甚至他們的座次安排，畫面的深淺關係都是這些象徵的體現。由於翰林雅集中詩文創作較多，隱喻手法也多次使用，比如竹園壽集圖中，人物借助詩歌韻腳，大量使用隱喻，說明人物的功勳、品格。對比也是翰林雅集常用的手段，如通過人物位置、衣冠、動態的對比，說明人物的身份地位等。陳洪綬的圖像雖是人物場景圖，敘事頗為高妙。他往往將高士放在鼎彝、瓷器、文房用具、石案等清玩環境中，人物稚拙，衣冠貴重，如參加某種禮儀，定格在某些瞬間，主要是通過環境來營造情境。他非常注重動靜關係的處理，以動破靜，將靜謐的環境轉化為某種動態的場景，用動態來引導圖像的敘事，形成一個完整的畫面安排。他說畫從文章出，主要可能是借鑒戲劇的上臺表演的手法，將臺內臺外聯繫起來，形成一個時間流動態，進而將高潮引回主體人物，欣賞他的儀態，神思，風姿等。所以，他的圖像敘事宛轉，蘊藉豐富，以少見多，為豐富的內涵和情境安插引子，又多用鋪敘手法描繪人物風神，詳略得當，恰如舞臺亮相。

山林雅集圖中人物場景也是中心，但是佔據空間小，山水景物是表現的重點，所以，情景交融是重要的手法，目的在於創造某種境界。比如山居雅集圖、送別雅集圖、覽勝雅集圖都將人物放在很小的空間中，山水環境佔據較大面積，為藝術家抒發情感留下空間。山居雅集中花卉和樹木、河流都表現得非常寫意，體現了作者興致高漲的情感狀態。送別雅集圖採用柳樹，淡色的山川，表達一種春意盎然，潔淨恬淡的氣氛，恰好適合送行者鼓勵出外為官的思想，令人興起。覽勝雅集圖往往以湖泊為表現對象，留白或淡著色很多，使人心眼開豁，滿眼皆情景。同時，明淨的湖泊也可以象徵參與人高潔的品格，依依楊柳更增高士瀟灑風姿。互文性也是非常關鍵的手段。圖像的表現受到各種限制，詩歌往往為圖像添上翅膀，讓情景更加豐富，有韻味。比如詩歌可以描述景物的狀態，景物的時空，賦予景物情感，讓景物具有更厚重的文化感，更具體的形象感。詩歌還可以借鑒典故，使用名物，擴充圖像的內涵，建立圖像的時空聯繫。比如山居雅集往往在園林中舉行，表現文

藝生活的一個側面，但是園林的環境很難完全展示，藝術家借助詩歌，採用名詞化的典故娓娓道來，豐富圖像的時空，讓圖像立體化，情景化，更能引起共鳴。圖像也採用互文手法，引入經典的筆法或圖式，形成特定的空間，如清白軒中山脈圖式，《魏園雅集圖》中空亭以及倪瓚筆法，都是對前人的借鑒，但又符合主人的審美趣味，給詩歌增添形象感，又為參與人的美學思想提供意象，讓其更能被理解。這種互文的前提是時空虛化和審美意象的符號化，也就是說圖像表現的不是真實的空間，而是根據審美觀念創造的空間，塑造一定的文化意象是主要目的。比德手法也在突出人物品德作品中被大量使用，比如松樹、留白的湖泊就被用來比喻人物高尚的氣節，潔淨的心靈，更成為養德遊藝的重要場所。

　　高士圖中，藝術家均具有文學才能，他們認可文與圖互為一體的關係，充分借鑒興來實現二者的一體化。比如沈周將興寄作為文圖關係形成的思維方式，也是文圖一體得以實現的途徑。比較突出的體現有：利用文的線性讀取順序，為圖像搭好理解的框架，又調動語言的想像力，超越圖像時空的具象制約，帶來豐富的空間內涵。利用圖像豐富的筆墨意象和空間安排強調思的中心地位，又以虛實關係打通圖文內部關聯，實現圖文的互相闡發。文徵明也充分利用詩歌與圖像的關係，實現時空、情景的自然對接和情緒的詩意經營。比如，他的題詩（如《品茶圖》）總是將事件轉化為場景，或者關鍵的場景，圖像組織自然空間，又把事件的高潮作為畫眼，增強詩與圖的時空聯繫，詩歌類似起興，事件被多媒體（眼睛，想像力等）地呈現，讓畫面更加真實。他的圖像也能發揮興發情感的作用，一般是用類似的意象進行重複性創造，達到增強某種韻味的效果。比如《雨巷歸舟圖》中，畫面前面表現經過大雨沖洗後小河周圍的樹木、雜草沐浴在雨氣中的感覺，樹色的層次感，點苔的密集度，變化中的統一，非常生動，具有感染力和韻味，使人有一種手舞足蹈的衝動感。比如表現陸龜年隱居環境的圖像也是通過突出河周圍茂密的林木，製造一個隱秘幽深的空間，人物在舟中，隨著鷗鷺的引導歸家。畫家就將圖像比作一個樂章，在高潮到來之前，反覆鋪敘環境，製造千斤重壓的氣勢，而空空水上的鷗鷺與人物輕盈瀟灑的行為，又將氣勢逐步虛化，瀟灑中透著無限韻味，耐人尋味。唐寅也是非常注重利用詩文關係。唐寅的詩歌一般直抒胸臆，點出主要內容，而畫面則非常豐富，注重圖像整體韻律，將筆、墨與留白密切結合，交相輝映。利用斧劈的尖峭線條表現山石的險俊

錯落，高低取勢，迴環往復，寓險峻厚重於靈動文雅中。詩歌往往直抒胸臆，增強圖像的感染力，渲染蕭騷的高士情節。二者的結合也突出了興發情感的藝術效果。

園林圖像與文獻都比較多，主要目的在於物理空間的文化韻味發掘。大致有四個方面，早期側重人物事功與地理環境相輝耀的關係，中期表現為文化空間營造與道德弘揚，晚期表現為審美化園林的空間書寫，末期是精神家園的矛盾回歸。相應地，在修辭手法上各有側重。

在廟堂山房中，圍繞著人物傑出品質的發掘，文學與圖像均有特殊的文法和修辭。翰林們對《洪崖山房圖》的歌詠採用記、序、詩的形式，充分利用身份邏輯，形成自我言說、他人歌詠和自我體驗的三段模式。胡儼《洪崖山房記》述說山川之勝，人才之靈，報出自家履歷，為翰林的歌詠提供「行狀」。楊榮德高望重，順應身份邏輯，採用敘事手法，歷數園主的榮耀與志願，完成他者對傑出人才的頌揚。胡儼引用香山典故，以想像的親身經歷體驗歸老的虛幻樂趣。《西林八詠圖賦》全文以賦開篇，追述園道之根本，建立宏大敘事的格調，說明主人嚴肅高華之品質。以有 X 有 X 結構總括園景，建立園林主人的閒適格調，中和園景絢爛的輝光，在園景與主人的品格之間形成了一個風格隱喻：耀而不亂，雄而不莽，指向主人雅馴清剛的人格氣質。以史傳的形式評價園主的事功，讓美景有了依託，達到文質相當的效果，符合主人務實精神。《東莊圖》採用迴環空間隱喻「先考德行，餘慶子孫；科舉高中，榮封故里」的文化建設過程。園中軒亭多臨水，船可直達，又以文化典故命名，代表農耕家庭對傳統精英文化的堅守與傳承。軒亭又將農桑與科舉聯為一體，使家族之德行推衍到國家天下，實現由孝到忠的轉變，也實現以德行治理天下的士大夫宏願。

吳中山房圖的圖像形態相對比較簡單，修辭主要體現在詩文中，主要立意在於文化空間營造和道德人格弘揚。大致來說，山房主要是一些簡單的軒亭和自然景觀的組合，文化意義存在於主人和群體心中，其傳播範圍不廣泛，或者被景觀的日常意義掩蓋，需要通過詩文發掘其意義。沈周的有竹居突出沈周的園藝經營、體驗空間和題跋人的觀看視覺空間來完成意義的塑造。前者以第一人稱為出發點，娓娓道來經營過程與園居生活的細膩體驗，色調清淡，富含水墨幽韻。後者以第三人稱為出發點，將有竹居定位為文化名園，關注有竹居精緻的布局，絢麗的色調，傳達明麗清雅的視覺感受。石湖草堂

雖然是讀書山房，但被蔡羽等人賦予養德潤身的內涵，成為士人修身立德的載體與象徵。蔡羽採用白描手法介紹精舍環境，簡練明瞭。將竹、窗與巾、書等結合為事件，事與心意合一，創造山川寓志的心靈空間。拙政園是有意經營的大型空間，也是通過記來介紹空間環境，描繪景點構成，點明文化涵義。詩前小序又特別注重方位與隱喻空間的結合，如以八卦方位封閉園林東南（瑤圃）、西南（待霜亭）、東北（得真亭），以文化空間（若墅堂的近圃絕鄰布置，柳隩遠離長安）隔絕世俗，營造高潔君子笑傲林下的文化氛圍。道德人格弘揚主要是針對那些將人物活動放在畫面關鍵位置，力圖弘揚人物品德的園林圖像。如文徵明採用銘褒揚華夏的學養氣象，豐坊用賦序考辯華夏的豐富收藏，鋪陳家族德行，傳記個人行誼，建立紙上文化譜系。唐寅的詩歌意象精練，刻畫真實質樸，卻直逼肺腑，蕩人心魄。注重排比意象的使用，採用偏正結構，有意製造視覺的流動感，又將生活的反思寓含在流動的意象中，情理相涵，深沉濃烈，極為傳神。

審美化園林圖中，圖像主要表現各種景點，多採用鋪敘手法將園林之美景充分再現，但是美景的文化涵義還是依靠園林文學修辭來完成。園林文學的修辭主要通過景點命名來寓志，引用典故或陳辭以塑造綜合人格，以辭模像描繪園林聲色之美。園林空間大，景點多，如何布置或遊覽園林非常重要。所以，對組景和空間的描述需要引入視角和情感體驗。王世貞在介紹弇山園時，往往將多個景物和空間組合成一組景觀空間，視角採用最典型。如凝視視角既有內化視角，又有一定的持續性，是代入式體驗空間，屬於第一人稱抒情視角，文采豐富，飽含情感。外參造固定視角是全知全能的第三人稱敘述視角，多補足不能臨近的景點，詳略得當，顯示景物主次關係和園林觀覽的章法。恰好可以實現審美化園林的多重觀賞體驗。園林繪畫是對園林的反映，修辭也比較鮮明。空間營造也是主要的關注點。園林圖外部背山臨水，輔以寺廟、亭臺、綠柳、長川等人文景觀。內部著重刻畫象徵主人志意的建築物，穿池串聯園中主要景點，借景渲染局部神韻，詩意抒寫內心情懷。然後採用高空俯視視角，將形象收歸眼底，喚起共鳴。

董其昌的草堂圖是基於隱居主題，是形式化文化草堂的代表。他採用題記與詩文點明漁舟、雲山、移居等主題，暗示走向山林的避世策略。依賴圖像畫外和畫內兩重視角的疏離與交融，定位畫家和隱士的位置。疊加、組合詩文和圖像，形成雲山文化場域。以閉合結構渲染亙古永恆的洪荒境界，以

玄朗格調強調別有洞天的閒居自由，調和險怪與閒適的張力，說明士大夫徘徊在士隱之間的特殊情懷，而草堂就成爲這種心態的文化隱喻。

　　總之，明代士人多才多藝，自覺將文藝生活中包含的文人情懷具化爲一定觀念，又深諳文學、圖像修辭在傳播觀念、樹立典範上的特殊效用，用特殊的意象、修辭塑造多元、獨特的明代士人精神風貌。

參考文獻

基本古籍

1. （晉）王羲之：《王右軍集》，張溥輯：《漢魏六朝百三家集選》。

2. （梁）陶弘景：《華陽陶隱居集》，江蘇古籍出版社，1988 年。

3. （南唐宋）齊邱：《玉管照神局》，《景印文淵閣四庫全書》第 810 冊，臺灣商務印書館，1986 年。

4. （唐）唐庚：《眉山唐先生文集》卷四，《四部叢刊》三編景舊鈔本第 64 冊。

5. （宋）王邁：《臞軒集》，《景印文淵閣四庫全書》第 1178 冊，臺灣商務印書館，1986 年。

6. （宋）洪諮夔：《平齋文集》，《四庫叢刊續編》影宋抄本。

7. （宋）鄧椿：《畫繼》，《中國書畫全書》第 2 冊，上海書畫出版社，1993 年。

8. （元）馬祖常：《石田文集》，《景印文淵閣四庫全書》第 1206 冊，臺灣商務印書館，1986 年。

9. （元）陳繹曾：《文筌》，《續修四庫全書》第 1713 冊，上海古籍出版社，2002 年。

10. （元）倪瓚：《清閟閣遺稿》，萬曆刻本。

11. （明）陳所聞輯：《新鐫古今大雅南宮詞紀》，《續修四庫全書》第 1741 冊，上海古籍出版社，2002 年。

12. （明）王寵：《雅宜山人集》，《四庫存目叢書·集部》第 79 冊，齊魯書社，1997 年。

13. （明）汪廷訥：《坐隱先生全集》，《四庫存目叢書·集部》第 188 冊，齊魯書社，1997 年。

14. （明）王恕：《王端毅公文集》，《四庫存目叢書・集部》第 36 冊，齊魯書社，1997 年。

15. （明）張鳳翼：《處實堂集》續集卷七庚辛稿，《四庫存目叢書》第 137 冊，齊魯書社，1997 年。

16. （明）胡廣：《胡文穆公文集》，《四庫存目叢書》第 28 冊，齊魯書社，1997 年。

17. （明）來斯行：《經史典奧》，《四庫存目叢書》第 137 冊，齊魯書社，1997 年。

18. （明）來斯行：《槎庵小乘》，《四庫禁燬書叢刊》第 10 冊，齊魯書社，1997 年。

19. （明）林有麟：《素園石譜》，《影故宮珍本叢刊》第 470 冊子部譜牒類，海南出版社，2001 年。

20. （明）王世貞：《弇山四部稿》，偉文圖書出版社，1976 年。

21. （明）王鏊編著：《（正德）姑蘇志》，《北京圖書館古籍珍本叢刊》第 27 冊。

22. （明）《（弘治）八閩通志》，《北京圖書館古籍珍本叢刊》第 33 冊。

23. （明）過庭訓：《明分省人物考》，《明代傳記叢刊》第 130～131，135，139 冊，臺灣明文書局，1991 年。

24. （明）文震孟：《姑蘇名賢小記》，《明代傳記叢刊》第 148 冊，臺灣明文書局，1991 年。

25. （明）王兆雲輯：《皇明詞林人物考》，《明代傳記叢刊》第 17 冊，臺灣明文書局，1991 年。

26. （明）韓雍：《襄毅文集》，《景印文淵閣四庫全書》第 1245 冊，臺灣商務印書館，1986 年。

27. （明）王紱：《王舍人詩集》，《景印文淵閣四庫全書》第 1237 冊，臺灣商務印書館，1986 年。

28. （明）錢穀：《吳都文粹續集》，《景印文淵閣四庫全書》第 1386 冊，臺灣商務印書館，1986 年。

29. （明）倪岳：《清溪漫稿》，《景印文淵閣四庫全書》第 1251 冊，臺灣商務印書館，1986 年。

30. （明）吳寬：《匏翁家藏集》，《景印文淵閣四庫全書》第 1255 冊，臺灣商務印書館，1986 年。

31. （明）楊士奇《東里集》、《東里續集》，《景印文淵閣四庫全書》第 1238、1239 冊，臺灣商務印書館，1986 年。

32. （明）王恭：《白雲樵唱集》，《景印文淵閣四庫全書》第 1231 冊，臺灣商務印書館，1986 年。

33. （明）汪珂玉：《珊瑚網》，《景印文淵閣四庫全書》第 818 冊，臺灣商務出版社，1986 年。

34. （明）王世貞：《弇州山人四部續稿》，《景印文淵閣四庫全書》第 1282 冊，臺灣商務印書館，1986 年。

35. （明）皇甫汸：《皇甫司勳集》，《景印文淵閣四庫全書》第 1275 冊，臺灣商務印書館，1986 年。

36. （明）邵寶：《容春堂別集》，《景印文淵閣四庫全書》第 1258 冊，臺灣商務印書館，1986 年。

37. （明）閻秀卿：《吳郡二科志》，王雲五主編《叢書集成初編》第 3381 冊，中華書局用上海商務印書館本影印，1980 年版。

38. （明）《袁中郎全集》，中國圖書館出版部，1935 年。

39. （明）唐順之：《荊川集》，《欽定四庫全書薈要》第 419 冊，吉林人民出版社 2005 年影印。

40. （明）黃汝亨貴樞：《廉吏傳》，《景印文淵閣四庫全書》第 448 冊，臺灣商務印書館，1986 年。

41. （明）徐元太：《喻林》，《景印文淵閣四庫全書》第 958 冊，臺灣商務印書館，1986 年。

42. （明）劉嵩：《槎翁詩集》，文淵閣補配文津閣本。

43. （明）焦竑：《老子翼》，民國《金陵叢書》本。

44. （明）陳繼儒：《見聞錄》，《寶顏堂秘笈》本。

45. （明）沈周：《石田詩選》，《四庫全書薈要》本。

46. （明）《洪綬評古本戲曲叢刊鴛鴦下》，《古本戲曲叢刊》。

47. （明）高啟：《高太史大全集》，《四部叢刊》第 252 冊。

48. （明）郁逢慶：《書畫題跋記續》，《景印文淵閣四庫全書》第 816 冊，臺灣商務印書館，1986 年。

49. （明）屠隆：《畫箋》，《中國書畫全書》第 3 冊，上海書畫出版社，1992 年。

50. （明）朱謀垔：《續書史會要》，《中國書畫全書》第 4 冊，上海書畫出版社，1992 年。

51. （明）朱謀垔：《畫史會要》，《中國書畫全書》第 4 冊，上海書畫出版社，1992 年。

52. （清）孫岳頒：《御定佩文齋書畫譜》，《景印文淵閣四庫全書》第 820 冊，臺灣商務印書館，1986 年。

53. （清）趙弘恩：《江南通志》，《景印文淵閣四庫全書》第 511 冊，臺灣商

務印書館，1986 年。

54.（清）孫承恩：《文簡集》，《景印文淵閣四庫全書》第 1271 冊，臺灣商務印書館，1986 年。

55.（清）卞永譽：《式古堂書畫匯考》，《景印文淵閣四庫全書》第 828～829 冊，臺灣商務印書館，1986 年。

56.（清）毛奇齡：《西河集》，《景印文淵閣四庫全書》第 1320 冊，臺灣商務印書館，1986 年。

57.（清）厲鶚：《南宋院畫錄》，《景印文淵閣四庫全書》第 829 冊，臺灣商務印書館，1986 年。

58.（清）翁方綱：《復初齋詩集》，《續修四庫全書》第 1455 冊，上海古籍出版社，2002 年。

59.（清）張照：《石渠寶笈》，《景印文淵閣四庫全書》第 824～825 冊，臺灣商務印書館，1986 年。

60.（清）張英：《淵鑒類函》，《景印文淵閣四庫全書》第 989 冊，臺灣商務印書館，1986 年。

61.（清）曹寅校刊：《欽定全唐詩》，《景印文淵閣四庫全書》，臺灣商務印書館，1986 年。

62.（清）《題畫詩》，《景印文淵閣四庫全書》第 1435 冊，臺灣商務印書館，1986 年。

63.（清）茹綸常：《容齋詩集》，《續修四庫全書》第 1457 冊，上海古籍出版社，2002 年。

64.（清）陳洪綬：《寶綸堂集》，《清代詩文集彙編》第 11 冊，上海古籍出版社，2011 年。

65.（清）張庚：《國朝畫徵錄》，《畫史叢書》第三冊，人民美術出版社，1982 年。

66.（清）安歧：《墨緣匯觀錄》，《叢書集成初編》。

67.（清）龐元濟：《虛齋名畫錄》，上海古籍出版社，2016 年。

68.（清）陸時化：《吳越所見書畫錄》，《歷代書畫錄輯刊》第 7 冊，北京圖書館出版社，2007 年。

69.（清）陸心源：《穰梨館過眼續錄》，《中國歷代書畫藝術論著叢編》第 39 冊，中國大百科全書出版社。

70.（清）李佐賢：《書畫鑒影》，《中國歷代書畫藝術論著叢編》第 36 冊，中國大百科全書出版社，1997 年。

71.（清）吳升：《大觀錄》，《中國歷代書畫藝術論著叢編》第 31 冊，中國大百科全書出版社，1997 年。

72. （清）胡敬：《西清箚記》，《胡氏書畫考三種》，清嘉慶刻本。

73. （清）陳祚明：《采菽堂古詩選》，清刻本。

74. （清）彭蘊璨：《歷代畫史匯傳》，清道光刻本。

75. （清）汪琬撰：《堯峰文鈔》，《四部叢刊》本。

77. （清）陸心源：《穰梨館過眼錄》，《中國書畫全書》第 18 冊，上海書畫出版社，1992 年。

76. （清）方濬頤：《夢園書畫錄》，《中國書畫全書》第 12 冊，上海書畫出版社，1992 年。

點校古籍

1. （漢）司馬遷：《史記》，中華書局，1963 年。

2. （漢）班固：《漢書》，中華書局，1964 年。

3. （北周）庾信：《庾子山集注》，中華書局，1980 年。

4. （梁）蕭子顯：《南齊書》，吉林人民出版社，1995 年。

5. （南朝宋）謝靈運撰，顧紹柏校：《謝靈運集校注》，中州古籍出版社，1987 年。

6. （唐）李延壽：《南史》，中華書局，1975 年。

7. （唐）韓愈撰，馬其旭校：《韓昌黎文集校注》，上海古籍出版社，1986 年。

8. （唐）王維撰，陳鐵民校：《王維集校注》，中華書局，1997 年。

9. （唐）杜甫撰，錢謙益箋注：《錢注杜詩》，上海古籍出版社，1979 年。

10. （宋）蘇軾著，王文浩輯注：《蘇軾詩集》，中華書局，1982 年。

11. （宋）蘇軾著，孔凡禮點校：《蘇軾文集》，中華書局，1986 年。

12. （宋）歐陽詢撰，汪紹楹校：《藝文類聚》，上海古籍出版社，1963 年。

13. （元）顧瑛輯，楊鐮、祁學明、張頤青整理：《草堂雅集》，中華書局，2008 年。

14. （元）顧瑛輯，楊鐮、葉愛欣整理：《玉山名勝集》，中華書局，2008 年。

15. （明）王鏊撰，吳建華點校：《王鏊集》，上海古籍出版社，2013 年。

16. （明）沈自徵：《簪花髻》，汪泰輯《盛明雜劇》初編上，中國書店，2012 年。

17. （明）孟稱舜撰，朱穎輝輯校：《孟稱舜集》，中華書局，2005 年。

18. （明）沈周撰，湯志波校：《沈周集》，浙江人民美術出版社，2013 年。

19. （明）文徵明著，周道振輯校：《文徵明集》，上海古籍出版社，1987 年。

20. （明）李東陽：《李東陽集》，嶽麓書社，1983 年。

21. （明）陳田：《明詩紀事》乙籤卷二十，上海古籍出版社，1993 年。

22. （明）黃宗羲：《明文海》，中華書局，1987 年。

23. （明）李東陽：《李東陽集》，嶽麓書社，1984 年。

24. （明）唐寅撰，周道振、張月尊輯校：《唐伯虎全集》，中國美術學院出版社，2002 年。

25. （明）唐寅撰，應守岩點校：《六如居士集》，西泠印社，2012 年。

26. （明）唐寅撰，周道振、張月尊輯校：《唐寅集》，上海古籍出版社，2013 年。

27. （明）祝允明撰，孫寶點校：《懷星堂集》，西泠印社，2012 年。

28. （明）王世貞：《弇山堂別集》，中華書局，1985 年。

29. （明）沈德潛：《萬曆野獲編》，中華書局，1952 年。

30. （明）李日華：《味水軒日記》，上海遠東出版社，1996 年。

31. （明）董其昌撰，印曉峰校：《畫禪室隨筆》，華東師範大學出版社，2012 年。

32. （明）張丑撰，徐德明校：《清河書畫舫》，上海古籍出版社，2011 年。

33. （明）何良俊：《四友齋叢說》，中華書局，1959 年。

34. （明）李贄：《續藏書》，中華書局，1962 年。

35. （明）王夫之：《唐詩評選》，《歷代美學文庫·清代》上卷，高等教育出版社，2003 年。

36. （明）張岱：《陶庵夢憶》，中華書局，2008 年。

37. （明）高濂：《遵生八箋》，巴蜀書社，1988 年。

38. （明）袁宏道撰，錢伯誠箋校：《袁宏道集箋校》，上海古籍出版社，2008 年。

39. （明）董其昌撰，邵海清點校：《容臺集》，西泠印社出版社，2012 年。

40. （清）高士奇撰，余彥炎校：《江村銷夏錄》，上海古籍出版社，2011 年。

41. （清）孔廣陶撰，柳向春校：《岳雪樓書畫錄》，上海古籍出版社，2011 年。

42. （清）顧文彬撰，柳向春校：《過雲樓書畫記》，上海古籍出版社，2011 年。

43. （清）吳榮光撰，樂保群校：《辛丑銷夏記》，浙江人民美術出版社，2012 年。

44. （清）孫星衍校注：《三輔黃圖》，中華書局，1985 年影印本。

45. （清）顧復撰：《平生壯觀》，影道光間蔣氏宋體精抄本，上海人民美術出版社，1962 年。

46. （清）程樹德撰，程俊英，蔣見元點校：《論語集釋》，中華書局，2013年。

研究專著

1. 楊士安：《陳洪綬家世》，北京出版社，2004年。

2. 王雲五編：《禮記今注今譯》，新世界出版社，2011年。

3. 李若晴：《玉堂遺音：明初翰苑繪畫的修辭策略》，中國美術學院出版社，2012年。

4. 陳鼓應注譯：《莊子今注今譯》，商務印書館，2007年。

5. 余嘉錫：《世說新語箋疏》，中華書局，1983年。

6. 趙素文：《祁彪佳研究》，中國社會科學出版社，2011年。

7. 梁方仲：《明代糧長制度研究》，上海人民出版社，2001年。

8. 費振剛等輯校：《全漢賦》，北京大學出版社，1993年。

9. 俞劍華編：《中國古代畫論類編》，人民美術出版社，2007年版。

10. 俞劍華注譯：《宣和畫譜》，江蘇美術出版社，2007年。

11. 徐復觀：《中國藝術精神》，華東師範大學出版社，2001年版。

12. 余嘉錫：《世說新語箋疏》，中華書局，1983年版。

13. 彭修銀：《墨戲與逍遙：中國文人畫美學傳統》，文津出版社，1995年版。

14. 張其鳳：《宋徽宗與文人畫》，榮寶齋出版社，2008年。

15. 高居翰著，黃曉、劉珊珊譯：《不朽的林泉：中國古代園林繪畫》，三聯出版社，2012年。

16. 童寯：《江南園林誌》，中國建築工業出版社，1984年。

17. 陳植：《中國歷代造園文選》，黃山書社，1992年。

18. 陳從周：《惟有園林》，百花文藝出版社。

19. 陳植：《中國歷代名園記選注》，安徽學技術出版社，1983年。

20. 毛文芳：《圖成行樂》，臺灣學生書局，2008年。

21. 黃霖編：《文心雕龍匯評》，上海古籍出版社，2005年。

22. 秦志豪主編：《錫山秦氏寄暢園文獻資料長編》，上海辭書出版社，2009年。

23. 陳寅恪：《金明館叢稿初編》，生活・新知・三聯書店，2001年。

24. 陳寅恪：《柳如是別傳》，生活・新知・三聯書店，2011年。

25. 陳正宏：《沈周年譜》，復旦大學出版社，1993年。

26. 周道振：《文徵明年譜》，百家出版社，1998年。

27. 黃湧泉編：《陳洪綬年譜》，人民美術出版社，1960年。

28. 張德寅編選：《敘述學研究》，中國社會科學出版社，1989 年。

29. 申丹：《敘述學與小說文體學研究》，北京大學出版社，1998 年。

30. 姜今：《畫境：中國畫構圖研究》，湖南美術出版社，1982 年。

31. 周積寅：《曾鯨的肖像畫》，北京人民出版社，1981 年。

32. 游美玲：《沈周題畫詩研究》，2005 年。

33. 李棲：《題畫詩散論》，華正書局，1993 年版。

34. 了廬、凌利中：《文人畫史新論》，上海畫報出版社，2002 年版。

35. 張連、古原宏伸編：《文人畫與南北宗論文匯編》，上海書畫出版社，1989 年。

36. 周雨：《文人畫的審美品格》，武漢大學出版社，2006 年。

37. 黃專：《文人畫的趣味圖式與價值》，上海書畫出版社，1993 年。

38. 單國強：《明代繪畫史》，人民美術出版社，2001 年。

39. 高居翰：《江岸送別：明代初期與中期繪畫》，生活・讀書・新知三聯書店，2009 年。

40. 高居翰：《山外山：晚明繪畫》，生活・讀書・新知三聯書店，2009 年版。

41. 高居翰：《氣勢撼人：十七世紀中國繪畫中的自然與風格》，北京三聯書店，2009 年。

42. 高居翰：《畫家生涯》，生活・讀書・新知三聯書店，2012 年。

43. 柯律格：《雅債：文徵明的社交性藝術》，生活・讀書・新知三聯書店，2012 年。

44. 柯律格：《明代的圖像與視覺性》，北京大學出版社，2011 年。

45. 毛文芳：《物・性別・觀看——明末清初文化書寫新探》，臺灣學生書局，2001 年。

46. 王正華：《藝術、權力、消費》，中國美術學院出版社，2011 年。

47. 江兆申：《關於唐寅的研究》，《國立故宮叢刊》甲種之一，1987 年版（民國六十五年）。

48. 洪再辛等選編：《海外中國畫研究文選 1950～1987》，上海人民美術出版社，1992 年。

49. 盧輔聖主編：《解讀〈溪岸圖〉》，《朵雲》第 58 集，上海書畫出版社，2003 年。

50. 盧輔聖主編：《王蒙研究》，《朵雲》第 65 集，上海書畫出版社，2006 年。

51. 盧輔聖主編：《〈歷代名畫記〉研究》，《朵雲》第 66 集，上海書畫出版社，2007 年。

52. 盧輔聖主編：《倪瓚研究》，《朵雲》第 66 集，上海書畫出版社，2005 年。

53. 盧輔聖主編：《戴進與浙派研究》，《朵雲》第 61 集，上海書畫出版社，2004 年。

54. 盧輔聖主編：《陳洪綬研究》，《朵雲》第 68 集，上海書畫出版社，2008 年。

55. 范景中等選編：《風格與觀念：高居翰中國繪畫史文集》，中國美術學院出版社，2011 年。

56. 石守謙：《風格與世變：〈雨餘春樹〉與明代中期蘇州之送別圖》，北京大學出版社，2008 年。

57. 陳師曾：《陳師曾講繪畫史》，鳳凰出版社，2010 年。

58. 《朵雲》編輯部：《董其昌研究文集》，上海書畫出版社，1998 年。

59. （美）方聞：《心印——書畫風格與結構分析研究》，李維琨譯，陝西人民美術出版社，2004 年。

60. （美）潘洛夫斯基：《造型藝術的意義》，李元春譯注，遠流出版事業有限公司，1996 年。

61. （美）高居翰：《隔江山色》，夏春梅等譯，石頭出版社，1994 年。

62. （美）詹姆斯・費倫：《作爲修辭的敘事：技巧、讀者、倫理、意識形態》，北京大學出版社，2002 年。

63. （美）W.J.T.米歇爾著：《圖像理論》，陳永國、胡文徵譯，北京大學出版社，2006 年。

64. （法）貢布里希：《象徵的圖像：貢布里希圖像學文集》，楊思梁、范景中譯，上海書畫出版社，1990 年。

65. （法）羅蘭・巴爾特：《顯義與晦義》，懷宇譯，百花文藝出版社，2005 年。

66. （法）羅蘭・巴爾特：《文藝批評文集》，中國人民大學出版社，2010 年。

67. （法）蜜雪兒福柯：《這不是一隻煙斗》，灕江出版社，2012 年。

68. （法）蜜雪兒福柯：《知識考古學》，生活・讀書・新知三聯書店，2007 年。

69. （英）諾曼・布列遜：《視覺與繪畫：注視的邏輯》，郭樣等譯，浙江攝影出版社，2004 年。

70. （英）巴克森德爾：《意圖的模式：關於圖畫的歷史說明》，中國美術學院，1997 年。

71. （斯洛維尼亞）斯拉沃熱・齊澤克：《圖繪意識形態》，方傑譯，南京大學出版社，2002 年。

72. 韓叢耀：《圖像：一種後符號的再發現》，南京大學出版社，2008 年。

73. 趙毅衡：《文學符號學》，中國文聯出版公司，1990 年。

期刊、碩博論文

1. 尚傑：《語言的圖像與圖像的語言——「語言哲學」轉向「視覺哲學」》，《浙江學刊》，2010 年第 4 期，第 26～35 頁。

2. 杜小眞：《「看」的考古學——讀福柯〈馬奈的繪畫〉》，《文藝研究》，2011 年第 03 期，第 129～138 頁。

3. 趙憲章：《語圖互仿的順勢與逆勢——文學與圖像關係新論》，《中國社會科學》，2011 年第 03 期，第 170～184 頁。

4. 趙憲章：《語圖傳播的可名與可悅——文學與圖像關係新論》，《文藝研究》，2012 年第 11 期，第 24～34 頁。

5. 卜壽珊、姜一涵譯：《北宋文人的繪畫觀》，張鴻翼譯，《國立編譯館館刊》，1982 年，11 月 2 日。

6. 毛凌瀅：《互文與創造：從文字敘事到圖像敘事》，《江西社會科學》，2007 年第 4 期，第 33～37 頁。

7. 于德山：《中國圖像敘述學：邏輯起點及其意義方法》，《社會科學戰線》，2004 年第 1 期，第 93～96 頁。

8. 王曉驪：《論文學手段在繪畫中的介入和邊界》，《文藝理論研究》，2012 年第 6 期，第 20～26 頁。

9. 陳正宏：《明代繪畫中的「古典」和「今典」——重讀沈周〈石田稿〉稿本箚記之一》，《新美術》，2003 年第 3 期，第 62～64 頁。

10. 鄭文惠：《遺民的生命圖像與文化鄉愁——錢選詩／畫互文修辭的時空結構與對話主題》，《政大中文學報》第六期，2006 年 12 月。

11. 朱良志：《論唐寅的「視覺典故」》，《北京大學學報》（哲學社會科學版），2012 年第 2 期，第 39～51 頁。

12. 劉九庵：《吳門畫家之別號圖及鑒別舉例》，《故宮博物院院刊》1990 年 3 期。

13. 宗道題、俞廣平：《〈來魯直夫婦像〉考釋》，《美術報》2013 年 9 月 21 日。

14. 雷戈：《史失求諸野——中國古代野史觀念研究》，《天津社會科學》2011 年第 1 期。

15. 單國強：《吳偉〈詞林雅集圖〉卷考析》，《故宮博物院刊》，2009 年第 4 期，第 81～94 頁。

16. 李若晴：《玉堂遺英：〈杏園雅集圖〉卷考析》，《美術學報》，2010 年第 4 期，第 60～69 頁。

17. 張高元：《晚明布衣人格——以曾鯨布衣畫像為出發點》,《畫院》, 2013年第 5 期,第 95～97 頁。

18. 潘公凱：《繪畫性抽象》,《美術研究》, 2013 第 1 期。

19. 許文美：《深情鬱悶的女性——論陳洪綬張深之正北西廂秘本版畫中的仕女形象》,《故宮學術季刊》第 18 卷,第 3 期。

20. 石守謙：《明代繪畫中的帝王品味》,《國立臺灣大學文史哲學報》第 40期, 1993 年。

21. 石守謙：《董其昌的婉孌草堂圖及其革新畫風》,《中央研究院歷史語言研究所集刊》,民國 83 年 6 月,第 307～332 頁。

22. 方聞：《宋元繪畫中的文字與圖像》,《遠東山水畫》第 2 冊,大阪:藝術史研究國際交流協會, 1984 年。

23. 陳葆真：《從陸治的溪山仙館看吳派畫家模仿倪瓚的模式》,《美術史研究集刊》第 1 期,民國 83 年 3 月,第 63～94 頁。

24. 陳葆真：《從空間表現看南宋小景山水畫的發展》,故宮學術季刊第 13 卷3 期,第 83～104 頁。

25. 石守謙：《明代繪畫中的帝王品味》,《國立臺灣大學文史哲學報》第 40期, 1993 年 6 月。

26. 石守謙：《董其昌的婉孌草堂圖及其革新畫風》,《中央研究院歷史語言研究所集刊》,民國 83 年,第 307～332 頁。

27. 鄔建林：《文字、圖像與東西方藝術的差別——從夏皮羅的〈文字、題銘與圖像:視覺語言的符號學〉談起》,《北方美術》, 2009 年第 3 期。

28. 王正華：《沈周夜坐圖研究》,國立臺灣大學歷史研究所中國藝術史組碩士論文,民國 78 年。

29. 蔡淑芳《華夏真賞齋收藏與〈真賞齋帖〉研究》,臺北中國文化大學碩士論文, 1992 年。

30. 楊繼輝：《唐寅年譜新編》,蘇州大學碩士論文, 2007 年。

31. 李彥鋒：《中國繪畫史中的語圖關係研究》,上海大學博士論文, 2010 年。

32. 吳剛毅：《沈周山水繪畫的風格與題材之研究》,中央美術學院博士論文,2002 年。

外文文獻

1. Liscomb, Kathlyn. "Wang Fu's Contribution to the Formation of a New Painting Style in the Ming Dynasty." *Artibus Asiae* Vol. 48, no. 1／2（1987）: 39～78.

2. Ishida, Hou-mei Sung. "Early Ming Painters in Nanking and The Formation of The Wu School."*Ars Orientalis,* Volume 17（1987）: 73～155.

3. Liscomb, Kathlyn. "Shen Zhou's Collection of Early Ming Paintings and the Origins of the Wu School's Eclectic Revivalism." *Artibus Asiae*, Vol. 52, no. 3／4（1992）: 215～254.

4. Liscomb, Kathlyn. "A Collection of Painting and Calligraphy Discovered in the Inner Coffin of Wang Zhen. " *Archives of Asian Art*, Vol. 47（1994）: 6～34.

5. Burkus-Chasson, Anne. "Elegant or Common？ Chen Hongshou's Birthday Presentation Pictures and His Professional status." *The Art Bulletin* Vol.76, No.2（Jun.1994）: 279～300.

6. Sturman, Peter C. "Spreading Falling Blossoms: Style and Replication in Shen Zhou's Late Calligraphy." *Journal of Chinese Studies,* New Series Vol. 40 No. 3（September 2010）: 365～410.

7. Liscomb, Kathlyn. "The Power of quiet sitting at night: Shen Zhou's（1427～1509）Night Vigil." *Monumenta Serica* Vol. 43（1995）: 381～403.

8. Jacobson-Leong , Esther. "Space and Time in the Art of Shen Chou（1427～1509）."*Art Journal* Vol. 36, No. 4（Summer, 1977）: 298～302.

9. Liu, Shi-Yee. "The World's a Stage: The Theatricality of Chen Hongshou's Figure Painting. " *Ars Orientalis* Vol. 35（2008）: 155～191.

10. liu, shi-yee. "The World's a Stage the Theatricality of Chen HongShou's Figure Painting. " *Arts Orientalis* Vol.35（2008）: 155～191.

11. Lu, Andong. "Deciphering the reclusive landscape: a study of Wen Zheng-Ming's 1533 album of the Garden of the Unsuccessful Politician," *Studies in the History of Gardens & Designed Landscapes: An International Quarterly* Volume 31, Issue 1（2011）: 40～59.

12. Tversky, Barbara. "Narratives of Space, Time, and Life. " *Mind & Language* Vol. 19 No. 4（September 2004）: 380～392.

13. Mitchell, W.J. Thomas. *Iconology: image, text, ideolog*. Chicago: University of Chicago Press,1986.

14. Craig Clunas.Fruitful Sites: Garden Culture in Ming Dynasty China. Landon: Reaktion Books, 1996.

圖像資源

1. 中國古代書畫鑒定組編：《中國古代書畫目錄》第 2 冊，文物出版社，1997年。

2. 翁萬戈：《陳洪綬》，上海人民美術出版社，1997 年。

3. 國立故宮博物院編：《吳門畫派九十年展》，臺灣故宮博物院印行，1975年。

4. 林秀芳編譯：《吳門畫派》，藝術圖書公司印行，1985 年。

5. 單國強主編：《故宮博物館藏文物珍品大系》，上海科學技術出版社，2007

年。

6. 許忠陵：《吳門繪畫》，《故宮博物院藏文物珍品大系》，上海科學技術出版社，2007 年。

7. 鎮江博物館編：《鎮江博物館藏明清書畫精粹》，文物出版社，2011 年。

8. 徐文濤：《拙政園》，蘇州大學出版社，1998 年。

9. 《海外中國名畫》（元明代卷），上海文藝出版社，1999 年。

10. 陳傳席：《陳洪綬版畫》，河南大學出版社，2007 年。

11. 中國古代書畫鑒定組編：《中國古代書畫圖目》（1～23），文物出版社，1986～2000 年。

12. 劉育文、洪文慶主編：《海外中國名畫精選》（1～5），上海文藝出版社，1999 年。

13. 中央美術學院編：《中國畫精品收藏》，河北教育出版社，2001 年。

14. 俞劍華：《王紱》，上海人民美術出版社，1961 年。

15. 《中國美術全集‧繪畫‧明代》，上海人民美術出版社，1996 年。

16. 《明四家畫集》，天津人民美術出版社，1996 年。

17. 《唐寅畫集》，天津人民美術出版社，2001 年。

18. 《沈周書畫集》，天津人民美術出版社，1996 年。

19. 阮榮春編：《海外藏明清繪畫珍品‧沈周卷》，遼寧美術出版社，1998 年。

20. 中國古代書畫鑒定組編：《中國繪畫全集》，文物出版社，2001 年。

21. 鄭振鐸：《域外所藏中國古畫集‧明畫》，成都古籍書店，1990 年。

22. 故宮博物院：《故宮書畫館》，紫禁城出版社，2009 年。

23. 董其昌：《董其昌畫集》，上海書畫出版社，1989 年。

24. 王耀庭主編：《故宮書畫圖錄》，國立故宮博物院，2003 年。

25. 《故宮歷代法書全集》第 28 卷收《明人翰墨》，臺北故宮博物院，1973～1979 年。

26. 北平故宮博物院編輯：《故宮書畫集》，北平故宮博物院，1932 年。

27. 翁萬戈編：《美國顧洛阜藏中國歷代書畫名跡精選》，上海人民美術出版社，2009 年。

28. 《朵雲集珍》，上海書畫出版社，2007 年。

29. 沈周：《沈周書畫集》，中國民族攝影藝術出版社，2003 年。

30. 田洪、田琳編：《沈周繪畫作品編年圖錄》，天津人民美術出版社，2012 年。

附　圖

2-1 《西園雅集圖》〔宋〕劉松年 絹本設色 卷 縱 34cm 橫 1191cm 臺北故宮博物院

2-2 西園雅集圖〔宋〕馬遠 絹本淡設色 卷 縱 29.3cm 橫 302.3cm 美國納爾遜‧艾京斯藝術博物館

2-3 清白軒圖〔明〕劉珏 紙本墨筆 軸
縱 97.2cm 橫 35.4cm 臺北故宮博物院

2-4 魏園雅集圖〔明〕沈周 紙本設色 軸 縱 145.5cm
橫 47.5cm 遼寧省博物館

2-5 虎丘餞別圖〔明〕沈周 設色紙本 卷 縱 32cm 橫 240cm 藏地不明

2-6 惠山茶會圖 〔明〕文徵明 紙本設色 卷 縱 21.9cm 橫 67cm 故宮博物館藏

2-7 杏園雅集圖 〔明〕謝環 絹本設色 卷 縱 37.5cm 橫 1238cm 鎮江市博物館

2-8 五同會圖 〔明〕無款 絹本設色 卷 中國歷史博物館

2-9 甲申十同年圖〔明〕無款 絹本設色 卷 縱48.5cm 橫257cm 北京故宮博物院

2-10 竹園壽集圖〔明〕無款 絹本設色 卷 縱33.8cm 橫395.4cm 北京故宮博物院

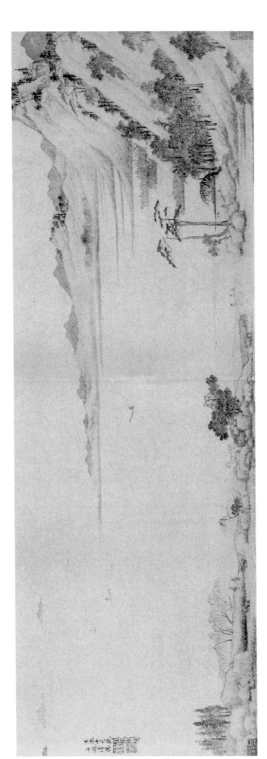

2-11 京江送別圖 〔明〕沈周　紙本設色　卷　縱 28cm 橫 159.2cm　北京故宮博物院

2-12 石湖清勝圖 〔明〕文徵明　紙本設色　卷　縱 23.3cm 橫 67.2cm　上海博物館

3-1 松陰高士圖〔明〕沈周 水墨絹本 軸 縱 142cm
橫 cm 藏處不明

3-2 蒼崖高話圖〔明〕沈周 絹本 軸 縱 149.9cm 橫 77cm 臺北故宮博物院

圖 3-3 廬山高圖〔明〕沈周 紙本設色 軸 縱 193.8cm 橫 98.1cm 臺北故宮博 物院

3-4 夜坐圖〔明〕沈周 紙本
設色 縱 84.8cm 橫 21.8cm
臺北故宮博物院

3-5 策杖圖〔明〕沈周 紙本水墨 軸 縱 159.1cm
橫 72.2cm 臺北故宮博物院

 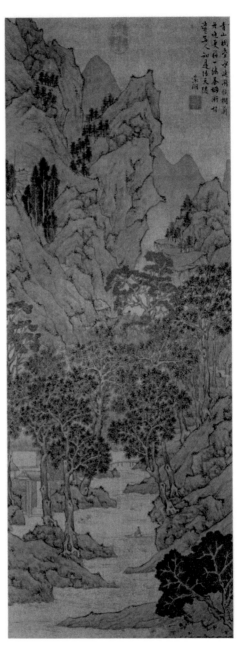

3-6　品茶圖〔明〕文徵明　紙本　　　3-7　仿古山水圖〔明〕文徵明　絹本設
設色　軸　縱 88.3cm 橫 25.2cm　　　色　軸　縱 73.3cm 橫 21.4cm 臺北故宮
臺北故宮博物院　　　　　　　　　　博物院

3-8 絕壑高閒圖〔明〕文徵明 紙本設色 軸 縱 148.9cm 橫 177.9cm 臺北故宮博物院

3-9 松壑飛泉圖〔明〕文徵明　　　3-10 茂松清泉圖〔明〕文徵明　紙本設色　軸
紙本設色　軸　縱　108.1cm　橫　　縱 89.9cm　橫 44.1cm 臺北故宮博物院
37.8cm 臺北故宮博物院

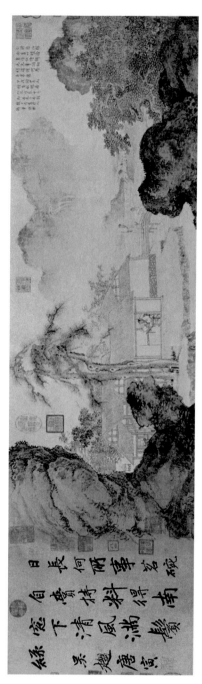

綠陰清畫滿簾櫳

何妨戲得南窗

長日惟消兩碗茶

日高聲下偃庭花

3-11 事茗圖〔明〕唐寅 紙本設色 卷 縱31.2cm 橫106.9cm 北京故宮博物院

3-12 悟陽子養怪圖〔明〕唐寅 紙本水墨 卷 縱29.5cm 103.5cm 遼寧省博物館

3-13 落霞孤鶩圖〔明〕唐寅 絹本設色 軸 縱 189.1cm 橫 105.4cm
上海博物館

3-14 春山伴侶圖〔明〕唐寅 紙本設色 軸 縱 82cm 橫 44cm
上海博物館

3-15 騎驢歸思圖〔明〕唐寅　軸　絹本設色　縱 77.7cm 橫 37.5cm 上海博物館

3-16 山路松聲圖〔明〕唐寅　絹本設色　軸　縱 194.5cm 橫 102.8 cm 臺北故宮博物院

3-18 屈子行吟圖〔明〕陳洪綬
木刻 縱 20cm 橫 13.2cm 上海
圖書館

3-17 西州話舊圖〔明〕唐寅 紙本設色 軸
縱 110.7cm 橫 52.3cm 臺北故宮博物院

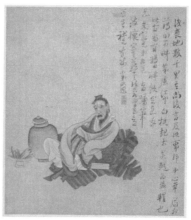

3-19 愁圖醉愁圖〔明〕陳洪綬
絹本設色 軸 縱 22.2cm 橫
21.7cm 翁萬戈藏

3-20 楊升庵簪花圖〔明〕陳洪綬 絹本設色 軸
縱 143.5cm 橫 61.5cm 故宮博物院

－241－

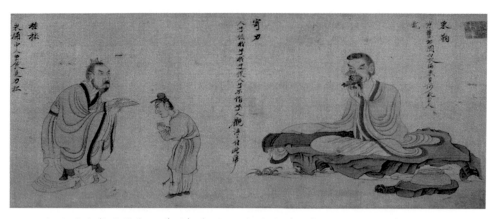

3-21 陶淵明故事圖局部一〔明〕陳洪綬 絹本設色 卷 縱 30.3cm 橫 308cm 美國檀香山美術學院

陶淵明故事圖局部二〔明〕陳洪綬 絹本設色 卷 縱 30.3cm 橫 308cm 美國檀香山美術學院

陶淵明故事圖局部三、四〔明〕陳洪綬 絹本設色 卷 縱 30.3cm 橫 308cm 美國檀香山美術學院

3-22　喬松仙壽圖〔明〕陳洪綬
設色　縱 202cm 橫 197.8cm 臺
北故宮博物院

3-23　宣文君授經圖局部〔明〕
陳洪綬　絹本設色　軸　縱
173.7cm　橫 55.6cm 美國克利
夫蘭博物館

3-24 王羲之籠鵝圖〔明〕陳洪綬 絹
本設色 軸 縱103.1cm 橫47.5cm 浙江
省博物館

3-27 鬥草圖軸〔明〕陳洪綬 絹本設
色 軸 縱 134.3cm 橫 48cm 遼寧省
博物館

3-25 阮修沽酒圖〔明〕陳洪綬 絹
本設色 軸 縱 78.3 cm 橫 27.1 cm
上海博物館

3-26 品茶圖〔明〕陳洪綬 絹本設色
軸 縱 75cm 橫 53cm 朵雲軒

4-11 林和靖詩意圖〔明〕董其昌 紙本
水墨 軸 縱 88.7cm 橫 38.7cm 北京故
宮博物院

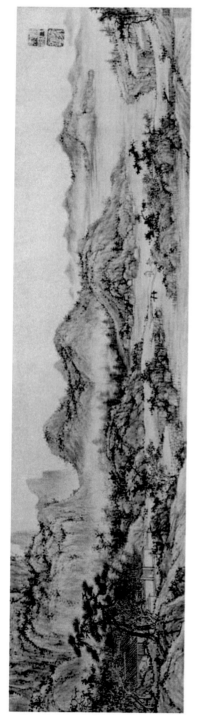

4-1 洪崖山房圖 〔明〕陳宗淵 紙本水墨 卷 縱 27cm 橫 107.3cm 北京故宮博物院

4-3 雙鑒行窩圖 〔明〕唐寅 絹本設色 冊頁 縱 30.1cm 橫 55.7cm 北京故宮博物院

4-4 滸溪草堂圖 〔明〕文徵明 紙本設色 卷 縱 26.7cm 橫 142.5cm 遼寧省博物館

4-5 真賞齋圖 〔明〕文徵明 紙本設色 卷 中國歷史博物館

4-2 東莊圖之北港、稻畦、桑林、知樂亭、耕息軒、續古堂〔明〕沈周 紙本設色 冊頁 縱 28.6cm 橫 33cm 南京博物院

4-6 拙政園圖冊 局部：聽松風處，深淨亭〔明〕文徵明 絹本設色 冊頁 縱 26.4cm 橫 30.5cm 蘇州博物館藏

4-9 止園圖〔明〕張宏 冊頁 局部圖：園門、全景圖、水周堂、梨雲樓 縱 32cm 橫 34.5cm 柏林東方美術館、洛杉磯藝術博物館、加州伯克利景元齋。

4-7　西林圖局部圖：風弦障、爽臺、雪舲、息磯、榮木軒、鶴徑　〔明〕張復紙本設色　縱 35.8cm 橫 25.6cm 無錫市博物館。

4-8　寄暢園局部：清鬱、霞蔚、先月榭、知魚檻、含貞齋、錦滙漪　〔明〕宋懋晉　設色　冊頁　縱 27.4cm 橫 24.2cm 華仲厚。

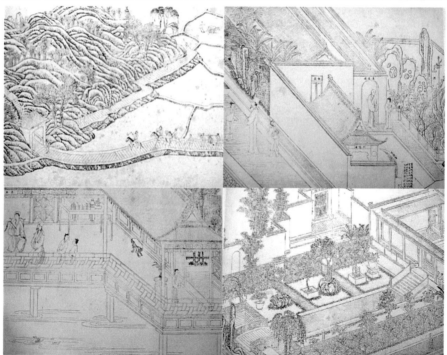

4-10 環翠堂園景圖 局部一、二、三、四、五 〔明〕錢貢 黃應組刻 版畫 縱 24cm 橫 148.6cm，藏處不明。

4-12　佘山遊境圖〔明〕董其昌　紙本水墨　軸　縱 98.4cm 橫 41cm 北京故宮博物院

4-13　青弁圖〔明〕董其昌　紙本水墨　軸　縱 225cm 橫 66‧88cm 克利夫蘭藝術博物館